書山有路勤為徑
學海無涯苦作舟

書山有路勤爲徑
學海無涯苦作舟

論語的人生64個感悟

秦漢唐◎著

論語 影響中國人思想最深的經典

《論語》就是記載孔子一生言行，以及孔子與弟子、時人相互問答或弟子間相互問答之語的著作。這些話當時被記載下來，孔子死後，弟子門人把它收集編輯成書這就是《論語》，也是我們今天認識孔子最直接、最可靠的資料。

孔子發憤為學，博學多能。他開創了私人講學的風氣，廣收門徒，收的學生不管貧富貴賤，據說有三千弟子，其中優秀的有七十二人。他成為文化傳播的使者。他曾周遊列國，晚年專心從事古代文獻整理與傳播工作，致力於教育，整理《詩》、《書》等古代典籍，刪修《春秋》。

前言

孔子是我國歷史上偉大的思想家和教育家，儒家學派的創立者。自從西漢「罷黜百家，獨尊儒術」始，儒家思想就開始成為中國歷史上佔主導地位的思想體系，宋代大儒朱熹曾經說過：「天不生仲尼，萬古如長夜。」它形象地說明了孔子對中國文化的影響。孔子影響了一代又一代的中國人，今天我們也要從孔子思想中汲取精華。

孔子發憤為學，博學多能。他開創了私人講學的風氣，廣收門徒，收的學生不管貧富貴賤，據說有三千弟子，其中優秀的有七十二人。他成為文化傳播的使者。他曾周遊列國，晚年專心從事古代文獻整理與傳播工作，致力於教育，整理《詩》、《書》等古代典籍，刪修《春秋》。《論語》就是記載孔子一生言行，以及孔子與弟子、時人相互問答或弟子間相互問答之語的著作。這些話當時被隨時記下來，孔子死後，弟子門人把它收集編輯成書，這就是《論語》，它是我們今天認識孔子最直接、最可靠的資料。

《論語》記載著孔子的言語行事，也記載著孔子的著名學生的言語行事。班固的《漢書·藝文志》說：「《論語》者，孔子應答弟子、時人及弟子相與言而接聞於夫子之語也。當時弟子各有所記，夫子既卒，門人相與輯而論纂，故謂之《論語》。」

孔子經其終生宣導和歷代儒家的發展，使中國儒家學說成為中華文化的主流，作為中國人的指導思想逾兩千餘年。孔子思想體系的核心是德治主義，他執著地宣導德化社會與德化人生。德化社會的最高標準是「禮」，德化人生的最高價值是「仁」。孔子教導人們積極奉行「己欲立而立人，己欲達而達人」，「己所不欲，勿施於人」的「忠恕之道」，以建立正確的人生觀和正確處理人與人之間的關係。

孔子倡明「天人合一」之教，以善處人與自然的關係，他還闡述和弘揚了人不僅要「仁民」，也要「愛物」的道理。孔子堅決主張國家要實行「富之教之」的德政，使社會與文化得到發展。孔子認為文明的最高成就在於造就理想人格以創立理想社會，透過潛志躬行「內聖外王之道」，以達到「天下為公」、「大同世界」之境界。由於孔子的卓越貢獻和思想影響深遠，他才被中國人尊為至聖先師、萬世師表。

孔子離去了兩千多年，他創立的學說在中國古代佔據統治地位，成為中國的文化主流，產生極為深遠的影響。而且，在東亞各國乃至美國、歐洲國家都興起了學習和研究中國文化熱潮，在一些世界著名的大學甚至還成立了孔子學院。

孔子的思想已經有了兩千多年的歷史發展，其思想的精華無疑可以用來指導我們的實踐。在二十一世紀的今天，在人們對人類自身問題的深度思考與反省時，人們可以相信，孔子的思想能給當今社會的發展和問題的解決帶來許多深層的啟發。

在長期傳播的過程中，《論語》的許多思想被人們加以提煉，成為廣為流傳的名言。本書就是採擷這些名言，同時又考慮到讀者的閱讀興趣，文中輔以歷史故事，並對其逐一進行解釋、引申和點撥，使孔子在兩千年前的忠告能夠對現代人的做人處世、事業成功發揮真正的指導作用。

先師孔子行教像

論語的人生六十四個感悟

亞聖

孔林

感悟一

謠言止於智者

【原文】

子曰：「道聽而途說，德之棄也。」

【解析】

孔子說：「在路上聽到傳言就到處去傳播，這是對道德的背棄。」

的確，道聽途說是一種背離道德準則的行為，這種行為，無論是從道德上還是從現實中處世來講，都是應當摒棄的。然而這種行為自古以來就存在。在現實生活中，有些人不僅是道聽途說，而且四處打聽別人的隱私，然後到處傳播，以此作為生活的樂趣，實乃招人厭惡之人。

道聽途說來的事情，絕大部分的真實性都應該大打折扣，相信這一點是無庸置疑的。但偏偏還是有很多人喜歡傳播這種小道消息，搖唇鼓舌，蜚短流長，看著鬧得滿城風雨，心裡就有一種莫名的興奮。這種人的心理行為，起碼在此時是很卑劣的。聽信流言、傳播蜚語的害處，輕則歪曲事實，重則軟刀殺人。

《戰國策》中有一個「三人成虎」的故事：

戰國時，魏國有個叫龐蔥的重臣。有一年，他奉命陪世子到趙國都城邯鄲做人質，出發前，龐蔥對魏王說：「大王，如果有人告訴您，街市上有一隻老虎，您相信嗎？」

老虎招搖過市，魏王當然不信，便回答：「怎麼可能有這種事，寡人不信！」

龐蔥又說：「如果又有一個人告訴您，街市上有一隻老虎，那大王會相信嗎？」

魏王想了想，說：「嗯，這就值得考慮了！」

「如果再有一個人說同樣的話呢？」龐蔥說。

「嗯，如果三人都這麼說，那應該是真的。」

聽完魏王的回答，龐蔥說此話的真意，他說：「事實上，街上並沒有老虎，只是以訛傳訛而已，大王何以信之呢，是因為說的人多了。現在我與世子背井離鄉，去遠在千里之外的趙國當人質，我們在那裡的情況大王無法準確瞭解，說不定會有人傳出『市有一虎』般的謠言，大王難道要相信嗎？所以為了保證世子將來能順利回國繼承大統，請大王先請三個人傳言大眾，說我只是離開了都城，並不是去邯鄲。」

魏王不以為然。龐蔥陪世子去趙國做人質後不久，便有人暗中中傷龐蔥，說他企圖擁立世子，懷有二心，圖謀不軌。說的人多了，魏王居然信以為真，命世子歸國，而龐蔥也不再被重用。

即便龐蔥事先已給魏王打了「預防針」，也難逃「眾口鑠金」的命運，可見流言的破壞力之大。

《戰國策》中還有一個類似的故事：孔子的弟子曾參，以孝聞名。他住在費邑時，有一個同名同姓者殺了人，一些人誤以為是曾參所為，議論紛紛，謠言很快傳到曾母那裡。

當時曾母正在織布，便停杼正色道：「我兒不會做那種事！」不久又有人來說：「曾參殺人了！」曾母依然鎮定如故，不予理睬。後來又有人來說同樣的話。曾母終於不安起來，急忙開始收拾東西，準備逃走。

一般來說，生活中我們覺得大家都在傳說某事，那這事看來假不了，無風不起浪嘛。正是因為這種心理，流言傳得特別快，真是「好事不出門，壞事傳千里」。

做人要做一個明智的人，不要隨便傳播流言，也不要輕易聽信流言。

東晉時候，有人請大將桓溫評論一下謝安和王坦之的優劣。桓溫剛要開口。忽然想起了什麼，桓溫不願背後評論人，因為自己的話被別人七傳八傳，還不知道會傳成什麼樣子呢。於是乾脆說：「你這人愛傳話，嘴上沒個把門的，我不能告訴你。」不說，這才是有德有智者所為。

「隨流」、「人云亦云」，是人性的弱點之一。心理學家將這種現象稱為「從眾效應」，其特點表現為盲從。如果置身其中，即使有主見的人也容易受其感染而失去辨別能力。人性的這一弱點，使得道聽途說，蜚短流長，造謠誹謗將永遠與人類同在，「眾口鑠金」，「謠言重複一千遍就會成為事實」的騙局和人言可畏、流言殺人的悲劇將永無止期。明白這一消極後果，局外人當眾口一致之時，切莫盲從，須記住「耳聽為虛，眼見為實」。孔子也曾經說過，「眾惡之，必察焉；眾好之，必察焉。」意思是大家都討厭的人，不一定壞；大家都喜愛的人，並不一定好，而要親自考察與驗證一下，然後才能下結論。

輿論的影響是巨大的，眾口一詞，能夠把金屬般堅固的事物熔化；謊言重複一千遍，也就變成了真理。

小人大都喜歡搬弄是非、造謠生事，他們的話大多是假的，或無中生有，或張冠李戴，或添油加醋，但是假話也可以亂真，甚至在某種意義上說，它並不愚蠢，其中的奧妙就在於是否有弄假成真的手段。

清朝末年，光緒皇帝想要變法圖強，任用康有為、譚嗣同等一班新派人物。儘管光緒確有變法的決心，曾對西太后表示：「我不能做亡國之君，如果不給我皇帝的實權，寧可退位。」但實權仍操縱在西太后手中。因此，在整個變法過程中，反變法的「後宮」人物，一直把小報告當作打擊維新派的一種有力武器。

維新派成立強學會，他們便向西太后打小報告說「私立會黨，將開處士橫議之風」，西太后便據此強迫光緒下令封閉強學會；維新派組織保國會，他們又向西太后打小報告說保國會「保中國不保大清」，從中破壞；光緒任用一批新派人物，他們又說皇上只用漢人，不用滿人，只用年輕人，不用老年人，連禮部尚書的老婆也跑到西太后那裡說：「皇帝偏心漢人，咱們滿洲人將無立足之地了。」最後連皇帝要借助洋人陰謀陷害老佛爺的小報告也送上去了，慈禧終於恨得牙癢癢地說：「咱跟他勢不兩立」，下手鎮壓了維新派。

戊戌變法是一次複雜的歷史事變，它的失敗有多種原因，這裡不詳細討論。但就那些奸佞小人造謠生事的手段來說，確實被某些人熟練地運用著，大至國家政務，小至家庭糾紛，無不如是，正派人往往因疏於防備而受其傷害。

本來沒有的事，三弄兩弄成了「實有」的事。但假的畢竟是假的，只要多留個心眼，眼觀六路，耳聽八方，多多留神，無論在哪一步，都可能挫敗對手的陰謀。只要有一處挫敗，事實就無法成立。事實無法成立，假就弄不成真。弄假成真的伎倆也就暴露了。

漢景帝時，晁錯為內史，很受景帝信用，提出過許多革新的建議。丞相申屠嘉因為晁錯的建議觸犯了他的利益，一直在伺機誣陷。晁錯的府邸在老皇帝太廟外空地上的短牆裡，出入很是不便，於是晁錯在矮牆南面開了兩個門。申屠嘉藉此大作文章，狀告晁錯擅鑿廟牆為門，奏請殺頭。晁錯聽到申屠嘉的圖謀後，趕到申屠嘉之前，將真實情況報告了景帝。所以待到申屠嘉告狀時，漢景帝只輕描淡寫地說了句「不是廟牆，是廟外空地上的牆」，便否決了申屠嘉的小報告。申屠嘉回家後大發脾氣，說：「我應當趕在他的前面，現在他捷足先登，我反而被賣了。」晁錯的機警，使他躲過了一次讒言的災禍。

在現實中，流言蜚語一方面是不利於受害者的，另一方面也不利於製造流言和傳播流言者。對於聽信流言的人來說，往往容易被假象蒙蔽，做出錯誤的判斷，有不少時候流言蜚語具有非同尋常的殺傷力，因此，要學會鑑別流言、抵制流言和消除流言。對於散佈消息者來說，一個傳聞，入乎耳，出乎口，不經過考證和內心思考就說出去，實在是輕率，不負責任。在社會生活中，真正明智的人是不會相信它的，因為給他人造成損失，就很有可能引火上身，事情一旦被澄清就會受到譴責。而且真正有道德的人，也是不會去為之煽風點火的。

俗話說得好：謠言止於智者，這是因為聰明的人不會人云亦云，而是根據實際情況加以考察，用理智加以分析，然後才會得出結論來。

鬼為什麼不敢進廟宇

你知道鬼最怕什麼？怕《四書》、《五經》。而《四書》、《五經》又是孔子和他的弟子們寫的，所以鬼最怕孔子。

話說春秋末年，諸侯爭戰，禮崩樂壞，孔子一心要恢復周禮的願望已得不到實現了。魯國的周公廟，魯君也很多年不去祭祀了。周公廟簡直成了一片廢墟，孔子常常獨自到廟裡轉轉，發一陣感嘆。

這天，他聽守廟的老人說，近來周公廟裡常常鬧鬼，弄得四鄰不安，許多鄰近廟宇的人家都因害怕而搬走了。孔子一聽，頗為不滿，心想這周禮不興，君不問政，你小鬼小判也敢在這廟堂之上興妖作怪，我孔丘非治治你們不可。

這天晚上，孔子從家裡搬來《四書》、《五經》，放在香案上，秉燭夜讀。

半夜裡，就見一個披頭散髮，伸著長舌頭，青面獠牙的小鬼走到孔子面前，孔子一點也不害怕，仍舊翻書誦讀。小鬼就想捉弄捉弄孔子，他一會兒拿起孔子的筆晃晃，一會兒又趴在地上搖搖桌子腿，他看孔子還是沒反應，就一下子趴在孔子的書上，把猙獰的面孔貼在孔子的臉上。孔子生氣了，拿朱筆往小鬼的眉心一點，那小鬼就消失了。

原來鬼怕紅色。被點了眉心的小鬼回到閻王那裡，把事兒一說，閻王十分憤怒，沒想到還有敢欺負鬼的人哩！

於是，閻王親自出馬，來到周公廟，他先在大殿外鬼嚎了一陣，聽屋裡沒動靜，就趴在窗欞上往裡一看，孔子仍在讀書。

閻王想，我不能讓你這麼自在地看書，就把長舌頭從窗欞裡伸進去，不停地轉動，孔子還是像沒看見一樣。閻王惱了，就用長舌頭卷起孔子的書。孔子一看，取過筆墨，在長舌頭一寫個「山」字。閻王頓覺舌頭被壓住了，進不得也出不得。孔子笑笑說：「我孔丘著書立說，治不了今日亂世，還鎮不住你閻王爺？」

閻王一聽，叩頭如搗蒜，連連求饒：「小鬼有眼不識聖人，我今後再也不敢騷擾讀書人了。」

「好。」孔子說道，「你記住，今後凡屬廟宇，不許你們這些鬼類出入！」

「是，是。」閻王邊答應邊磕頭。

孔子拿過筆，在「山」字下邊又加了個「山」，於是成了個「出」字。閻王覺得舌頭一輕，連忙縮回來，掉頭就跑。

從此，《四書》、《五經》成了鎮鬼之物。廟宇裡和廟宇周圍再也沒聽說有鬼神出沒了。

感悟二

做人要矢志不渝

【原文】

子曰：「父在觀其志；父沒觀其行；三年無改於父之道，可謂孝矣。」

【解析】

這句話意思是說：一個人在他父親在世的時候，要看他的志向；父親去世以後，要看他的行為；如果三年都不改變父親生前所行之道，這個人可以稱得上孝順。

曾經有很多人對孔子的這種說法提出過質疑，認為這是一種束縛人的虛偽禮教。比如，有人說，假如「父之道」本身就是錯誤的，那麼還應該守下去嗎？其實，我們不妨把這看成一種做人之「道」：不忘本，不改志，堅持自己的操守，不因變故而改，不為外界所動。

做人做事最忌油滑，有約束時一個樣，沒約束了又一個樣。這雖然能佔到一時的小便宜，然而從長遠看來，這種沒原則、不守「道」的行為，是不能使一個人在世上有遠大前途的。只有像鄭板橋筆下的「咬定青山不放鬆」的青松那樣，做一個真正高尚的自己，才能在狹窄的世路上堅定地走下去，並闖出廣闊的天地來。

上了年紀的人大都記得「虎標萬金油」。這種薄鐵盒包裝帶有刺激性氣味的藥品，曾經行銷整個太平洋及印度洋地區，它的市場相當於全球人數的一半以上。八年抗戰期間，它是全中國未淪陷的大後方最吃香的普通藥品，它也正是已故華僑胡文虎繼承父業後奠定華僑超級富豪基業的第一大成就，胡文虎曾因此獲得了「萬金油大王」的美稱並享譽世界。

胡文虎祖籍福建永安縣，一八八二年出生於緬甸仰光。他的父親胡子欽精通「岐黃之術」。一八六〇年左右從故鄉萬里迢迢來到仰光創業，開設了「永安堂」藥行，主要經營藥材業務。

一九〇八年胡子欽逝世，沒過多久，胡文虎將店裡所有的現款全部兌成港幣，帶到香港。此消息一經傳出，許多胡子欽先生生前的親朋好友議論紛紛，認為胡文虎在父親死後無人管束，攜鉅款到香港花天酒地去了。

然而，人們沒有想到，當時二十多歲的胡文虎去香港恰恰是為了繼承父親的事業。父親在仰光開的藥材店，幾乎所有的藥材均由香港進貨，然後再從仰光匯錢付款，胡文虎想到以前同父親做生意的香港老闆，必然對自己的還帳信用有所懷凝，因此他專程到香港替父親償還全部欠款。

胡文虎的這一舉動，讓先前向他父親出售藥材的老闆們喜出望外，繼而深感欽佩，對胡文虎另眼相看，從而極大地提高了永安堂的信譽。胡文虎此行來香港，不僅未付款就帶著大批藥材回到仰光，而且從此以後，凡永安堂開來貨單，香港所有的藥材行無不盡快如約交貨發運。

胡文虎創業伊始就把信譽作為資本放在首位，繼承父志，堅守做人做事的原則，顯示了他的雄才大略。無疑樹立了信譽也就為他的成功奠定了基礎。有了穩定的貨源和優惠的交易條件，也就能使胡文虎集中精力開發萬金油等產品，並把他的事業擴展到東南亞及整個中國。

雖然，胡文虎完全可以在父親死後，繼承遺產，安穩舒服地生活，而不去管什麼債務。然而他卻專程赴香港還債，不但其志可嘉，其主動承擔責任的勇氣和行為更是令人欽佩。以他這種矢志不渝的做人做事態度，成就一番事業，是再自然不過的事了。

所以，做人一定要矢志不渝，能夠堅持自己的信念和目標。世上無難事，只怕有心人。因此，在現實生活中，我們一旦確立了切實可行的目標，就應該堅持走下去，無論遇到多少艱難險阻都不能有絲毫動搖。有志者立長志，無志者常立志。如果做任何事情都不能堅持到底，那麼最後必定會一事無成。

周朝末年，中原地區戰亂頻繁，民不聊生。而與中原相隔一座須彌山的西域各邦卻在興林國的領導下，一片生機勃勃。

當時興林國的國王名叫婆迦，年號妙莊，皇后名叫寶德，兩人都非常賢明。他們只有兩個女兒，卻沒有兒子，眼看妙莊王已年近六旬，找不到繼承人，心中非常憂悶。一天晚上，寶德王后作了一個奇怪的夢，夢見一輪旭日掉到自己懷裡。自此之後，王后便有了身孕。懷孕期間，王后只要一吃葷腥就會嘔吐，哪怕平日自己喜歡吃的葷菜也不能沾一點。

妙莊王十八年，寶德王后產下一名小公主，取名妙善。妙善公主自出生便吃素，從來不進葷腥。她非常聰明，國王和王后都很寵愛她。六歲的時候，寶德王后去世了，妙善非常難過。心想：母后生育、撫養自己，受盡千般苦楚，自己還來不及報答，母后就去世了，這深重的罪孽恐怕只有潛心修佛才能贖淨。於是從此以後，妙善公主便開始修行，希望將來能救治世間一切的苦難。

妙善公主十六歲的時候，她的修為已經相當不錯了。但是，妙善的兩個姊姊都已經出嫁，她自己也到了該出嫁的年齡了，於是妙莊王便提出為妙善公主選駙馬。誰知道妙善公主堅決不從，一心想要出家修行，立志終身不嫁。妙莊王非常生氣，下令將妙善公主趕到御花園做雜役，每天澆花除草，擦桌子掃地。妙善公主二話不說，當天就搬進去了，陪她一起的還有她的保姆。兩人在御花園中從早到晚幹活，公主畢竟從小嬌生慣養，沒幾天就累得腰痠背疼，但是她從來不喊苦。

過了一段時間，妙莊王過生日，妙善公主前去為父王祝壽。妙莊王問她可曾回心轉意，可是妙善仍是堅持自己的理想，不願出嫁，情願出家。

妙莊王氣得七竅生煙，又把她趕到廚房去幹粗活。每天要把十七個石缸的水挑滿，劈兩擔柴火，一日三餐也都要她做，並且每天都派一個叫永蓮的宮女前去監督。妙善仍是毫無怨言，認認真真做好每件事。白天累了一天，晚上還要一邊編草鞋，一邊念誦佛經，直到夜深才在草堆上睡覺，第二天一大早又起來幹活。這樣日復一日勞作，整整做了一年，妙善向佛之心不但沒有絲毫動搖，道行反而加深了。

妙莊王沒辦法，又去把她兩個姊姊叫回來，讓她們幫忙勸一下她們的妹妹。可是兩個姊姊看得出妙善心志已決，反而勸她們的父王，順從妹妹的心願，讓她出家修行。妙莊王長嘆道：「孤王本來是想讓她受點苦，放棄出家修行的打算，招一個駙馬共享榮華富貴，誰知她意志如此堅定。也罷！就讓她出家修行吧！」說完又忍不住老淚縱橫。

第二天，妙莊王下令把城外耶摩山下的金光明寺修葺一新。九月十九日，妙善公主辭別父王和姊姊，帶著保姆和永蓮正式剃度出家，成為一名佛門弟子。

「精誠所至，金石為開。」妙善公主修道之心如此堅決，哪怕吃盡苦頭依然不改初衷。而對擁有至高無上權力的妙莊王來說，心意已決的妙善讓他作為國王的權威受到了挑戰。最終妙莊王為她的精神所打動，同意讓她出家修行，妙善憑著對修道的執著，贏得了最後的勝利。

感悟三

德行比才能更重要

【原文】

子曰：「如有周公之才之美，使驕且吝，其餘不足觀也已。」

【解析】

孔子說：「（一個在上位的君主）即使有周公那樣美好的才能，如果驕傲自大而又吝嗇小氣，那其他方面也就不值得一看了。」在這句話裡才能資質屬於才的方面，驕傲吝嗇屬於德的方面。在孔子看來，一個人雖然才高八斗但如果德行不好，聖人連看也不看他一眼，只有德才兼備才是完美的人才。

應該說，孔子認為只有德才兼備的人才是真正完美的人才，如果有時兩者不可得兼，那麼此時德是熊掌，才是魚，孟子捨魚而取熊掌，聖人捨才而取德。

我們今天選拔和培養人才，依然需要堅持這個原則。不過，只是德和才的內涵都已不可同日而語。

至於歷史上的周公本人，不但不驕不吝，而且是謙遜大度的典範，這也是人所共知而毋庸贅言的了。

「德不高則行不遠」是利世的做人觀，做事首先做人，我們相信：只有品德高尚的人，才能獲得真正的成功；只有德才兼備之人，才能與其患難與共，榮辱共擔。

孔夫子教導我們，德育是整個教育的基礎，所以教育之先在德育；孔夫子還告訴我們，德育本身也有基礎，要抓德育就要狠抓這個基礎。所謂「君子務本，本立而道生」。「務本」就是要「抓根本」，也就是抓基礎。這裡的「本」即做人的根本，務本就是要學會做人，學會做一個有高尚道德、高尚人格的人。

顯然，這裡涉及的是倫理道德教育，強調要把「學會共同生活」作為教育的基礎，就是強調要把教會如何做人的道德教育作為整個教育的基礎。所以我們應當把「學會做人」作為一個口號響亮地提出來，一切德育工作都要圍繞「教會學生做人」這一目標來展開，培養人的工作才會有成效（「本立而道生」）。

歷史經驗告訴我們，政治思想教育並不能取代道德品質教育；任何政治思想教育目標都不應取代德育的根本目標，否則我們培養出的下一代將會成為毫無道德修養、人性泯滅的野蠻人。

孔子心目中有高尚道德的人是有仁愛之心的人，也就是能「泛愛眾」、「博施於民而能濟眾」，即對大眾博愛、能為人民大眾做實事、謀福利的人。

為了使這個高尚的道德目標具體化，以便透過社會教化和自我修養來逐步達到，孟子在繼承和發揚孔子的「教人做人」思想的基礎上進一步提出了「人格教育」問題。其基本內容是：教人做人就是要教人做一個人格完善的人，道德教育就是人格教育，按孟子的話說就是實施「人道」：使人明白做人的道理，明白「人獸之別」，從而逐步完善自己的人格。

他明確指出：「人之有道也，飽食暖衣，逸居而無教，則近於禽獸。」（《孟子．滕文公上》）意思是說：如果只講究吃飽、穿暖、居住安逸而不受教育，人就會失去人格，和禽獸也差不多。為此他在「性善論」的基礎上論證了人格教育的基本內涵應為：「仁、義、禮、智、孝、悌、忠、信」八德，這也就是孟子道德教育的基本內容。

由此，孟子就明確地回答了做一個什麼樣人的問題。但是，由於孟子的「性善論」含有唯心主義先驗論色彩，其八德並未被後人完全認同。在後世儒家中還有不少學者推崇管仲的「四維」說：「國有四維，一維絕則傾，二維絕則危，三維絕則覆，四維絕則滅。傾可正也，危可安也，覆可起也，滅不可複錯也。何謂四維？一曰禮，二曰義，三曰廉，四曰恥。禮不逾節，義不自進，廉不蔽惡，恥不從枉。故不逾節則上位安，不自進則民無巧詐，不蔽惡則行自全，不從枉則邪事不生。」（《管子．牧民》）

這些學者認為可用「禮、義、廉、恥」作為完善人格的標準，即作為道德教育的基本內容。如漢代的賈誼和清代的顧炎武等大學問家均對「四維」說十分讚賞。

新加坡在全面總結儒家學說的基礎上指出，儒家思想的核心是「忠、孝、仁、愛、禮、義、廉、恥」，並以此八種德行作為新加坡政府的「治國之綱」和新加坡每一位公民都必須具有的道德品質。李光耀的這一英明之舉已在新加坡取得極大成功。

孔子還說：「驥不稱其力，稱其德也」。就是指「對於千里馬，不稱讚牠的力氣，而要稱讚牠的品質。」

尚德不尚為，重視品質超過重視才能。

我們的確可以看到這樣的現象，一個人如果品質不好，能力差也就算了，危害還不會很大。恰恰是一個能力非常強，智商非常高的人，如果品質敗壞，野心很大，那他所造成的危害就會非常大，有時候甚至會達到致命的程度，斷送一個部門、一家公司，甚至於一個國家、一朝江山。

反過來說，一個人或者由於天資的差別，或者由於受教育程度的不同，或者由於所處社會地位的限制和職責的規範，辦事能力有大有小，這是不以人的意志為轉移的。但只要重視德行，有好的操行，就是一個值得稱道的人，也是一個能夠做好自己的事業、前程充滿希望的人。孔子這個觀點，對現代生活同樣具有指導意義。因為作為一種做人做事手段，相對於機巧和力量，其實德行操行是具有更大的影響力的，同時也是最為長久永恆的。那種逞勇鬥狠，其實是一種最沒有「技術含量」的手段，成事不足而敗事有餘。

「忠厚傳家遠，詩書繼世長。」這是人們耳熟能詳的一副名聯。從中我們不難看出「德」是唯一值得緊抓不懈和傳之後代的「財富」，其他的，無論是金錢、產業還是機巧詭智，都是難以恆久或根本無法傳承的。對於自身以及子孫的立身立業，真正的智者都懂得，最可靠的支柱還是人的道德修養。

唐太宗時，岑文本以一介書生的身分，憑其出眾的才華，步步升遷，最後被委以宰相的高位。上任之初，朝中大臣紛紛來賀，他家一時車馬不絕，門庭若市。

岑文本對此不喜反憂，他對前來道賀的人說：

「我剛剛上任，一無政績，二無賢德，有什麼可以祝賀的呢？我今天只接受你們的警告，好聽的話就不要說了。」

岑文本的家人見眾人悻悻而去，都責怪他不近人情，岑文本便開導說：

「他們雖是好心，其中卻也難免有勢利小人，藉此攀附。如老皇上藉此觀察於我，我如此聲張，還會有好結果嗎？你們要切記：一個人萬不可得意忘形，更不可失去應有的警惕；凡事取之實難，失去卻在一夜之間啊！」

岑文本的家人自覺門庭高了，便勸岑文本另置大屋，多購產業。岑文本的妻子為此反覆說過多次，岑文本就是不肯。他的妻子氣得不吃飯，還發牢騷說：

「你得此高位，就是不為自己著想，也要為子孫謀劃啊。現在人人都是這樣，你自作清高，苦了自己，還要苦了孩子，遭人譏笑，這是何苦呢？」

岑文本把子女都招到妻子床前，苦口婆心道：

「妳所怨的，都是俗人之見，近則有利，遠則有害。想我本是一個讀書人，兩手空空來到京師，本沒有想到得此高位。這固是皇上恩典，也是我勤勉不懈之果。由此可見，一個人出身並不重要，重要的是他勇於任事、以學為本。我深知此中真意，頗有心得，又怎會行那凡夫俗子之舉，廣置產業、富貴而驕呢？這只會讓你們養尊處優，沒有憂患，安於現狀，不思進取，對你們的將來，這才是真正的禍患，我怎忍心這樣做呢？還望你們明白此中道理，不要再怨怪我了。」

家人深受啟發，妻子也理解他了。岑文本十分欣慰，他說：「我不置產業，是以子孫為業，這才是最值得炫耀的。」

他這般清醒，唐太宗對他另眼看待，寵用不衰。岑文本死後，朝廷又賜給他在帝陵陪葬的崇高榮譽，以示褒獎。到了唐睿宗時，他孫子一輩的人中，位居高位的達數十人之多，是當時最顯赫的家族之一。

顯達及遠、富貴相傳，這是人人都盼望的。對那些身享富貴的人來說，這種願望就更強烈了。他們深知富貴的好處和獲取富貴的艱辛，自不願意自己的子孫把這一切葬送。每個人對子女的教育都是不同的，其效果也有著顯著的差異。貪婪者以搜刮為能，以自私為訓，其子孫只會產生出一批紈；子弟；賢明者知足常樂，以德育人，自甘其苦，言傳身教，這對子孫的影響就深刻多了，他們長大後才能獨當一面，真正擔得起重任，肩負起光耀門庭的責任，並發揚光大。

所以，人才的品質比能力重要。這是我們在考察幹部、選拔人才時不能不遵循的原則。當然，也不能因此而走向另一個極端，忽略人的能力，不尊重知識，不尊重人才。

比較全面地說，應該是德才兼備最好，二者不能得兼時，德重於才。如果完全沒有才，則已不在我們討論的範圍內了。

感悟四

君子務本，本立而道生

【原文】

子曰：「君子務本，本立而道生。」

【解析】

孔子說：「君子致力於根本，根本樹立了，治國做人的原則也就會形成。」

樹葉和樹根有著本與末的區別。樹葉有榮與枯、長與落、綠與黃的變化，而樹根卻始終深植大地，千年不變。人也有本末之別，貧富、貴賤、榮辱、沉浮乃為人之末，人的一生誰不經歷幾次這樣的變化！然而，不論怎樣變，人應該有自己的品德與人格，這是為人之本。就像呂蒙正，他曾貧賤過，曾被人屈辱過，甚至被人誹謗過。但他始終以寬厚的態度對待之。這是無語的申訴，無聲的勸戒，無言的抗辯。這是令人傾倒的人格力量。這是人生的大智。

開寶九年（西元九七六年），宋太祖趙匡胤突然去世，趙光義在太監王繼恩的慫恿下，搶先一步繼位，史稱宋太宗。宋太宗的繼位在朝野上下引發了不少議論，宋太宗為籠絡人心，便決定大規模開科取士。太平興國二年（西元九七七年），宋太宗一次開科，便錄取了五百名進士。呂蒙正是進士第一名。

對這批進士，宋太宗都予以重用。呂蒙正以進士第一名的身分，被授作監丞、升州通判，賜錢二十萬，並下旨，如遇到對百姓不利的事情，准許他們透過驛站直接向皇帝報告。在宋太宗的直接關注下，呂蒙正很快便得到參與處理國家事務的權力了。

呂蒙正為人正直寬厚。當初，他父親有好幾名寵妾，對妻子劉氏漸漸疏遠，劉氏因此與其發生衝突，於是，劉氏和呂蒙正被趕出了呂家。離開呂家後，劉氏發誓不再嫁，母子兩人相依為命，艱難度日。呂蒙正考中進士，步入仕途後，家境大為改善。呂蒙正不計較父親把他們母子趕出家門，使他們吃了許多苦，把父母接到家中，同堂異室而居，照顧得十分周到，重新成為一家人。

呂蒙正入朝為官時還不到三十歲，簡單的經歷，快速的升遷，令朝中許多老臣感到不滿，但由於他是皇上跟前的紅人，誰也奈何不了，只好在背後說些怪話，發發牢騷。呂蒙正剛入朝堂時，有個人指著他說：「這小子也是參政？」呂蒙正假裝沒聽見，從那人面前走了過去。和呂蒙正一起上朝的同僚，聽了這話後，忿忿不平，非要問清楚那人姓甚名誰，呂蒙正連忙制止說：「如果知道了他的姓名，那麼我一輩子也忘不了，還是不知道為好。」對新舊朝臣間的衝突，呂蒙正採取了寬容的態度，體現了其待人寬厚的性格，呂蒙正待人以寬厚的名聲漸漸在朝中樹立了起來。

隨著呂蒙正在朝中為官時間的延長，呂蒙正逐漸累積了政治經驗。端拱元年（西元九八八年），呂蒙正出任宰相，從他步入仕途到位居宰相，前後僅十二年的時間，而此時，呂蒙正也不過是個四十出頭的中年人。地位的變化，並未使呂蒙正待人寬厚的性格發生變化。

位居宰相，自然有許多人跑到他那兒去活動以求升遷。對這樣的人，呂蒙正巧妙地予以回絕。當時朝中有人專門收藏古鏡，自稱有面古鏡能照見方圓二百里以內的東西，那人打算把這面古鏡送給呂蒙正，希望得到賞識。呂蒙正聽說後，便笑著說：「我的臉只有碟子那麼大，怎麼用得上這照見方圓二百里的鏡子呢！」呂蒙正以其機智與幽默，巧妙地打消了送禮者想要透過送禮而得到好處的念頭。

雖然呂蒙正的快速升遷與宋太宗的重用和提拔有著密切的關聯，但呂蒙正並沒有有恃無恐。端拱元年，呂蒙正剛剛出任宰相，便有人向宋太宗告發，說他挾私報復。當時，張紳為蔡州（今河南汝南縣）知州，因為貪污被免去官職。有人對宋太宗說：「張紳家境富裕，不會貪污，這肯定是呂蒙正挾私報復張紳。呂蒙正貧寒之時，曾向張紳借錢，張紳沒借給他那麼多，他便懷恨在心，現在呂蒙正任宰相，便有意加害張紳，以洩心頭之恨。」宋太宗聽人這麼說，便下令恢復張紳的官職。

面對這樣的惡意誹謗，呂蒙正並沒有向宋太宗進行辯解，他以其寬厚的胸懷，相信事久自然明瞭。

淳化二年（西元九九一年），呂蒙正被罷相。此後考課院發現了張紳貪污的證據，宋太宗便將其貶為絳州（今山西新絳縣）團練副使。淳化四年，呂蒙正復出為相，宋太宗覺得當初錯怪了呂蒙正，便對呂蒙正說：「那張紳果然犯了貪污罪。」

本想得到一聲感謝或者是申辯的宋太宗什麼回答也沒有得到，呂蒙正依然是不辯也不謝。他用寬厚的沉默，回答了誹謗與誤解。

古語云：「大丈夫處其厚，不居其薄；處其實，不居其華。」意謂大丈夫立身處世要淳厚樸實，不應浮薄虛華。宋代呂蒙正之所以三次為相，歷仕太宗、真宗，除了敢於直言諫諍，政見超人這一原因外，他致力於為人的根本，待人誠懇寬厚，胸襟開闊，謙虛謹慎也是一個極其重要的原因。

本立而道生，一個人只有致力於根本的東西，然後才能去追求其他的外在之物，這樣才有可能取得成就。否則，就會本末倒置，根基不穩，危害自身。

感悟五

一以貫之的忠恕之道

【原文】

子曰：「參乎！吾道一以貫之。」曾子曰：「唯！」子出，門人問曰：「何謂也？」曾子曰：「夫子之道，忠恕而已矣！」

【解析】

孔子說：「參啊，我講的道是由一個基本思想貫徹始終的。」曾子說：「是。」孔子出去後，同學問曾子：「這是什麼意思？」曾子說：「老師的道，就是忠恕罷了。」忠恕之道是孔子思想的重要內容，待人忠恕，這是仁的基本要求，貫穿於孔子思想的各個方面。

孔子的中心思想是「仁」。而忠恕就是「仁」。忠，就是中心，把心放在當中，就是孔子明確地告訴子貢的：「己欲立而立人，己欲達而達人」，這就是「仁」；恕，就是「如心」，將心比心，就是孔子明確地告訴仲弓的：「己所不欲，勿施於人」，這也是「仁」。忠是從正面而言，恕是從反面而言。

其實，《論語·顏淵》裡也是講這點：「君子成人之美，不成人之惡；小人反是。」成人之美是忠，不成人之惡是恕；而小人是不忠不恕。在《論語》中，或強調忠，或強調恕，都是同一個意思。

《論語·衛靈公》有一章：子貢曰：「有一言而可以終身行之者乎？」子曰：「其恕乎！己所不欲，勿施於人。」在《論語》中，「主忠信」出現了五次，分別在第一、八、九、十二、十五篇中，第八篇《泰伯》中的「子以四教：文，行，忠，信」講得十分明確。可以說，「仁」貫穿了《論語》全書。

人類所最需要的是「關愛人」，是人際關係的和諧，即「仁」，即所謂「孔子智慧」。

應該說，孔子智慧是一個抽象，即東方文化核心的抽象，正確處理人與人、與集體、與社會、與自然界的關係。更一般地講，世界的一切，就是「關係」，就是「處理關係」。我們所努力的，就是盡可能正確地去認知關係、把握關係、處理關係；人類社會也逃不出這個「關係」。「關係」和諧，方能存在與發展；「關係」不和諧，必導致災害，甚至必遭到毀滅。

所謂忠恕是孔子待人的基本原則，是一個問題的兩個方面，所以孔子說是「一」以貫之，而不是「二」以貫之。

忠是從積極的方面說，也就是孔子在《雍也》篇裡所說的：「己欲立而立人，己欲達而達人。」自己想有所作為，也盡心盡力地讓別人有所作為，自己想飛黃騰達，也盡心盡力地讓別人飛黃騰達。這其實也就是人們通常所理解的待人忠心的意思。

恕是從消極的方面說，也就是孔子在《衛靈公》篇裡回答子貢「有一言而可以終身行之者乎？」的問題時所說的：「其恕乎！己所不欲，勿施於人。」自己不願意的事，不要強加給別人。子貢還曾問孔子：「我不欲人之加諸我也，吾亦欲無加諸人。」孔子曰：「賜也，非爾所及也。」自己不願意別人強加的事，也不要強加給別人。這實際上就是「己所不欲，勿施於人」的「恕道」。

子貢是孔子的得意門生。作為這樣一個高材生，又抓住了老師思想體系中的一個核心問題來談體會，按理說該得到讚許，卻不料被老師一盆冷水迎面潑下來，說：「賜呀，這不是你做得到的。」連子貢都沒能做到，又有誰能做到呢？恐怕就只有顏回了吧。可惜我們在《論語》中還沒有看到孔子對顏回這方面的評價。

倒是在《衛靈公》裡，當子貢問老師有沒有一個字可以終身奉行時，孔子回答道：「那就是『恕』吧——己所不欲，勿施於人。」

原來，即便在孔子自己的心目中，「己所不欲，勿施於人」也是非常難以做到的，所以要做終身的努力。

既然如此，不僅子貢沒能做到這一點不足為怪，就是我們沒能做到這一點又有什麼可怪的呢？只能說，「恕」道之難，難於上青天啊！

總體來說，忠恕之道就是人們常說的將心比心，推己及人。所謂人心都是肉長的，自己想這樣，也要想到人家也想這樣；自己不想這樣，也要想到人家也不想這樣。

魯哀公問宰我用什麼木頭做土神的牌位好。宰我回答說：「夏代用松木做，周代用栗木做，用栗木做的意思是使老百姓望而生畏，戰戰兢兢。」孔子聽到後說：「成事不說，遂事不諫，既往不咎。」即「已經做成的事就不必再說它了，已經做了的事就不必再勸阻了，已經過去的事就不必再追究了。」

孔子不滿意宰我關於「使民戰慄」的解釋，因為它不符合德政愛民的思想。但周代確實用栗木做土神牌位，所以孔子也不好正面批評宰我，而只是從觀念方法上來說，既然已經過去了的事，就不要去追究它了。

不管這件事本身的是非曲直，孔子這裡所表現的，的確是一種既往不咎的寬恕精神。所謂破鏡難圓，覆水難收。生米既已煮成了熟飯，說也無益，勸阻徒勞，追究也於事無補，不如不說的好。

人們常說：「過去的就讓它過去吧。」或者說：「坦白從寬，抗拒從嚴；既往不咎，立功授獎。」孔子特別強調不念舊惡少怨恨，他說：「伯夷、叔齊不念舊惡，怨是用希。」意思是「伯夷、叔齊不記過去的舊仇，別人對他們的怨恨因此很少。」俗話說：「退後一步天地寬。」

過去有人對不起自己，但畢竟已經是過去的事了。過去了的就讓它過去吧！瀟灑一點，不懷恨別人，和別人之間的仇怨也就因此而沒有了。就算對方是壞人，也終有被感化的一天。

不然的話，冤冤相報何時了？大家都處處設防，永遠沒有安寧的一天。

所以，對人寬容一點吧，不要老是一副苦大仇深的樣子。

有人說寬容是一把健康的鑰匙，是一個人修養和為人善良的結晶，是生活幸福的一劑良藥。寬容別人，無論走到哪裡，都會帶去一片和煦的春風；不肯寬容別人，往往會給自己帶來痛苦。寬容猶如冬日正午的陽光，常常會令冰冷的心牆漸漸融化。寬容是一種豁達和摯愛，可以化衝突為祥和，化干戈為玉帛。以寬厚之心待人，就會使彼此擁有更多的信任和愛戴。寬容是一種涵養，它是一種善待生活、善待自己的境界；它能陶冶人的情操，帶給你心靈的安寧和恬靜。

有人說寬容是軟弱的象徵。其實不然，有軟弱之嫌的寬容根本稱不上真正的寬容。寬容是一種需要磨練、需要修行才能達到的境界。

不為他人的錯誤而懲罰自己。氣憤和悲傷是追隨心胸狹窄的影子。生氣的根源不外是別人做事侵犯、傷害了自己的利益和自尊心等，於是勃然作色，怒從心頭起。此種生理反應無非在懲罰自己，而且是為他人的錯誤，拙然不值！

孔子還說：「居上不寬，為禮不敬，臨喪不哀，吾何以觀之哉？」就是：「作為領導者不寬容，行禮儀不嚴肅認真，遭遇喪事的時候不悲哀，我用什麼來觀察這種人呢？」

沒有什麼值得觀察的，當然也就是被否定的對象了。

這裡最值得我們重視的是「居上不寬」的問題。在另外的地方，孔子曾反覆從正面說：「寬則得眾」。（《陽貨》、《堯曰》）寬容就能得到群眾擁護。孔子把「寬」作為「仁」的五個方面內容之一。

荷裔美國作家房龍曾寫過一本享譽世界的名著《寬容》，他把寬容視為人類文明進步的重要標誌。

如果說，寬容對於一般人來說都非常重要的話，那麼，對於居於上位的領導人來說，就更應該是一種必須具備的素質了。所謂「水至清則無魚，人至察則無徒」。水太清澈了，清澈到像游泳池裡的水一樣，是沒有魚兒能夠在裡面生存的；人太明察，太苛刻了，苛刻到像眼睛裡容不得一粒沙子一樣，那是沒有人願意跟隨你的。俗話說：「金無足赤，人無完人。」其實說的也是這個道理。

在中國歷史上，有許多「寬則得眾」的著名典故和故事，諸如楚莊王絕纓盡歡，孟嘗君不殺與自己夫人通姦的門客，漢高祖重用陳平，曹操下《求賢令》選拔那些雖然有各種各樣缺點但確有才幹的人，唐太宗不追究郭子儀的兒子得罪自己，宋太祖寬容受賄的宰相趙普，宋太宗寬容酒醉的功臣孔守正和王棨，如此等等，不一而足。而與此相反，因「居上不寬」而自食其果的例子也同樣不勝枚舉。

因此可以說「居上不寬」是領導者的致命傷，而寬容的肚量則是作為一個領導者的起碼要求。愈是進入民主的時代這一點就愈發突出。這是所有領導者或想做領導者的人必須牢牢記在心上的信條。

有仁德才能夠正確對待他人，寬容他人，孔子曰：「唯仁者能好人，能惡人。」「只有有仁德的人才能夠正確地去喜愛人，才能夠正確地去厭惡人。」

子貢曾經向孔子請教說：「一鄉的人都喜歡他，這個人怎樣？」孔子回答說：「難說。」子貢又問：「一鄉的人都厭惡他，這個人又怎麼樣呢？」孔子還是回答說：「也難說。只有當鄉人中的好人喜歡他，鄉人中的壞人厭惡他時，我才能肯定他是好人。」（《子路》）

又有一次，孔子說：「眾人都厭惡他，一定要對他加以考察；眾人都喜歡他，也一定要對他加以考察。」（《衛靈公》）

可見，對一個人的好惡一定要有是非標準，既不能只憑個人的私心得失之見，也不能被輿論所左右，人云亦云。

正是從這一點出發，孔子提出了「只有有仁德的人才能夠正確地去喜愛人，才能夠正確地去厭惡人」的看法。實際上是要求我們修養以「仁」為核心的內在品格，克服偏私之見，正確對待他人。「仁」是孔子確立的最高理想人格和道德準則。「忠恕之道」則是為仁的基本原則和方法。「己所不欲，勿施於人」，在孔子的教育思想中居於重要位置。它強調了仁愛之心，其間蘊含的寬容平和與不強加於人的心態，正是人類個體之間、種族之間、國家之間，乃至天、地、人、物之間，交互尊重、共存共生的相依之道。人與人之間在利益上是相互依存、不可分割的整體。無論什麼樣的人物，要想在社會上安身立命，成就一番事業，就必須以他人的生存與發展為前提。所以，孔子自信地說：「不仁者不可以久處約，不可以長處樂。仁者安仁，知者利仁。」「唯仁者能好人，能惡人。」（《論語．里仁》）。

恨人即是恨己，愛人即是愛己。譬如登高吶喊「我恨你——」回音也是「我恨你」；反之，「我愛你——」回音亦然。所以，付出良善，最終受用還歸自己。

把我當作他人，意在破除我執，達到「無我」的精神境界。做到這一點，這種心靈是愉悅的，安詳的，美好的。它的中心做法是和一切功利、是非保持距離，不執一切，欣賞一切。在逆境中不失意，不忿忿不平，不憤世嫉俗。在順境中不得意，不歡喜，不為別人的稱讚、頌揚所動，終日如行雲流水，時時保持生命的安詳原態。

把自己當作他人看待，才能正確看待他人，良好地和他人相處，得到美的感受。正確看待他人，就正如欣賞落日的景色一樣。我們能夠欣賞落日，就在於我們不控制它，不強求它。觀賞時我們不會說：「左邊角上的橙色該淡些，右邊角上的紅色可濃些，底下的雲彩可惜太黑了！」

我們會任它所具有的形態去接受它，欣賞它。看待他人亦然。對自己，這樣的體驗有利身心安詳；對別人，則會令人感到舒適愉悅，美自在其中矣。

宥坐與斷欞

周公廟在曲阜城東北的高阜上。周公姓姬名旦，是周文王的第四個兒子，他幫助周武王推翻了無道的殷紂王，被封到曲阜。但周公沒到曲阜上任，而是在國都為周朝制訂了許多禮樂制度，即「周公之禮」。後來，周公的兒子伯禽被封到魯地曲阜，他便建立了太廟，以祭周公。人們習慣把太廟叫做周公廟。孔子一生要恢復的就是「周公之禮」，所以後人認為周公是儒家的鼻祖，因而被尊為「元聖」，周公廟又稱「元聖廟」。

孔子小時候曾進入周公廟，觀看大祭周公的儀式，祭共中一招一式，一舉一動，給少年孔子留下了深刻而美好的印象。他對廟裡的一切都很興趣，不停地向大人詢問各種祭器的名稱、儀式的規程等等。後來有人說：「誰說陬大夫的兒子懂得禮呢？進入太廟，遇事就問這問那。」這話傳到孔子耳裡，孔子笑道：「這才合乎禮嘛！我不是天生就知道一切的，不學習怎麼會知道一切呢？知之為知之，不知為不知才是明智的！」

後人因「孔子入太廟，每事必問」之事，在周公廟裡修建了「孔子問禮堂」，有詩讚道：

一言一事聖人心，黍稷雖馨神不歆。
自此趨蹌注念後，堂開問禮到如今。

下面就講個孔子周公廟教弟子的故事。傳說有一年，孔子帶領弟子到周公廟參觀。進入元聖殿，有弟子指著神位前的一個傾斜的圓形木器，問守廟人：「這是什麼祭器？」

守廟人答道：「此器叫宥坐，早先是灌溉用的吸水陶罐，拴繩的罐耳在下邊，用繩懸掛，罐身傾斜，打水很方便，後來成了明君的勸戒器。」

孔子望著弟子們疑惑的眼神，解釋道：「我聽說宥坐這種器具，內空虛時傾斜，半實半虛時就會中正不傾，如果腹滿就會翻倒，明君當做勸戒自己的用物，所以常常放在身邊。」

這時守廟人端來一盆清水，從宥坐的小口中往裡灌，灌到一半時，宥坐變得平正穩當而不歪，當灌滿水時，宥坐忽然覆倒，所灌進去的水全部倒了出來。

孔子長嘆道：「世上哪有滿而不覆的器物呢？對人來說，驕傲自滿就會退步，甚至會栽跟頭啊！」

說罷，孔子又帶弟子進入另一座殿堂，有位弟子指著窗戶上的斷欞問：「老師，你看這是木匠的過失呢？還是另有說法？」

孔子看了看，說：「建築太廟，選派的都是能工巧匠，選用的都是上好的木材，工程竭盡巧妙，絕不會出現朽斷的現象，這必然另有說法，可能是昭示後人不要間斷修葺的意思吧。對人而言，就是不斷地反省自己，不斷地完善自己吧！」

弟子們一路看一路聽，對建築周公廟的古人十分欽佩，一器一物都包含著極深的道理，用以昭示後世賢人。孔子更偉大，他能將艱深的道理說得那麼明了，並能由表及裡，使弟子們受到極深的教育和啟發。

感悟六

用之則行，捨之則藏

【原文】

子謂顏淵曰：「用之則行，捨之則藏，唯我與爾有是夫！」

【解析】

孔子對顏淵說：「用我呢，我就去做；不用我，我就隱藏起來，只有我和你才能做到這樣吧！」

孔子的意思是：時代、國家如果用得到我，就出來為國家、天下做事；如時代、國家不需要我，就退隱，把自己藏起來。藏在哪裡呢？或隱藏到山林中去，或是「萬人如海一身藏」，默默無聞地過著隱逸生活。孔子還說，這樣的情形，只有我和你顏回兩人可以做到。因為顏回在孔門是道德修養最好的學生，至於其他的三千弟子，相形之下，就遜色多了。

孔子本是宣導積極進取的入世觀的，他主張濟世利民的人生觀，這裡又提出「用之則行，捨之則藏」，兩者是否矛盾呢？其實不矛盾，而是人生目標與具體實踐策略的辯證統一。目標是明確的，信念是堅定的，但在具體策略上必須有靈活性。因為人生的命運遭遇既決定主觀因素，也決定於客觀條件。主觀上雖有濟世利民的決心，但世事沉浮，人道滄桑，未必總能隨人願。只有正確認知必然性，善於把握偶然性，人們才能主宰自己的命運。這其中的一個重要環節就是把握機遇，待時而動。孔子的「用之則行，捨之則藏」，正是一種「動心忍性」等待時機，以忍求尊的人生智慧。

三國時期的諸葛亮可算是「用之則行，捨之則藏」的典範。諸葛亮二十七歲出山之前，在隆中整整生活了十年，他除親自參與田間勞動自給自足外，還常在草堂內刻苦攻讀。他讀的書很多，天文、歷史、地理、軍事、諸子百家無所不讀。他的學識日漸增長。此外，他還不斷地尋師訪友，與一些志同道合的朋友切磋學問，討論國家大事。這也使他增長了不少見識。漸漸地，他由一個普通的少年，變成一位通達事理、才華橫溢的人傑，名氣也一天天地大起來，被人尊稱為「臥龍」。雖然在地方上頗有名氣，但滿肚子的才智還未能為世所用。但他仍自甘寂寞，隱居隆中，一邊耕田種地養活自己，一邊博覽群書，尋師訪友，思考天下大事，探討治國安邦的道路。

而當時，天下已大亂，群雄割據。各路「諸侯」為了自己將來能王天下，紛紛招納人才，幫助自己打天下。就當時的局勢看，曹操平定了中原，實力強大，諸葛亮可以到北方投奔曹操；還有孫權，實力雖然比不上曹操，但在江東也有一塊地盤，算是樹大根深，諸葛亮也可以南下委身於孫權，幫他創一番打天下的偉業；即使荊州的劉表，為了穩住江南的局勢，抗拒曹魏的侵擾，也很需要能人幫他出主意，諸葛亮也可以受聘於他。

但這些地方、這些人，他都認為不值得為之效力。所以他從未到這些地方去找關係，謀取職位，而是靜觀大勢，等待時機成熟，良主來請，再出來施展自己的才華。直到劉備三顧茅廬，他才隨劉備出山。出得山來，即大展宏圖，南征北戰，演出了聯東吳、戰赤壁、奪荊州、取益州、定漢中等等活劇，不僅讓劉備終於有了立足之地，而更重要的是構建了三國鼎立之勢。在處理蜀漢軍政內務上，他又獻出了自己的全部力量和智慧，「鞠躬盡瘁，死而後已。」

諸葛亮「藏器在身」，待價而沽時，不為權勢所動，不為金錢所惑，不為美色所迷，而當劉備三顧茅廬請他出山之後，則是順應時勢，行若風雷，兩朝開濟，名垂青史。他對孔子「行」和「藏」的體會不可謂不深。諸葛亮的一生，還只是先「藏」後「行」。

要說真正隨緣順事，或藏或行，時行時藏，總能做到「做人脫俗，應世隨時」的還要數北宋時期的蘇東坡先生。

蘇東坡所處的時代，正是北宋積貧積弱逐漸衰微的時期，也是朋黨之爭此起彼伏的年份。蘇東坡一生有過坦途順境。他二十二歲進士及第，當過太守、翰林學士、禮部尚書，官階至三品（宋朝沒有一品官，宰相才是二品），不可謂不榮耀、顯赫。但他一生又三次遭貶：

第一次是發落在黃州，即今天的湖北黃州市。

第二次貶到了嶺南廣東惠州。

最後一次是他六十二歲時，由惠州貶所再遠貶到海南島的瓊州。海南那時是蠻荒瘴癘之地、死囚流放之所。東坡說這裡的生活是「食無肉，病無藥，居無室，出無友，冬無炭，夏無寒泉。」

在仕途順利之時，他對君主忠心耿耿，對國家的貧弱憂心如焚，對老百姓的疾苦深切關注。為官一任，造福一方；甚至不以一身禍福，改變其憂國之心，凸顯出儒士、忠臣的鮮明形象。

他入閣不久，正逢王安石創行新法，蘇東坡上疏，直言新法的不利，說：「我想說的話，只三句罷了：希望皇上能結人心，厚風俗，存法度。人君所依靠的就是人心，這就像樹木有根，燈盞有油，農夫有田，做生意的人有錢財。失掉了人心，國家就滅亡，這是必然的道理。自古以來，沒有人君平和、簡易、隨俗、同眾，而國家不安定的；也沒有人君剛愎自用而國家不危亡的。皇上一定也知道人心為什麼不穩的道理了……」剛剛入閣，權勢不重，位子不穩，但他為國家為民眾著想，敢於直言。

他不但敢於向皇帝進言，而且在自己的任內抱定「為官一任，造福一方」的宗旨，積極為百姓謀利造福。任徐州太守時，當時正值黃河在曹村決口，氾濫到梁山泊，溢滿了南清河，匯聚到了徐州城下。水勢還在暴漲，如果不及時排洩，徐州城就將坍倒。城裡的富戶紛紛爭著出城避水，有人也勸他避一避險情。

蘇東坡卻說：「富產一旦出城，城裡的百姓就都會動搖，我和誰來共同守城？只要我在徐州，就一定不讓洪水沖倒徐州城。」於是蘇東坡勒令那些富產進城，並親自到武衛營中，喚來了卒長說：「黃河水將要敗壞徐州城，事態緊急，雖然你們是禁軍，職責是守衛城池，但如今災害當頭，我也只好請你們幫助我。」

卒長早被蘇東坡知難而進的行為感動，一口應允他的請求。卒長說：「太守尚且不躲避大水，我輩是小人，當然更該效命。」於是迅急帶領他的士兵拿著畚箕和鐵鍬奔出去，搶險救災。官兵奮戰許多晝夜，修建了東南長堤。搶險期間，暴雨日夜不停，蘇東坡就一直住在城牆上臨時搭起的小屋裡，即使經過自己家門也不進去，一面查看險情，一面派官吏們分段堵塞洪水，最後終於保全了徐州城。

官場爭鬥是複雜的，仕途是艱險的，儘管蘇東坡忠於職守，勤政愛民，但由於官場的相互傾軋，還是遭到貶斥。受貶之後，他一不怨天，二不尤人，而是勤耕苦讀，四處遊覽，寫下了許多流傳千古的名篇名句。一旦朝廷重新任用，他又是一如既往，盡心盡力為朝廷出力，為民眾謀利。

第一次遭貶後不久，朝廷又重新啟用他為杭州知府。在杭州任內，恰巧碰上大旱、飢荒和瘟疫等幾種大災疫同時肆虐，蘇東坡立即向朝廷提出請求，希望免除災區上貢稻米的三分之一，當他得到朝廷賜予的度僧牒後，立刻就把它換成糧食以賑濟災民，派人帶著醫生分別到各個街坊為災民治病。第二年的春天，又減低價格出售常平倉的糧食，還令官府煮了很多米粥和藥劑施捨災民。為杜絕災情再次襲擾民眾，他召集人力，疏浚整治荒廢多年的西湖，開通河道，建造堰閘，修復廢井，修建三十里長堤，不僅當年使西湖能灌溉農田千頃，人民用水豐足，就是今日，西湖仍能以「淡妝濃抹總相宜」的西子美色，奉獻於人間。蘇東坡正是以這種「用之則行，捨之則藏」的曠達，給後世留下了深刻的印象。

從這些歷史人物的人生歷程中我們可以領略到孔子處世人生觀的大智慧。隨緣順事，而又超脫世俗之見的人生觀。人應順應種種因緣條件而處世，隨緣隨時而安，順應時代潮流地去參與現實生活，適應現實。這樣既免除了心理負擔，也排除了因過去的因緣瑣事而引致的那些理不清的纏縛，使人生成為真正而自然的人生。另一方面，人在適應現實生活中，應善於不落俗套地補救時弊，似和風消解酷暑的炎熱，潤人肺腑；在世俗生活中，保持脫俗的品性與人格，不存為糾正鄙俗而有意標奇立異之心，不起追逐時尚之念，似淡淡的月光映灑著輕雲，相得益彰。

外國諺語也說道：「知道怎樣靜待時機，是人生成功的最大秘訣。」這就像行船一樣，要趁著潮水漲高那一剎那動作，非但沒有阻力，並且能幫助你迅速成功。因此，「用之則行，捨之則藏」，初看似有消極之嫌，但在天不遂人願，現實條件受到種種限制時，著實不失為對症下藥的一劑良方，退和藏的時候並不是消極無為，而是為機遇的到來一直準備著，機遇總是垂青有準備的人，據此則「隨處可以做主人」。

感悟七

人而無信，不知其可

【原文】

子曰：「人而無信，不知其可也。大車無輗，小車無軏，其何以行之哉？」

【解析】

孔子說：「一個人不講信用，不知道他怎麼可以立身處世。這好比大車沒有輗，小車沒有軏，它怎麼能行走呢？」

孔子的意思是說做人應當講求信義，切不可為一點小利而背叛已許的諾言。否則，失去了信用，就有可能寸步難行。「人而無信，不知其可也。」

信，就是重承諾，說到做到，肯於負責。孔子說做人、處世及對朋友，「信」很重要，無信譽是絕對不可以的。尤其一些當主管的人，處理事情若不多想想，倉促下決定，以致隨時改變，就會使部下無所適從。所以孔子說：「人而無信，不知其可也。」

「大車無輗，小車無軏。」輗和軏兩個字是古代車轅前面橫木上楔嵌的具關聯固定作用的木銷子（榫頭）。輗是用牛拉，以載重，所以是大車；軏是用馬拉，以載人，所以是小車。沒有輗和軏就無法拉車，這都是車子上的關鍵所在。所以孔子說做人也好，處世也好，為政也好，言而有信，是關鍵所在。有如大車上的輗，小車上的軏，如果沒有了它們，車子是絕對走不動的。

孔子之所以把「信」強調到如此重要的地位，是因為在他看來，信，作為說話算數，做事靠得住來講，也就是「忠」的表現。孔子在強調言行一致時，常常是忠信並提的。他說：「言忠信，行篤敬，雖蠻貊之邦，行矣。」由此可知，忠的表現於外，就包括「言而有信」、「敬事而信」。而忠又是孔子反覆強調的道德規範——忠、恕、讓、孝四原則之首。對於人際關係，對於社會，忠有著特殊的作用。這裡我們不去過多論述。我們單從「信」在待人接物、處理人與人之間關係時的重要作用，亦可以看出孔子強調「信」是慧眼獨具的。

俗話說：「凡事信為本，一身到處宜。實心無處假，百行有根基。」從古到今，言而有信的人受到人們的歡迎、讚頌，其事業也得到人們的支持。究其原因，是因為這個「信」包含著深刻的道理，這道理就在於信可以明德，信可以誠，信可以樹威。

以信明德。曾參是孔子的弟子，他經常教導子女要誠實無欺，並以身作則。

某天，曾參的妻子要去集市，兒子哭鬧著也要跟去，她就哄孩子，說回家後就殺豬給他吃。等她趕集回到家裡，一眼看到曾參正在磨刀準備殺豬，她忙問究竟。

曾參說：「妳不是對孩子講好，趕集回來就殺豬給他吃嗎？」

妻子急忙勸阻道：「我這樣說，只是為了哄孩子，你怎能當真呢？」

曾參對此頗不以為然，說：「我們不能哄騙孩子，因為孩子時刻在模仿父母，現在妳哄騙他，等於教他用同樣的方法去哄騙別人；而且當他知道妳是哄騙他時，他就不會再信任母親了，將來妳如何教育他呢？」最終曾參還是殺了豬，讓孩子吃到了豬肉。更重要的是，他使兒子感到父母言而有信，說到做到，父母的威信在孩子的心目中更穩固了，也使兒子懂得了做人須誠實的道理。

以信示威。春秋時期，晉文公有一次準備了三天糧草包圍原，並允諾三天不攻下原，便立刻撤軍。到了第三天，原仍沒有攻下，有人建議晉文公再觀望一時，但晉文公說：「『信』是立國的基礎，也是人民的庇護所。即使得原而失信，還有什麼利益可言？或許還可能因小失大。」於是，晉文公便傳令三軍依言撤退，三軍歡呼雀躍以擁戴晉文公。

以信樹威。戰國時期，商鞅「徙木立信」以推行新法的故事，可算是以信樹威、取信於人的典範。商鞅原本是衛國人，後來到秦國深得秦孝公的信任，任命他為左庶長（掌管國家軍政大權的官），並具體負責掌管變法事宜。西元前三五九年，商鞅起草了一個新法令，新法令的主旨是強本抑末，獎勵耕戰。

秦孝公認為很好，就要下令執行。商鞅說：「主公先不要忙著下令。」秦孝公不解其意，商鞅解釋說：「常言說得好，『自古皆有死，民無信不立。』必須先取信於民，讓百姓知道我們說了話是算數的，新法一公佈必須照著執行，只要百姓有這樣一個牢固的概念，下一步就好辦了。」

秦孝公聽了這話，覺得很有道理，就說：「這事但憑左庶長主張。」

這一天，商鞅派人把一根約三丈長的木桿立在城南門口，並令專人守候著。人們不知道城南門孤零零地立著一根光禿禿的木桿子有什麼用，都圍過來看熱鬧。過了一會，左庶長商鞅來了，他當眾宣佈：「誰能把這根木桿扛到北門去，賞黃金十兩！」圍觀的人們一時弄不清是怎麼回事，人群中沒有應聲的。這也難怪，這是和官府打交道，誰知他們又要出什麼花樣，就憑這根木桿，扛上走這麼點路，就能賞黃金十兩？世上哪有這等便宜事，說不定會找你的麻煩。人們只是你看看我，我看看你，誰也不肯去沒事找事。

這時左庶長又發話了：「怎麼沒有人扛？賞金太少了？現在我鄭重宣佈，誰執行我的命令，把木桿由此扛到北門，賞金五十！」人們聽了，嚇得直吐舌頭。

人一多了，什麼樣的人都會有，人群中有個好逞能的小夥子，心想：不就是扛一根木頭拿賞金嗎，即使拿不到賞，他又能把我怎麼著，我倒要看看他葫蘆裡賣的是什麼藥，於是擠到前面說：「我來扛！」他的話音剛落，一些老人家就小聲嘀咕：「初生之犢不畏虎，逞這能幹什麼！」小夥子不管三七二十一，他扛起木桿就往北門走。看熱鬧的人愈來愈多，都擁擠著跟在後面。

小夥子把木桿扛到北門放下，左庶長商鞅走到他面前，叫人捧過黃金來。商鞅拍了拍這年輕人的肩膀說：「小夥子，能聽從朝廷的命令，按著命令辦事，應當受獎！」之後命人將五十金送到小夥子的手上。小夥子愣住了，圍觀的人群也愣住了，都不敢相信這個事實。

只見商鞅又提高嗓門說：「大家記住，朝廷命令的公佈，一定會照辦的。找左庶長說話辦事是守信用的！」這一消息不脛而走，很快傳播到秦國各地。秦國民眾都說：「左庶長有令必行，有賞必信，我們心裡有數了。」

商鞅看到官府已經取得了老百姓的信任，於是請秦孝公下令頒佈新法。

這則故事通常被稱為「徙木立信」。本來，移木與變法毫無關聯，但在這裡卻讓商鞅巧妙地聯社會理解和支持。

商鞅就在社會心理上確立了民眾對官府的信賴，也就為新的政策、法令的順利推行，贏得了廣泛的既然今天能「賞不逾日」，以後也會「罰不還口」的，再也不敢把官府的告示當兒戲了。這樣一來，繫了起來。移木不過是一件區區小事，但唯其事小，使眾人確實感到現在的官府發令必行，重賞有信，

新法令公佈以後，秦國很快就發生了變化。戰士們在戰場上打仗十分英勇，為個人私事打架鬥毆的少了。農民種田的積極性提高了，投機騙錢的人和懶漢少了。沒有軍功的貴族失去了特權，不能再作威作福。立新功得到獎賞的人，感到分外榮耀。商鞅變法的成功，應該說與其「徙木立信」的轟動效應有著密切的關聯。

誠實守信用在現代社會生活中是非常重要的品格。即使在市場經濟中也離不開這條原則。有一句老話說「成大業者必有大德」，你愈是講誠信，愈能獲得更大的經濟效益，這是成正比的，特別是在市場經濟成熟時，這就非常重要了。如果你認為要獲取更大的利潤，就必須用欺詐手段或者不誠信的方式來獲取，這恰恰是錯誤的。你本來想用這些手段獲得更多的利潤，但是適得其反，到頭來還是身敗名裂。因此，你要長期在市場上立足，就必須對顧客像上帝一樣，要尊重對方，要滿足對方的需求，要真正地全心全意地為他們服務，如此才能開拓市場。

感悟八

人無遠慮，必有近憂

【原文】

子曰：「人無遠慮，必有近憂。」

【解析】

孔子說：「一個人沒有長遠的考慮，一定會遭到眼前的憂患。」

這句話的意思是說，不管做什麼事情，都要預先考慮與謀劃清楚，盡量做到成竹在胸。不然，總是臨時抱佛腳，難免疏漏百出。這就是說，要做到未雨綢繆，趁著還沒下雨，先修繕房屋門窗。否則一旦下起雨來，就馬上會面臨漏雨之憂患。此理看似平常，但也並非每一個人都能做到。

一個人思考問題，處理事情，不但要顧及到眼前，並且還要考慮到長遠。只有這樣，才能安排協調好各方面的關係，不致出現各種意想不到的困擾。否則冒冒失失，顧頭不顧尾，說不定憂患就會一夜之間來到你的面前。做任何一件事情，沒有一個長遠和近期的通盤性考慮是不行的。子曰：「人無遠慮，必有近憂。」意思是說：「一個人如果沒有對將來的長遠考慮，必定會有眼前的憂患。」

北宋的張詠任崇陽縣知縣的時候，當地的居民都以種植茶樹為生。張詠知道後說：「種植茶葉的利潤豐厚，官府將來一定會對茶葉進行壟斷，我們還是儘早改種其他植物為好。」然後他下令全縣拔除茶樹而改為種桑養蠶，這一舉動使得百姓們怨聲載道。後來國家果然對茶葉進行了壟斷，其他縣的農民全都丟了飯碗，而崇陽縣種桑養蠶的大環境已經形成，每年出產的絲綢有幾百萬匹之多。當地的居民們感激張詠給他們帶來的福利，修建了祠堂來紀念他。

宋仁宗晚年精神錯亂，時有狂癲之狀，宮廷內外，人心惶惶；京城開封，氣氛緊張。一代名臣文彥博和另一個人品不怎樣的劉沆同為宰相。這一天，文彥博等人留宿宮中，以便處理緊急事務，應付非常之變。

一天深夜，開封府的知府王素急慌慌地叩打宮門，要求面見執政大臣，說是有要事稟報。文彥博拒絕了：「這是什麼時候，還敢深夜開宮門？」

第二天一大早，王素又來了，報告說昨天夜裡有一名禁卒告發都虞侯（禁軍頭目）要謀反。有的大臣主張立即將這名都虞侯抓來審問，文彥博不同意，他說：「這樣一來，勢必擴大事態，鬧得人人驚惶不安。」他召來了禁軍總指揮許懷德問：「這位都虞侯是個什麼樣的人？」

許懷德說：「這個人是禁軍中最為忠誠老實的一個人。」

文彥博問：「你敢打包票嗎？」

「敢！」許懷德說。

文彥博說：「一定是這個禁卒和都虞侯有舊仇，所以趁機誣告他，應當立即將他斬首，以安眾心。」大家都同意他的意見。

文彥博便要簽署行刑的命令，他身邊的一個小吏暗中捏了一把他的膝蓋，他頓時明白過來，軟磨硬拉地讓劉沆也在命令上簽了名。

不久，仁宗病情有所緩解，劉沆便誣告說：「陛下有病時，文彥博擅自將告發謀反的人斬首。」話雖不多，用意卻十分惡毒，分明是暗示文彥博縱容造反者，甚至是造反者的同謀。文彥博當即拿出了有劉沆簽名的行刑命令，這才消除了仁宗的疑心。幸虧劉沆簽了名，否則，文彥博真是有口難辯了。

人無遠慮，必有近憂。一個取得成功的人，必須擁有長遠的眼光。唯有如此，才能不被眼前的繁榮所迷惑，看到隱藏在繁榮背後的危險。否則，一味陶醉在目前的成功之中，在前進的道路上裹足不前，就有可能被潛伏的危險擊倒，使原有的成就都化為烏有，自嘗失敗的苦果。張詠正是憑藉他的深謀遠慮，才透過種植茶樹表面的繁榮，看到了其不利的因素，幫助崇陽的百姓躲開了可能降臨的災禍；而文彥博身邊的小吏更是熟知官場中的複雜殘酷，偷偷地指點了文彥博一下，替其免除了一場殺身之禍。

因此，善經營者，睹事於未萌，所以能未雨綢繆，處處主動。如舉世聞名的希臘船王歐納西斯，在一九二九年的西方經濟大危機時，預見到危機後的復甦和將來運輸業的發展，不去大量購買破產企業的不動產，更不是搶購當時讓人眼熱的黃金，而是以驚人的眼光去收購被人們看作最不景氣的航運業。正是他的遠見卓識和先期準備，在第二次世界大戰爆發時，終於提供給了他天賜良機，他的船隻一夜之間變成「浮動金礦」，財源滾滾而來。戰後，他一躍成為名揚世界的「船王」。

在現實生活中，努力培養自己的憂患意識，提高自己對事物發展的把握能力，是很有必要的。因為生活每天都在進行，我們身處的環境也在發生著日新月異的變化，我們也應該積極地面對這種變化，開拓思路，避開隱藏於暗中的危機，以獲得更大成功。

我們一定要記住：成大事者都是從長計議的人，他們絕不會去做一些只顧眼前利益而放棄長遠利益的事情。因此，做人不能不深思熟慮，不能不前思後想，不能只顧前而不顧後，否則必然會碰到眼前的憂患。

感悟九

有過則勿憚改

【原文】

子曰：「主忠信，毋友不如己者。過則勿憚改。」「過而不改，是謂過矣。」

【解析】

孔子說：「應該親近忠誠和講信義的人，不要和不如自己的人交朋友，有了過錯不要害怕改正。」「犯了錯誤而不改正，這才叫做錯誤。」作為具有高尚人格的君子，過則勿憚改是對待錯誤和過失的正確態度，可以說，這一思想閃爍著真理的光輝，反映出孔子理想中的完美品德。

孔子在「修身」「正己」問題上，非常強調自省改進。在《論語》中多處見到他談自省改過的話題。在《論語・公冶長》中，他指出，人應「能見其過而內自訟（即能看到自己的過錯而進行自我批判）。」在《論語・子罕》中還說：「法語之言，能無從乎？改之為貴。巽與之言，能無從乎？繹之為貴。說而不繹，從而不改，吾未如之何也已矣。」翻譯成白話意思是：「符合禮法的話，能不聽從嗎？但只有（按照原則）改正（自己的缺點錯誤），才是可貴的。順耳好聽的話，能不讓人高興嗎？但只有分析鑑別（這些話的真偽是非），才是可貴的。如果只高興而不分析鑑別，只聽從而不改正自己，（對於這樣的人）我實在沒有什麼辦法啊。」

孔子不但要求別人「過則勿憚改」，對他自己也能不講面子，有一種「聞過則喜」的態度，認為別人批評自己的過錯是好事。例如，在《論語》中記載了這樣一件事：楚國使者陳司敗問孔子：「昭公知禮乎？」孔子回答說：「知禮。」孔子走後陳司敗就感覺到孔子在這裡是不堅持原則，有意袒護昭公，所持的理由是昭公「取（娶）於吳為同姓（按周禮規定同姓是不能結婚的）」，陳司敗說，昭公做出這樣的事，如果還說昭公「知禮」，這世上還有誰不知禮呢？孔子後來聽到這個批評後說：「丘也幸，苟有過，人必知之。」意思是說：「我真幸運啊，一旦我有過錯，馬上有人提醒我、告訴我。」

不但孔子重視並反覆強調「過則勿憚改」，「不二過」（不重複犯一樣的錯誤）。他的學生中，許多人也是堅持「知過必改」的。傳說「子路聞過則喜」，當然是孔子影響所致。子貢說：「君子之過也，如日月之食（蝕）焉；過也，人皆見之，更也（改了過），人皆仰之。」言外之意是，改了過錯則思想言行會更健康，也顯得風格更高了。這和我們現代人說的，改過是進步的動力的觀點是一致的。子夏也說過：「小人之過也，必文（即一定文飾、粉飾、辯解，怕丟面子）」；換句話說，那麼君子則不怕丟面子，能正視錯誤，改正錯誤。一般來說，人如不正視、改正錯誤，而文過飾非，那就更錯了。人們常說的「欲蓋彌彰」就是這個意思，這樣便不能進步，反而會摔跤的。

孔子在強調一個人修身、正己過程中，把能不能改正錯誤作為重要內容，並且明確指出「過則勿憚改」，不但問題抓得準，切中要害，而且也符合人們成長進步的過程。世界上沒有不犯錯誤的人，差別是錯誤的大小和多少，更大的差別還在於對待錯誤的態度上。錯誤人人難免，有時不以人的意志為轉移，但犯了錯誤不能改正錯誤，那就錯上加錯；犯了錯誤，但能正視錯誤，改正錯誤，不但對事情有所補救，而且也能從錯誤中記取教訓。

平時我們說的「亡羊補牢，猶未為晚」、「吃一塹長一智」，都是這個意思。從某種意義上講，人就是在不斷犯錯誤、又不斷改正錯誤中進步的。而每一回錯誤的改正，便意味著在完善自我的台階上又上前一步，所以古人說：「知過能改，善莫大焉。」歷史上有明君、昏君的說法，其實明君不是未卜先知的聖人，縱觀他們的行跡，許多明君是明在他們能「過則勿憚改」；昏君則相反，昏就昏在有了過錯卻「死不悔改」。「過則勿憚改」的明君能創一番轟轟烈烈的大事業；死不改過的昏君只能自食惡果，只能像南唐後主李煜那樣：

四十年來家國，三千里地山河；
鳳閣龍樓連霄漢，玉樹瓊枝作煙蘿。
幾曾識干戈？
一旦歸為臣虜，沉腰潘鬢消磨。
最是倉皇辭廟日，教坊猶奏別離歌，
垂淚對宮娥。

敢於承認錯誤，並且能夠正視錯誤和改正錯誤的，在封建王朝中，可能唐太宗李世民算第一位。

唐太宗非常喜歡魏徵對他說的「兼聽則明，偏信則暗」這一句話。他對大臣們說：「自古以來帝王怒起來就隨便殺人，夏朝的關龍逄，商朝的比干，都因為敢諫而被殺。漢代的晁錯也是無罪被殺，我總是提醒自己以此為鑑。為了國家，請你們經常指出我的過錯，我一定接受。諸位經常記著隋朝滅亡的教訓，我常常想著關龍逄、晁錯死得冤枉，咱們君臣互相保全不就很好嗎？」唐太宗不但這樣說，在實際行動中也著實有知錯就改的舉動。

有一次，太宗出行至洛陽，嫌地方供應的東西不好而發火。魏徵當即勸諫道：「隋煬帝為追求享樂，到處巡遊，供求無厭，弄得民不聊生，以致滅亡。今聖上得天下，正應當接受教訓，躬行節約，怎能因天下供應不好就發脾氣呢？如果上行下效，那將成什麼樣子！」太宗接受了他的批評。

有一年，陝西、河南發大水，不少地區遭了災，太宗卻要建飛龍宮。魏徵上疏反對，說：隋煬大修行宮台榭，役無時，干戈不休，把人民逼上絕境，最後招致滅亡。皇上要引以為戒。如果重複隋煬帝的做法，那就是「以暴易暴」，還會重蹈亡隋的覆轍。最後說服太宗停建了這項工程，並把備用的木料都送到災區救濟災民。

還有一次，太宗要修洛陽宮，河南陝縣縣丞皇甫德上書反對說：「修洛陽宮，是勞民之舉；收取地租，是重斂於民；天下婦女時興高髻，是從皇宮裡傳出來的。」太宗看了奏章勃然大怒，說：「這傢伙是想讓國家不役使一個人、不收一斗租，宮裡的女人都變成禿子，他才會滿意！」

魏徵在旁，連忙解釋說：「人臣上書，言辭不激烈不足以引起聖上的重視，言辭激烈又近於誹謗，希望陛下能夠理解。」太宗聽了，轉怒為喜，還派人賞賜了皇甫德。

貞觀二年，太宗訪得隋朝舊官鄭仁其有個小女兒生得天姿國色，又有才學，想納入後宮為妃，冊封的詔書已寫好。魏徵聽說鄭女早已許嫁陸氏，於是面諫太宗：「陛下為天下萬民的父母，應愛撫百姓，憂其所憂，樂其所樂。自古有道之君心裡總是想著百姓。住在皇宮裡，想著百姓是否有房子住；吃山珍海味，想著百姓是否受凍挨餓。嬪妃擁前，要想著百姓是否有家室的歡樂。鄭氏之女已許嫁別人，陛下卻想娶至後宮，這哪裡是為民父母者應做的事情呢！」說得太宗無言以對，馬上停止冊封，讓鄭氏之女仍歸陸氏，並自責：「聽說鄭氏之女已受人禮聘，朕下詔冊封的時候沒有詳審，這是朕的過錯。」

由於唐太宗能聽大臣們勸諫，糾正了不少過失，造就了貞觀盛世。唐太宗李世民在實踐中嘗到了知錯就改的甜頭，因此還以自己的過錯警戒後人，勸他們篤行仁政節用愛人，不要犯他曾犯過的錯誤。他臨終的前一年，曾對太子李治說：「我即位以來毛病很多，喜歡錦衣玉食、宮室台榭、犬馬鷹隼，四方行遊，煩擾百姓，這都是我的過錯，可不要學習我這些。」

唐太宗有「貞觀之治」，應該說與他能「聞過則喜」不無關係。反之如果「聞過則怒」，或者「諱疾忌醫」，則一定會造成嚴重的損失，以致身敗名裂。相傳古代的周厲王，橫徵暴斂，虐待人民，激起了人民的憤懣，甚至有人破口大罵。厲王對別人的指責置之不理，而且讓巫師們去「監謗」，發現有人議論、咒罵厲王，就立即抓去砍頭。

在周厲王的鎮壓下，人們敢怒不敢言，在路上相遇只能用目光相互交換眼色。厲王十分得意，說：「我能制住人們的誹謗了！」對此，召公曾多次提醒厲王，「防民之口，甚於防川」，「若塞其口，其與能幾何！」不出召公所料，國人不堪忍受，爆發了我國歷史上第一次大規模的民眾暴動，周厲王也因此遠逃他鄉。

三國官渡之戰的袁紹，事先不聽忠告，強行征戰大敗而歸，不但不承認錯誤，反而殺掉忠心於他的志士田豐，更是令人髮指。官渡之戰，袁強曹弱。在資歷、名望、地形和兵力上，袁紹都佔有明顯的優勢。但袁紹出征之前，田豐卻持異議，潑了其主子一盆冷水。

據田豐的分析，「曹公善用兵，變化無方，眾雖少，未可輕也。」田豐的策略是：「不如以久持之」，「據山河之固，擁四州之眾，外結英雄，內修農戰」，「我未勞而彼已疲，不及二年，坐可克也。」田豐這個「以逸待勞」之計，是很有見地的，可惜袁紹不採納，不僅不採納，還以「擾亂軍心」的罪名將田豐打入牢房，當自己的失敗被田豐料中後，卻又不肯承認自己的失誤，反而怕被田豐譏笑，把田豐處死於獄中。這種愛面子、耍權威、知過也不改的態度，正是袁紹由強變弱，最後落得一敗塗地的重要原因。

痛加反省，迷途知返，不但不會丟面子，不會失威信，反而會贏得讚譽，受到稱道。戰國時期，趙國「將相和」就是典型一例。「將相和」成為千古美談，固然與藺相如顧全大局受辱不羞、寬以待人的度量有關，但是也緣於廉頗痛加反省、知錯必改的大將作風。

能不能知過必改，關鍵看能否進行自省自訟。怎樣進行自省自訟呢？自省固然主要是回憶、檢查自身，但按照社會學、行為學的觀點，人的思想和行為等等，總是在對象性的關聯中體現和完成的，因而自省應當是以自我為中心，同時關聯到身外的人和事來加以思考。在你的日常生活中，在遇到的事情中，在與人交往中，別人見到你時是否喜歡，或是討厭你。如果喜歡你，是什麼緣故？如果討厭你又是什麼原因？你遇見人時，是否感覺自然，或覺得很不自在？如果感到自然或窘困，又是什麼道理？即以這些參照物來反觀自己的舉措，校正自己的行為。歷史上的廉頗從藺相如對自己的避讓中，覺察到自己只顧爭一人之高低，而置國家利益於腦後，立即省悟這是大錯特錯，從而立即改正。在日常生活中也有不少人是在別人對自己的看法、對自己的評價中瞭解到自己的過錯，突然醒悟迅速改正的。

因此為人應該有不憚改過的氣度。自己做了錯事並不要緊，關鍵的是要能夠改正錯誤，這樣才會有進步。而且，如果是領導者的話，還要積極聽取下屬有益的意見和建議，只要是對個人或者工作有幫助的，就應該虛心接受。

闕里的來歷

曲阜孔子故宅門前的闕里街，是當年孔子居住的一條街道。春秋時期，街道通稱「里」，因為這條街上有兩個石闕，故名「闕里」。

漢時，闕里街上曾建起兩座方形雕刻石闕。石闕四面刻花，每座六層，上刻方脊瓦壟頂，並飾有人、車、馬、鹿、貫環等。到元代因修廟擴街，把這一對石闕移入孔廟，建起了現存的木結構牌坊，明、清後曾多次重建。此坊四柱三楹，每楹三層樑坊，上有密集的斗拱和雲龍透花板，中間紅色坊額，上書「闕里」兩個金字。坊頂覆綠琉璃瓦，各挑角均掛風鈴，風起時叮咚作響。如今這裡已是一處勝蹟，說起它的來歷，還有一段故事哩。

傳說，有一天孔子因急事外出，迎門被一個無賴擋住了去路。這無賴用破磚爛瓦築了個方方正正的城堡，並端坐其間。孔子好言勸他讓讓路，那無賴卻反問道：「自古常理，只有車躲城，哪有城躲車的？」

孔子無奈，只好說：「那我就繞城而過吧。」還沒等孔子的馬車挪步，那小子又攔住孔子說：「夫子，你沒聽說過『三里之城，七里之郭』嗎？你看你的車都快壓著我的城郭啦！」

孔子低頭見「城堡」外邊還有用黃土圈的一個大圈，把整整一條路給堵死啦。孔子氣得沒法，又沒時間和他爭辯，只好步行著繞過了「城郭」。

孔子一邊走一邊回頭嘆道：「缺理呀！缺理！」於是，後人就將孔子故宅前的這條街叫做「缺理街」。因「缺理」這兩個字寫在聖人門前太不雅觀，遂取其諧音，稱做「闕里」街了。

再說那個無賴小子，天天到孔子門前擺城陣，時間長了，自己也覺得無趣，乾脆入了孔門，做了孔子的學生，後來也成了一個賢士。

感悟十

以誠立身，以信立命

【原文】

曾子曰：「吾日三省其身：為人謀而不忠乎？與朋友交而不信乎？傳不習乎？」

【解析】

曾子說：「我每天再三反省自己：替人家辦事盡心竭力了嗎？與朋友交往講信用了嗎？老師傳授的學業用心溫習了嗎？」曾子所反省的這三件事其實可以歸結為一件事，即反省自己有沒有違反「誠」這一準則，即對自己對他人是否誠實。

古代的賢人孟子說過：「誠者，天之道也；思誠者，人之道也。至誠而不動者，未之有也；不誠，未有能動者也。」誠實，在任何時候都是人的可貴品質，是做一個君子最基本的要求。也正因如此，高允以誠立身，深為人們讚許。

魏世祖太武帝時，高允與司徒崔浩奉命一同著成《國紀》。高允以侍郎、從事中郎兼任著書郎。

他精通天文曆法，在著述過程中，經常匡正崔浩的謬誤，令人嘆服。當時，有著作令史閔湛等人乖巧奸佞，深得崔浩信任。見崔浩注釋的《詩》、《論語》、《尚書》、《易》，便上奏章，說馬、鄭、王、賈所注述的《六經》，疏漏謬誤之處很多，不如崔浩所注精微，因而請求將這些在境內流行的各家注述書籍統統搜集收藏，頒發崔浩的注書讓天下人學習。同時請求世祖賜命，讓崔浩再注釋《禮傳》，以使後生晚輩們能夠真正領會其中的義理。

有人抬轎子，大事吹捧，崔浩飄飄然不知所以。閔湛阿諛有功，崔浩心中有數，絕不能虧待，上表推薦，稱讚他有著述的才華。不久，閔湛又慫恿崔浩將其撰寫的《國紀》全文刊刻在石碑上，立於交通要道，求永垂不朽，並藉以彰明崔浩秉筆直書的事蹟。

高允聽說後，憂心忡忡，料知崔浩這樣得意忘形，必無好結果。他不無擔心地對著作郎宗欽說：「閔湛所作所為，實在是岌岌可危，恐怕會給崔浩宗族招來永世大禍，我們也很難倖免。」高允料事如神，不久果然事發，崔浩因撰寫《國紀》觸怒世祖，被收押在審。

此時高允在中書省供職，恭宗已被世祖立為太子，曾由高允講授經史，對他很敬重，見高允因參與《國紀》的撰寫也將受到牽連，就設法救助。他派東宮侍郎吳延請來高允，讓他留在宮內。第二天，恭宗奏明世祖，命高允陪同自己進宮朝見。到了宮門口，恭宗說：「現你我一同進見至尊，進去後我自會為你疏導，至尊如果詢問，你只要依我的意思回答即可。」

二人進宮面見世祖，恭宗小心翼翼說道：「中書侍郎高允一直在臣宮中，與臣相處多年，一向小心謹慎，臣對此十分清楚，他雖與崔浩共事，但位卑言輕，受崔浩制約，責在崔浩，請赦高允不死。」世祖召高允進前問道：「《國紀》是否皆為崔浩所作？」

高允答：「《太祖紀》為前著作郎鄧淵所撰，《先帝紀》及《今紀》，臣與崔浩同作，但崔浩綜理全面，事務繁雜，雖是共撰，其實不過總審裁斷而已。至於書中注疏，臣所做多於崔浩。」世祖聞言大怒：「如此說來，你罪更甚於崔浩，豈能放你生路。」恭宗見世祖發怒，馬上插話解釋辯白：「父皇息怒，高允乃一介小臣，恐懼迷亂以致語無倫次。臣過去曾詳細查問，高允都稱《國紀》為崔浩所作。」

高祖再問高允：「果然如太子所言？」

高允面無懼色，從容作答：「臣才疏學淺，著述多有謬誤，有違聖恩，又觸怒天威，臣已知罪，罪該滅族。臣死在即日，不敢胡言妄說，欺蒙聖聽。太子殿下因臣隨侍左右講授經學多年，可憐臣下，故極力為臣請求寬免，其實殿下並未曾問臣，臣也無此言。臣如實奏報，不敢隱瞞。」

世祖聽罷，怒氣頓消，對恭宗道：「真是直言不諱！這也是人情所難，臨死而不巧語飾過，豈不難哉。且為臣不欺君，告朕以實情，真是忠貞之臣。雖然有罪，也可寬免。」於是，高允得到了赦免。

世祖隨即召來崔浩，命人請問，崔浩惶恐迷亂，不能應答，哪似高允，事事申說得清清楚楚，有條有理。這下世祖愈發惱怒，命高允擬寫詔書，將崔浩以下僮僕小吏以上共一百二十八人，均滿門抄斬，株連五族。

高允受命草擬詔書，但他遲遲不肯寫，世祖頻頻派人催問，高允請求再進見世祖，說明情況然後才好擬詔。世祖應允，高允面奏說：「崔浩獲罪，若另有罪狀，臣不敢多言，但若僅以此事論罪，罪不該死。」世祖一聽，勃然大怒，命侍衛將高允拿下。恭宗只得再次上前求情，世祖道：「不是此人勸諫，更要致死數千人。」恭宗與高允再不敢多說，拜謝退下。崔浩最終仍遭滅族滅門之禍，崔浩僚屬僮吏也都被處死，但僅止於本人，不累及妻子兒女。著作郎宗欽臨刑前，想起高允當時的預言，長嘆一聲：「高允有先見之明，簡直是個聖人啊！」

事過之後，恭宗曾責備高允說：「做人應知道隨機應變，否則多讀書又有何益。當時我為你安排導引，你為何不依我言行事，以致觸怒聖帝，雷霆萬鈞，至今想起仍心有餘悸。」

高允當時何嘗不明白恭宗的一片苦心，但他自有一番道理，此時才告知恭宗：「臣是一東野凡夫俗子，本無意做官，不想被朝廷徵召，沐浴聖恩，在中書省為官。自思多年來尸位素餐，枉享官榮，妨礙賢良，心中每每不安。至於說到史籍，應為帝王言行實錄，是將來的借鑑，今日藉此可以瞭解過去，後代藉此可以知曉今朝，因此言行舉動，無不一一記載，為人君者自然對此分外審慎。崔浩世受皇恩，榮耀一時，而辜負聖恩，以致自取滅亡，崔浩其人其事，確有可非議之處。崔浩以平庸之才，而承擔棟樑重任，在朝內沒有忠誠正直的節操，退歸沒有雍容自得的稱譽，私欲吞沒了清廉，個人好惡掩蓋了正直與公理，這些應是崔浩的罪責，至於其記載朝廷起居之事，評論國家政事得失，本是撰寫史書的慣例，並沒有過多違背。臣與崔浩共撰一書，同擔一事，亦是事實。死生榮辱，不該有別，依理而言，臣不應有所特殊。今日獲免，由衷感激殿下再生之恩。臣違心苟且求免，並非臣之本意。」高允一席話擲地有聲，恭宗聽罷，為之動容，又連連慨嘆。

總觀高允言行，始終表裡如一，言行不二，不做投機取巧、阿諛逢迎、苟且求生的勾當，以忠直坦誠為其立身準則。人生在世，難得的就是這個「誠」字，更難得的是遇有風浪，生命攸關，仍能不變本色。封建時代，官場多是名利場，為爭權逐利，為謀取高官厚祿，爾虞我詐，互相攻訐傾軋，而吹牛拍馬，巧言令色，欺上瞞下，八面玲瓏，在官場上更是司空見慣，見怪不怪。高允身在官場幾十年，不管風雲變幻，不計利害得失，堅持以誠立身，教人以誠，待人以誠，實屬難能可貴，也使他贏得了上上下下的信賴和尊敬。

誠實，是為人處世最寶貴的品質之一。以誠立身，雖然有可能在某些情況下會吃虧甚至會得罪某些人，但從長久來看，必然會得到人們的信賴與尊敬。

感悟十一

貧莫自哀，富不忘禮

【原文】

子貢曰：「貧而無諂，富而無驕，何如？」子曰：「可也。未若貧而樂，富而好禮者也。」

【解析】

這句話的意思是說：「貧窮而不去巴結人，富裕而不驕傲自大，這種人怎麼樣？」孔子說：「可以了。但還不如貧窮而仍然快樂，富裕而好禮節的人。」

「貧而無諂」，僅僅是「固窮」，是窮人保持自己尊嚴的最後底線；「富而無驕」也只能算是一種消極的不作為。這兩種行為的心理背景，仍然存在嚴重的貧富界線。因此，這還算不上一種超脫的人生認知境界。

「貧而樂，富而好禮」，則完全把「貧」、「富」拋開，而以發自內心的生命喜悅和謙仁禮讓作為生活最實質性的內容與準則。能夠達到這一境界的人，才是真正的賢者，才是真正懂生活、會生活的人。

其實，人活在世上是否幸福，關鍵在於心態，貧或富只是一種外在因素，真正有道的人是不會為其左右的。況且，貧或富也是一種像浮雲一樣變幻不定的東西，為之憂苦或因之驕縱，都是輕薄不明智的，不為智者所取。

「不要擋住我的陽光。」這句話是古希臘哲學家狄奧根尼的名言。狄奧根尼蔑視權貴，無意仕途，過著放蕩不羈的生活，倒也自得其樂。一天，他正在大街上曬太陽，亞歷山大大帝路過這裡，對他說：「哲學家，你對我有什麼要求，我可以滿足你的一切欲望。」狄奧根尼毫不給大帝面子，平靜地說：「我所要求你的，就是你走開，不要擋住我的陽光。」

東漢的嚴子陵，不高攀劉秀這個做了皇帝的老同學，繼續過自己清貧的生活，而劉秀也並不勉強於他，仍以禮相待。

嚴光，字子陵，年輕時曾是漢光武帝劉秀的同窗，有很高的名望。劉秀稱帝後，告示天下，令人尋找嚴子陵。但是光有名字不好找。於是光武帝召集宮廷的一流畫家，描繪出嚴子陵的容貌，直到畫得形神畢肖後，便複製了許多份，頒發天下，令各地官吏負責尋找嚴子陵，過了許久仍杳無音信，漢光武帝十分焦慮。有人冒充嚴子陵，劉秀召見後，一一否決。時間過了許久依然沒有一點兒消息，劉秀憂心忡忡。

嚴子陵到底在哪裡呢？

嚴子陵看到劉秀打得天下，知道定會封他做官，但他生來厭惡官場，不願意享受朝廷俸祿。於是，他隱姓埋名，在齊縣境內富春山中過起了隱士的生活。一天到晚垂釣於溪水之中，怡然自得。

有一天，一個農夫上山砍柴，又累又渴，便到河邊喝水，看見一人獨自坐在河邊釣魚，他愈看愈覺得這個釣魚人面熟，回到鎮上，看到集市張貼的畫像，農夫才明白，山中的釣魚人就是劉秀出重金尋找的嚴子陵。農夫顧不得一天勞累，扔下柴禾，飛也似地跑到衙門，把此事報告了縣令，農夫也因此得到了一份獎賞。

齊縣縣令上書光武帝：「有一人身披著羊皮大衣，在富春山溪水邊釣魚，很像嚴子陵。」

劉秀立即命官吏備好車馬，裝上優厚俸祿，想把嚴子陵請出富春山，然而，官車去了又回，均無多大收穫。這天，官吏又一次來到富春山，嚴子陵說：「你們認錯人了，我只是個普通打魚人。」使者不管他怎麼解釋，硬是把他推進了官車，快馬加鞭，送他到了京城。嚴子陵住進了劉秀特意為他安排的房子，每日錦衣玉食，數十名僕人為他效勞，然而對於這些他不屑一顧。

侯霸與嚴子陵也是舊時好友。此時的侯霸已今非昔比，他接替伏湛做了漢朝的大司徒。侯霸聽說嚴子陵已到皇宮，就讓臣下侯子道給嚴子陵送去一封書信，表示對嚴子陵的問候。一見嚴子陵，侯子道恭恭敬敬地把信遞了過去，此刻，嚴子陵正斜倚在床上，聽到是大司徒侯霸派人送信，仍然面無喜色。接過信，大概一看，便放在了桌子上。侯子道以為嚴子陵因為侯霸沒有親自看望而不愉快，忙又說：「大司徒本想親自迎接您，因為公事繁忙，一刻也脫不開身，晚上，他一定抽空登門拜訪，請嚴先生寫個回信，也好讓我有個交代。」

嚴子陵想了片刻，命僕人拿出筆墨，他說，讓侯子道寫。信中寫道：「君房（侯霸字君房）先生，你做了漢朝大司徒，這很好。如果你幫助君王為人民做了好事，大家都高興；如果你只知道奉承君王，而不顧人民死活，那可千萬要不得。」他說到這兒停了下來，侯子道請他再說些什麼，嚴子陵沒有吭氣，侯子道討了個沒趣回到了侯霸那裡。

侯霸聽完侯子道的話，面有怒色，覺得嚴子陵不把他這大司徒放在眼裡。於是把嚴子陵的一番話，報告了劉秀，誰知劉秀卻說：「我瞭解他，就這倔脾氣。」

當天，劉秀去看望嚴子陵。皇帝親自登門，這可是件大事，得遠迎才對。但嚴子陵根本不理，躺在床上養神。劉秀進來後，看到他這副情景，並不惱火，走過去用手輕輕地拍了拍嚴子陵的肚子，親切地說：「老同學，你難道不念舊情，幫我一把嗎？」

嚴子陵說：「人各有志，你為什麼一定要逼我做官呢？」劉秀聽後長長地嘆了口氣，失望地走了。

有一天晚上，劉秀與嚴子陵敘舊。劉秀問：「我比從前怎麼樣？」

「嗯，有點進步。」嚴子陵大模大樣地回答道。

那晚，兩人同睡一榻，嚴子陵故意大聲打呼，並把腿壓在劉秀身上，劉秀毫不介意。第二天早上，太史驚慌地來稟報：「皇上，昨晚微臣觀察天象，發現有一客星沖犯帝星。」劉秀輕描淡寫地說：「沒啥大不了，昨晚我和嚴子陵在一起。」劉秀封嚴子陵為諫議大夫，他不肯上任，仍舊回到富春山中過他的隱士生活，種種地，釣釣魚。富春山邊有條富春江，江上有個台子，據說是當年嚴子陵釣魚的地方，稱為「嚴子陵釣台」。

狄奧根尼只需要溫暖的陽光，嚴子陵只希望寄情於山水之間，他們以這種在俗人看起來「貧窮得可憐」的生活為樂；而亞歷山大大帝和劉秀，也能以王者身分，以禮相待這種人。他們對於彼此的態度和行為，以及那種超脫的關係，也可以算是一種佳話了。

感悟十二

人生貴在自強不息

【原文】

子曰：「譬如為山，未成一簣，止，吾止也。譬如平地，雖覆一簣，進，吾往也。」

【解析】

孔子說：「好比用土堆山，只差一筐土就堆成了，如果停下來，那是我自己停下來的。好比用土平地，即使剛剛倒下一筐土，如果前進，那是我自己要前進的！」

人懷才不遇是經常的事情。一是由於自己的才華沒有被人發現，所以也就不可能被任用；二是雖然胸懷大志，滿腹文韜武略，但是生不逢時，像姜太公那樣，不願意把自己的聰明才智用在助紂為虐上，而要與明主相顧，像鳥要擇木而棲那樣，君子要審時度勢，擇主而事。這樣就要忍受一時的貧窮、困苦，忍受住自己的不得志，而不能為了眼前的功名利祿，放棄自己的追求。真正有大志的人，即使是平生不得志，也會廉潔自守，剛正不阿，不會依附權貴，更不會與奸人同流合污。不怕失敗，也不畏懼別人的嘲諷，矢志不渝地向著既定奮鬥目標前進。

唐朝裴略出身高級官員之家，得以成為唐太宗時期的一名宮廷侍衛。他頭腦靈活，為人機警，當了兩年多的宮中侍衛，長了很多見識，也認識了許多朝廷大臣。這一年，裴略參加了兵部主持的武官考試。考完後裴略自覺考得不錯，覺得很有把握被錄取。誰知到了開榜之日，裴略竟名落孫山。氣惱之餘，他想去找宰相溫彥博申訴，或許能爭得一個轉折的機會。反正是死馬當活馬醫，成功了是意外，不成功也無所失，裴略抱著這樣的心理去見溫宰相。

裴略是宮中侍衛，沒費什麼周折，便進入宰相官邸。正巧，兵部尚書杜如晦也在溫家，二人在客廳飲茶交談，已有一會兒了。

裴略一見杜如晦也在座，感到來得不是時候，上前施禮後，便臨時改換了一個話題。裴略彬彬有禮地對溫、杜二人說：「我在宮中任事幾年，長了不少見識，我覺得自己能明辨事理，記憶力極好，尤其對語言特別敏感，別人說一段話，我能一字不漏地複述下來，如果在朝廷做個通事舍人，我相信是非常稱職的。」

溫彥博一聽，笑了起來，心想：真是一個自命不凡的人。他看了看杜如晦，見他沒有開口說話的意思，便對裴略說：「太宗皇帝愛才惜才，古今少有，但皇上量才錄用，視能授職，要通過一定的考試程序。前不久兵部主持的考試，就是為了選拔人才，你參加了這次考試沒有？」

裴略接口說：「我不但參加了，而且考得很好；但也許是考官們那天喝多了酒，醉眼昏花，錄取時把我的名字給弄丟了。」溫彥博哈哈大笑，對杜如晦說：「你看，有人到這兒來告你兵部的狀了。」

杜如晦從容說道：「我真希望有人能對我們兵部的工作提出意見。不過，評卷、複查，手續完備，至今尚未聽說過有什麼偏差。年輕人，你考得也許是不錯，但別人考得更不錯哩。這次沒被錄取，下次再考嘛。」

裴略一聽，心裡涼了半截。杜如晦接著又說：「看你這樣能說善道的，你還有何才能？」裴略一聽，隨即轉憂為喜，馬上大聲說：「我會寫詩作賦，不信，您出題試試？」溫彥博抬頭看到院子甬道兩旁的數枝翠竹，於是對裴略說：「你就以竹為題，賦詩一首吧。」

裴略低頭略一思索，一首詩脫口而出：

庭前數竿竹，風吹青蕭蕭。
凌寒葉不凋，經夏子不熟。
虛心未能待國土，皮上何須生節目。

這首詩抓住竹子外表有節、內裡空虛，經冬不凋、經夏無子的特徵，譏諷竹子徒有其表而不務實際。以竹喻人，一語雙關。

溫彥博和杜如晦聽罷點點頭，露出讚許的目光。溫彥博心想：也許他曾經作過這個題目的詩，所以顯得敏捷、成熟，便決定換個題目，再試一下。於是又指著屏風對裴略說：「你再以屏風為題，作詩一首，好嗎？」

裴略隨即緩緩走到屏風前，口中吟道：

高下八九尺，東西六七步。突兀當庭坐，幾許遮賢路。

他略一停頓後，突然亮開嗓門大聲說：「當今聖明在上，大敞四門以待天下士人，君是何人，竟在此妨賢？」話音剛落，伸出雙手「嘩」地一聲，將屏風推倒在地。

裴略出語驚人，行動更是出人意外。這首詩，這番話，明裡說的是屏風擋道，實際暗示當權者不識人才，堵塞賢路。裴略說話時，吐字清晰，語調鏗鏘，聲音宏亮，落落大方。

溫彥博笑著對杜如晦說：「你聽出來沒有？年輕人的弦外之音，是諷刺我溫彥博哩。」裴略隨即接口，一面比劃著自己的臂膀和肚皮，一面說：「不但刺膊（博），還刺肚（杜）呢。」溫彥博和杜如晦不覺被他的機敏逗得哈哈大笑。

沒過幾天，補齊必要的手續後，裴略被朝廷授予陪戎校尉，這是武職中第三十隊，一個從九品的小官。官職雖小，但裴略畢竟是正式進入了仕途。

在懷才不遇的情況下，君子應該堅持不懈，自強不息，積極進取，用自己的才華，讓世人認識自己。要像孔子所說的那樣：「譬如為山，未成一簣，止，吾止也。譬如平地，雖覆一簣，進，吾往也。」而不要中途停止，忍氣吞聲，不再奮鬥。奮不奮鬥所獲得的結果是完全不同的。

天行健，君子自強不息。人生在世，由於各種各樣的原因，別人不可能一下子完全認識自己，甚至在某些情況下還會誤解自己，這就需要自己堅持不懈地去充分展現才華，積極進取地掌握住各種機會，讓別人充分認識自己。

感悟十三

嚴於律己

【原文】

子曰：「君子求諸己，小人求諸人。」

【解析】

孔子說：「君子嚴格要求自己，小人苛刻要求別人。」

孔子說：「君子求諸己，小人求諸人。」這話的意思就是君子嚴於律己，讓自己的一言一行都符合道德規範，使自己經得起時間與歷史的考驗。而小人只苛刻要求他人，而對自己卻放任自流。在嚴格要求自己方面，長孫皇后的言行為我們做出了很好的榜樣。

唐太宗長孫皇后十三歲時與唐太宗成婚，武德元年（西元六一八年），被冊立為秦王妃。武德九年六月，冊拜為皇太子妃。武德九年八月，太宗即皇帝位，立為皇后。

長孫皇后崇尚節儉，服飾用具，力求簡省。太宗經常與長孫皇后談論朝廷賞罰之事，皇后引用

《尚書．牧誓》中的話回答道：「『牝雞之晨，唯家之索。』我是個婦人，豈敢干預國家的政事？」太宗堅持與皇后談論，皇后終不發一言。

皇后的哥哥長孫無忌與太宗皇帝早在少年時期就交往密切，又是輔佐太宗取得成功的元勳，太宗對他十分信任，他經常出入內宮。太宗打算把朝廷重任委託給他。皇后堅持認為不可，找機會對太宗說：「我既已託身紫宮，尊貴已到了極點，實在不願讓我的兄弟子姪在朝廷擔任要職。漢朝呂氏、霍氏兩家外戚專權，應該引為銘心刻骨的教訓，希望本朝不要讓我的兄長擔任宰相。」

太宗沒有採納皇后的意見，仍舊任命長孫無忌為左武侯大將軍、吏部尚書、右僕射。皇后又暗中讓長孫無忌苦苦地請求不擔任要職，太宗不得已而答應了長孫無忌的請求，改授予長孫無忌開府儀同三司，皇后這才安心愉悅了。

長孫皇后有個異母兄長，名叫長孫安業，好酗酒，且不務正業。皇后的父親長孫晟去世的時候，皇后和長孫無忌都還年幼，長孫安業就把他們兄妹倆趕回他們的舅舅高士廉家，皇后對此事毫不介意，時常請太宗厚待長孫安業，長孫安業的官位做到監門將軍。後來長孫安業與劉德裕密謀叛亂，太宗要殺掉長孫安業，長孫皇后叩頭流淚為他請命說：

「長孫安業罪該萬死。可是他對我不仁慈的事，天下人都知道，現在若對他處以極刑，人們必定認為我倚仗皇帝的寵幸而報復自己的兄長，這不是有損聖朝的名譽嗎？」因此，長孫安業才得以免去死刑。

長孫皇后所生的長樂公主，太宗特別疼愛。到長樂公主將要出嫁時，太宗命令有司，陪送的嫁妝要是長公主的一倍。

魏徵進諫道：「當初漢明帝時，將要封皇子，明帝說：『我的兒子怎麼能和先帝的兒子同等對待呢？』可是，所謂長公主，確實應該比公主尊貴，感情遠近雖有差別，義是沒有等級差別的。如果讓公主的禮儀超過長公主，恐怕於理不合，請陛下考慮。」

太宗回到內宮後，把魏徵的話告訴了長孫皇后，皇后嘆息道：「我曾經聽說陛下十分器重魏徵，但一點都不瞭解其中的緣故。他實在是能用義來制止皇上感情用事，他真稱得上國家正直的大臣了。我與陛下是結髮的夫妻，深受禮遇，情義深重，可是每當進言時，必定要看陛下臉色行事，尚且不敢輕易冒犯陛下的威嚴，何況臣下感情比我與您要遠，禮節上又有君臣之隔，所以韓非子為此稱向君主進言難，東方朔也說向君主進言不容易，這其中確實有原因！忠言雖然逆耳，可是對行事有利。有關國家急務的意見，若採納，則社會安定，若拒絕，則政局混亂，我誠懇地希望您仔細考慮，則天下人都十分幸運。」於是長孫皇后派內宮太監帶著五百匹帛，前往魏徵的住宅賞賜給他。

太子李承乾的乳母遂安夫人常對長孫皇后說：「東宮的用具缺少，想奏請皇上、皇后予以添置。」皇后不答應，說道：「作為太子，所擔憂的是美德不立、美名不揚，何必計較用具少呢？」

貞觀八年（西元六三四年），長孫皇后陪太宗住在九成宮，不幸染病，且病勢沉重，太子李承乾入宮侍奉，秘密啟奏皇后道：「醫藥已經用盡，您的病勢仍不見好轉，請讓我奏請父皇赦免囚犯，並使人入道觀，希望能得到上天賜福。」

皇后說：「人的死生由命注定，不是人力所給予的。若做善事就能延長壽命，那麼我平時從未作惡；若做善事無效，又有什麼福可求呢？赦罪是國家的大事，佛教、道教不過是產生於不同地域的宗教罷了，不僅國家政體無此弊端，而且是皇上所不為的，豈能因為我一個婦人而擾亂國家的法令？」

聽了母后的這番話，太子李承乾不敢向父皇提出這個要求。太子把皇后的話告訴了左僕射房玄齡，房玄齡又把這些話奏聞太宗，太宗和侍臣們聽了這些話，無不流淚嘆息。朝臣們都請求大赦天下罪犯，太宗答應了朝臣的請求，長孫皇后聽說以後，堅決要求撤銷赦罪的決定，這個決定才沒有實行。

長孫皇后在病危時與太宗訣別。當時，房玄齡因為小過失觸怒了太宗而被免官回家，皇后強撐著病體對太宗說道：「房玄齡事奉陛下最久，小心謹慎。奇謀秘計，都是他參預策劃的，他始終不曾洩露過一個字，他沒有什麼大的過失，希望您不要拋棄他。另外，我家族之人，僥倖成為皇親，既然不是因德高望重而被抬舉，就容易踏上危險境地，若要永久保全，一定不要讓他們把握重權，只以外戚的身分朝見皇上就很幸運了。我在世時，既對國家沒有什麼益處，死了也不要厚葬。況且所謂葬，就是藏的意思，就是讓人們看不見。自古以來的聖人、賢人，都崇尚節儉、薄葬，只有無道的朝代，才大造陵墓，勞民傷財，被有智識的人們嘲笑。我死後只求依山而葬，不起墳墓，不用棺槨，埋葬我所需的物品，都用瓦木造就。儉薄送終，就是對我的懷念。」

貞觀十年（西元六三六年）六月己卯日，長孫皇后在立政殿去世，享年三十六歲。

長孫皇后生前曾撰述古代婦女的善事，刻成十卷，書名叫《女則》，皇后親自為這部書寫了序言。還曾經著論文一篇，批評東漢明帝馬皇后，認為她不抑退外戚，使他們當朝掌握重權，卻制止他們車水馬龍，認為這是開其禍患之源而節其末節之事。並且告誡主管的官員道：「這些文章是我用來約束自己的。婦人的著述沒有條理，不想讓皇上看到，千萬不要對皇上說。」

皇后去世後，宮中的官員把此事奏明太宗，太宗讀了以後更加悲痛，把這些書拿給近臣們看，並且說：「皇后此書，足可以流傳後代。難道是我不知道天命而不能割斷思念之情嗎？因為她常能規勸我，補足我的缺漏，如今不能再聽到她的善言，這使我失去了一位賢德的助手，因此令人哀痛啊！」

長孫皇后能嚴於律己，絕不干預朝政，而且嚴格約束親兄，力戒外戚專權，這既是為唐王朝的長治久安，也是對長孫家族的保護，因為歷史上外戚專權終遭滅門之禍者並不鮮見；長孫皇后在政治上又不是無所作為，而是適時適度地規諫太宗，為太宗拾遺補闕，使太宗既不因喜以謬賞，又不因怒而濫刑；長孫皇后又能寬以待人，豁達大度，不計較個人恩怨，而且能以德報怨；長孫皇后雖位極人臣，但崇尚節儉，身前不求奢華，身後更只求薄葬。縱觀長孫皇后的立身處事，她不愧是一位深謀遠慮的女丈夫。在長孫皇后身上集結了中國婦女的許多傳統美德，太宗能成為中國歷史上的一代明君，應該說也有著長孫皇后的功勞。

長孫皇后參與了玄武門之變，深知取得政權的艱難，於是自覺承擔鞏固政權的責任；為了強化唐太宗的地位，她採取了嚴於律己的立身之法，因為皇后的品行，正是皇帝政治作風的體現。皇后的嚴謹，反映出這個政權的希望。

嚴於律己，既是做人的內在要求，也是保全自身的長遠之道。一個人，一旦放鬆了對自己的嚴格要求，也就是走向失敗的開始。

陋巷聖賢

在曲阜孔廟東鄰，有一座氣勢雄渾的古建築群——復聖廟，祭祀的是孔子的第一大弟子顏回，所以後人又稱之為「顏廟」。

孔子收徒，有教無類，不問貧富，只要願學，他都招進門裡。顏回初見孔子時，不過是個十多歲的孩子，他個頭矮小，衣衫襤褸，面黃肌瘦，但他的額頭出奇的高，向前凸著，雙眼深凹炯炯有神，透著機敏、聰慧。

顏回向孔子拜了三拜，磕了頭，就算成了孔門弟子。

顏回初見孔子，並沒給孔子留下印象。後來，孔子漸漸發現，在弟子中讀書最用功的就是顏回，而且很少提問，只是瞪著一雙大眼，像貪食的孩子般專心地聽孔子講經授業。

放學了，弟子們都回家吃飯了，顏回總是最後一個走，飯後又第一個來到學堂，然後就捧卷誦讀。時間一長，孔子就覺得奇怪了，顏回為什麼回家吃飯這麼快？

這一天，孔子派人偷偷跟隨顏回看個究竟。

原來，顏回的父親在城外種地，不回家吃飯；顏回的母親又在外給人幫工，也不回家吃飯。這樣，顏母每天走時給兒子做一鍋菜湯，顏回回到家也不管熱涼，拿起用竹筒做成的飯碗，挖出來就津津有味地吃起來，有時菜湯喝不飽，他就跑到井邊，用水瓢舀幾瓢井水喝，然後拍拍脹起來的肚皮，樂滋滋地背上書包，往學堂跑去。

孔子派人觀察了幾天，天天如此。孔子聽了點報既心酸憐憫，又十分嘆服。於是說了收在《論語》上的這段話：「一簞食，一瓢飲，居陋巷，人不堪其擾，回也不改其樂，賢哉回也。」

後來，人們就把顏回居住的街稱為「陋巷街」，把顏回當年吃水的井，叫做「陋巷井」，還在井上修建了「顏樂亭」，以追念顏回這種貧錢不改志向的德行。

感悟十四

克服私欲，才能剛毅

【原文】

子曰：「吾未見剛者。」或對曰：「申棖。」子曰：「棖也欲，焉得剛？」

【解析】

孔子說：「我沒有見過剛強的人。」有人回答說：「申棖就是剛強的。」孔子說：「申棖這個人欲望太多，怎麼能剛強呢？」

孔子向來認為，一個人的欲望多了，他就會違背周禮。人的欲望過多不僅做不到「義」，甚至也做不到「剛」。

在現實中，一般來說，一個人很難做到剛毅不屈，無私正直，原因就在於心中還存有私欲，而私欲又是人的一種本性。這種矛盾幾乎存在於每一個渴望成就一番事業的人身上，因此，對於他們來說，用正直來壓制私欲的過程就幾乎成了奮鬥的大部分內容。而在幾乎所有的成功者和仁人志士身上，我們都可以發現，正直剛毅而無私欲是他們共有的品質。

心中無私，才能做到自己為人剛毅正直，辦事公正有度。子曰：「吾未見剛者。」或對曰：「申棖。」子曰：「棖也欲，焉得剛？」意思是說：「我沒見過剛毅不屈的人。」有人回答說：「申棖是剛者。」孔子說：「申棖這個人私欲太重，怎麼能剛毅不屈呢？」這既是一種高潔的品行，也是一種做人做事的智慧。

東漢時期的馬皇后，在這方面的表現就很令後人敬服。東漢光武帝時期，有一位南征北戰、功勳赫赫的名將馬援。他有個女兒，自幼聰明伶俐，然而，不幸的是母親過早地離開了人世，馬援又長年征戰在外，關照弟弟、妹妹的家事，不得不過早地落在她的肩上。這也使她早早地懂事、成熟起來，馬援後來在征討武陵「五溪蠻」時，病死軍中，實現了「以馬革裹屍還葬」的雄心。馬援死後，光武帝憐其後人，將馬援十三歲的女兒召入宮中，留在皇后身邊使喚。太子劉莊（即漢明帝）見其秀麗端莊，禮儀周全，漸生感情。西元五七年二月，武帝死後，劉莊繼位，立馬援之女為貴人。西元六〇年二月，又立貴人馬氏為皇后。

馬皇后是位才貌雙全、很有能力的女性。她在宮中熟讀經史，尤其喜讀《春秋》、《楚辭》等著作，所以，涉及國家的重大政令，她總能提出自己比較高明的見解，使漢明帝很佩服。西元七〇年，有個叫燕廣的人揭發楚王英有密謀造反之嫌，漢明帝沒有調查清楚，就大興問罪之師，將楚王英趕到丹陽。英自殺，京師之內凡與英王有牽連的親屬、朋友、諸侯、州郡豪傑都被連坐，上千人被趕出京師，全國因楚王英一案下獄的有數千人。西元七三年，又發生了類似的冤獄。馬皇后對這種情況非常憂慮，她從國家長遠利益出發，大膽向明帝諫言，說明這樣發展下去十分危險，將危及自己的統治。明帝採納了馬皇后的意見，制止了這類事件的惡性發展。馬皇后能夠虛心聽取來自各方面反映的問題，平等而又寬宏待人。凡有人想要透過她向明帝反映情況，她總是能認真地聽取，認真地思考、調查，以便把真實的情況反映給明帝。

馬皇后沒有生子，漢明帝因見她考慮事情周到，又有較高的修養，就把賈妃生的兒子劉炟送到她身邊，由她撫養教育。馬皇后則以自己的嚴格律己，教育、影響劉炟。她在生活上注意節儉，愛穿粗布衣服，衣裙也不華麗。在宮中她經常對宮妃們說，粗布衣料容易染色而又大方耐用。所以，經她提倡宮廷生活一度變得嚴謹而儉省，後來的人們既尊敬她，又願意接近她。

西元七五年八月明帝卒，太子劉炟即位，是為漢章帝。馬皇后被尊為皇太后。為了輔佐劉炟，使其瞭解前朝的歷史，她開始撰寫漢明帝起居注。馬皇后的哥哥馬防，曾任負責漢明帝健康以及用藥方面的官吏，本應在起居注中提到一筆，但是，馬皇后隻字未提。章帝看了對太后說：「我的舅舅在父皇身邊忙碌一生，沒有功勞也有苦勞，書中總該寫上他。」馬皇后卻說：「他們多盡些力是應該的。」

她從不憑藉自己的地位為親戚謀私利。相反，她對兄弟們平日的言行要求非常嚴格。她曾向京城官吏們表示：如有馬家兄弟違反地方法令，請依法制裁並報告給我，他們若做了好事，也請給予表彰和賞賜；眼下他們都有一定的官職，如不稱職或違法，就應當罷官送回老家。

漢章帝初登基時，曾打算給幾位舅父加封爵位，一些拍馬屁的大臣也慫恿年輕皇帝這樣做。馬皇后卻堅決不同意。章帝擔心不封侯於眾舅父，會使他們終生懷恨皇帝。馬皇后經過反覆認真地考慮，為章帝想了個兩全其美的辦法，她說：「高祖時就有規定，沒有軍功者不能封侯，馬氏兄弟目前還沒有為國家立下什麼軍功。何況現在國家連年遭災，穀價長了好幾倍，我為這些事晝夜不安。你未成年時，一切依靠父母，現在你已成人即位了，就應該全力去實現你的志向，把國家治理好。只有這樣，我才能放心。你應該鼓勵你的舅舅們努力建功立業。」

章帝聽了這番話，深受感動，終於打消了為舅舅封侯的念頭。他鼓勵舅舅們去沙場建立軍功。西元七七年八月，馬防和耿恭率兵平定燒當羌（漢時西羌的一支）。第二年，馬防又大敗西羌兵，年末，被任命為車騎大將軍。

西元七九年六月，為宮廷和國事操勞一生的馬皇后得了重病，她不相信那些神巫邪術，也不歡迎人們為她而祈禱。不久，馬皇后離開人世，死時才四十幾歲。

馬皇后的一生，可謂是行事公正、做人無私的一生。她雖貴為皇后，但並沒有像大多數人那樣捲入後宮的勾心鬥角之中，不但留下了美名，同時也合情合理地維持了家族利益。而這一切，是與她正確的為人處世之道密不可分的。

當然，無論做什麼事，我們都希望自己是對的。當我們得出正確的結論時，我們會感到特別高興。當老師對學生說你答對了的時候，學生會覺得驕傲和快樂。相反地，如果老師說：「你答錯了！你沒有通過考試」，那麼學生就會因此害怕自己又答錯，反而會答錯得更多。但大多數人都應該知道，在人們所做的事情中，很少有人能說哪些事情是百分之百正確或百分之百錯誤的。然而，不管是在學校也好，公司也好，還是從事政治活動或是在運動場上，我們所有的社會系統都只能容忍我們做出正確的事情。結果很多人都在充滿防禦的心理下長大，而且學會掩飾自己的錯誤。還有一種人，他們在被指出錯誤之後，因為害怕再犯錯，乾脆就什麼事情也不做。他們會變得既緊張又有抵觸的心理。

當然，如果採取相反的態度，即對任何事情，都認定我對你錯，這也是不明智的。一句俗話講得好：「或許你會因此而贏得某場戰役，可是你最後可能會輸掉整場戰爭。」有些人固執堅持自己時刻都對，而且他們在辯贏了之後，還會對別人幸災樂禍，自我吹嘘一番，這種人令人無法忍受，只會讓別人討厭。

對這些人我們要奉勸：與其裝出一副自己什麼都對、洋洋得意的樣子，倒不如做錯事情的時候勇敢承認比較明智一些，如果一個令人難以忍受的人在你做錯事情的時候貶抑你，你內心應清醒地明白這個人的心理大概是有些問題。同樣的道理，對於那些斬釘截鐵地說自己對，並常常要證明自己對的人，人們會敬而遠之的。

感悟十五

士不可以不弘毅

【原文】

曾子曰：「士，不可以不弘毅，任重而道遠。仁以為己任，不亦重乎？死而後已，不亦遠乎？」

【解析】

曾子說：「讀書人不可以不心胸寬廣和意志剛強，因為他們任務重大而前程遙遠。他們把實現仁德作為自己的任務，難道還不重大嗎？他們奮鬥到死才停止，難道還不遙遠嗎？」

人活在世上，免不了有被人誤解的時候。人和人消除誤解的方式不同。有的人火冒三丈，非要找人弄個是非分明，水落石出。有的人淡而處之，讓時間的流逝和事態的發展洗掉層層塵埃，最後將事實自然澄清。三國時陸遜的弘毅與忍辱負重，就是後一種。

陸遜，字伯言，吳郡吳縣（今屬江蘇省）人。為人忠厚，凡事都能容讓別人，不計恩怨。

由於陸遜受到孫權的器重，有的人就愛在孫權那裡告黠狀。會稽（今浙江省紹興市）太守淳于式對陸遜不滿，上書孫權，指責陸遜在打仗過程中，向老百姓徵收物資數量太多，給百姓造成困難和負擔。事情講得有誇大的地方。

戰事結束後，陸遜回到孫權身邊。孫權將淳于式的指責轉告給陸遜，陸遜沒有說什麼。孫權接著又問淳于式的為人和表現怎麼樣？陸遜極力稱讚淳于式，說他是個很好的官吏。

孫權奇怪地問陸遜：「淳于式背後告你狀，你卻如此讚揚他，這是為什麼啊？」

陸遜回答說：「淳于式告我的狀，雖不完全符合事實，但他的出發點是好的，是為了維護老百姓的利益；因為他告了我的狀，我就在您面前講他的壞話，那我就不是一個正派的人了。」

孫權聽了，很欽佩陸遜的為人，說：「你真是個忠厚的人，胸懷如此寬闊，一般的人是很難做到的啊！」

吳黃武元年（西元二二二年），劉備領兵征討吳國，孫權命令陸遜為大都督，指揮朱然、潘璋、宋謙、孫恒等五萬大軍抵抗劉備。陸遜當時統率的各部隊的將領中，有的是孫策的老將，有的是皇親貴戚，資歷比陸遜老，地位比陸遜高，有些看不起陸遜。因此打起仗來，往往不聽陸遜的指揮，各行其是。陸遜看到這種狀態，很是著急。在一次戰鬥之前，陸遜又碰到難處，有幾位老將軍不服從軍令，各持己見。陸遜沒有辦法，只好以手握劍，十分嚴厲地說：「你們應該知道，劉備是聞名天下的英雄，連曹操都很怕他。現在劉備的軍隊已侵犯了我們的邊境，大敵當前，我們應該團結一致、齊心協力，共同抵抗劉備。你們各位將軍都是身負重任的人，而現在卻互不協調，不聽指揮，實在太不應該了。」

聽陸遜說這番話，將領們才有所收斂。

陸遜接著又說：「我是書生出身，資歷威望都不如各位老將軍。但我已受命指揮大軍作戰。國家給予我這樣的重任，是相信我能不負重託、忍辱負重，團結大家完成使命。國家委屈各位將軍，接受我的指揮，各人都應承擔自己的責任，沒有理由推辭。否則如何對得起國家的恩典呢？」最後，陸遜嚴肅宣佈：「軍令如山倒，有誰敢任意違抗，我只能依法懲處了。」諸位將領這才統一行動，不敢各行其是了。

陸遜在戰爭中出了很多計策謀略。用火攻的辦法燒了劉備的營寨。結果連破劉備四十多個軍營，蜀軍將士死傷數萬人，把劉備打退到白帝城。

戰爭結束後，大家總結打勝仗的原因，很多成功的計謀都是陸遜策劃的。那些老將們才真正口服心服了。從此陸遜的威信大大提高。

有一次，孫權問陸遜：「在擊退劉備的戰役中，你遇到這樣大的困難，當時你為什麼不把將領不聽指揮的情況報告我呢？」

陸遜回答說：「各位將軍都是國家的功臣，要依靠他們創建大業。您對我如此信任，交給我的重任和我的才能很不相稱，但為了對國家有利，我能做到忍辱負重。從前藺相如能容忍廉頗、寇恂能包涵賈覆的佳話，實在教我欽佩。我和他們相比，還相差很遠呢！」

孫權聽了，連連稱讚：「說得好，做得對！」於是聘任他為輔國將軍，封他為江陵侯。

忍辱負重與忍氣吞聲絕對不是一回事。忍氣吞聲者沒有原則，無論事大事小，一概逆來順受。忍氣吞聲者也無自信，不認為自己有能力改變現狀。

忍辱負重者則不同。以陸遜為例，他之所以能忍受部將對他因誤解而產生的不敬，是因為他身負抵禦蜀漢大軍的重任，他不能因小失大。同時他也堅信，隨著最終打敗蜀漢的進攻，一切誤解也將煙消雲散。陸遜在面臨老將軍們蔑視小看他、不聽指揮的困難情況下，忠厚待人、忍辱負重，不以統帥自居，對各行其是的將領們曉之以理，動之以情，終於以超眾才能和智慧戰勝了劉備。這種為了大局委曲求全的處事態度也最終得到了別人的尊敬和信服。陸遜的弘毅與忍辱負重，是一種大將風度、大將胸懷、大將謀略！

人生在世，任重而道遠。我們應該心胸寬廣，意志堅強，並且能夠忍辱負重，在各種不利情況下仍堅持自己的理想！

感悟十六

大丈夫有所為，有所不為

【原文】

子貢問曰：「何如斯可謂之士矣？」子曰：「行己有恥，使於四方不辱君命。」

【解析】

子貢問道：「怎樣才可以叫做士呢？」孔子說：「能用羞恥之心約束自己的行為，出使外國而不辜負君主的委託，這就可以叫做士。」

也許你會遇到這種情況：每天翻開報紙，總有一些事情會令你憤慨。為什麼有那麼多人會去做那些無恥之事呢？原因就在於，他們在道德良心上，根本沒有以之為恥的感覺。一個人一旦喪失了恥辱感，那麼不僅對自己的言行無所顧忌，即使面對有關全局大計乃至民族大節的事情，也會喪失根本的原則。這種道德淪喪，應當是我們所必須警惕的，包括對自己。

最名副其實的「士」是德才兼備的。他們在道德方面「行己有恥」，言行顧惜名節，有所不為，但在國家大事上又有所為：「使於四方，不辱君命。」這種「士」才是國家依靠的力量。子貢問道：「怎樣才配稱為『士』？」孔子說：「自己做事知道什麼是羞恥，出使到其他國家能不辜負君主委託的使命，這就可以稱為『士』了。」

唐代的顏真卿和沈括，他們在這方面的作為，可視為士人的典範。

顏真卿，字清臣，京兆萬年（今陝西西安）人。他不但擅長書法藝術，而且有一顆愛國之心。

唐德宗建中三年，淮寧節度使李希烈發動叛亂，自稱天下大元帥，派兵攻陷汝州（今河南臨汝），打到東京洛陽附近，朝廷大為震驚。宰相盧杞平時嫉恨顏真卿公正無私，想趁藩鎮叛亂的機會陷害他。因此，就向唐德宗建議：「顏真卿威望很高，何不派他去規勸李希烈歸附，不用一刀一槍，就能把叛亂平息下去。」

唐德宗聽信了他的話，於是就把顏真卿派去見李希烈。

顏真卿這時候已經七十多歲了，他不顧自身的安危，帶著自己的姪子顏峴和隨從官吏來到汝州。李希烈聽說顏真卿來了，想給他來個下馬威，在見面的時候，叫部下一千多人聚集在廳堂內外，顏真卿剛向李希烈宣讀唐德宗的詔書，勸說他停止叛亂，那些部將們就衝了進來，拔出快刀，圍住顏真卿，又是謾罵又是威脅。顏真卿毫不畏懼，站在堂上，巋然不動。

過了幾天，李希烈大擺筵席，也邀請顏真卿參加，宴會開始以後，李希烈強迫歌妓在表演的時候，加入侮辱朝廷的內容。顏真卿聽了十分氣憤，質問李希烈：「你是唐朝的臣子，為什麼叫她們這樣侮辱朝廷？」說罷，拂袖而去。

顏真卿一到汝州，叛軍將領都向李希烈祝賀，說：「早聽說顏太師德高望重，元帥將來想要稱帝，正好有現成的宰相。」顏真卿聽後十分氣憤，指著李希烈手下的將領們大罵道：「什麼宰相不宰相，我年紀快八十了。要殺、要剮都不怕，難道會受你們的威脅利誘嗎？」在座的叛將們聽了這番大義凜然的話，大驚失色，狼狽不堪。

李希烈沒有辦法，知道顏真卿終不肯投降自己，就把這位一心愛國的正義之士殺害了。沈括是北宋中後期的一位政治家和自然科學家。他在天文、數學、曆法、地理、物理、生物、醫藥、文學、史學、音樂等學科中都有卓越的成就。太陽系裡有幾顆以我國古代科學家名字命名的行星中，有一顆便叫做「沈括」，他的《夢溪筆談》一書被英國科學家李約瑟博士譽為「中國科學史上的里程碑」。

沈括還是一位不辱君命的外交談判能手。

有一次，遼國的蕭禧前來爭要河東黃嵬（今山西原平縣西北）一帶地方，留在驛館不肯辭去，說：「我一定要達到目的才能返回。」當時北宋的大臣迫於遼國的軍事壓力，多數都主張答應對方要求，沈括卻不同意那樣做。宋神宗也感到對方要求不合理，便決定派沈括為使臣，前去談判。

沈括對遼使貪得無厭的態度看在眼裡，惱在心上，他決心在談判桌上擊敗對方。他到樞密院翻看以前的檔案文件，查找到往年商定邊境的文件，文件上指定以古代的長城為邊境，而現在所爭的地方與長城相差三十里遠，就畫出地圖，上表論述這件事。

宋神宗特地在休假日打開天章閣，召見了沈括，讓他陳述自己的意見。宋神宗聽後高興地說：「大臣們根本不去探討事情的本末原委，幾乎誤了國家大事。」

於是命令將沈括所畫地圖拿給蕭禧看。蕭禧理屈辭窮，才不再爭了。宋神宗又賞賜沈括白金一千兩，讓他出發去遼國了結此事。

沈括一行到了契丹宮廷，契丹宰相楊益戒來和他面議。沈括找到爭論土地的文件數十件，預先讓隨從人員和幕僚背熟這些文件。楊益戒提出問題，沈括就讓隨從人員舉例回答。第二天再提問，還是同樣回答。楊益戒對沈括提出的質問卻無話可答，便傲慢地說：「你們連幾里的地方也不願放棄，難道想輕易斷絕兩國的關係嗎？」他想用武力向沈括施加壓力。

沈括滿不在乎地說：「出兵有道理，士氣就高昂，沒有道理，士氣就低落。現在你們捨棄以前的重大信誓，用暴力來役使你們的人民，這對我們宋朝沒有什麼不可談。」總共會晤了六次，契丹方面知道沈括的意志不會屈服，於是不得不做出讓步，便丟開黃嵬地區不談，只要求將天池一帶地方劃歸他們。

沈括於是啟程回朝。他在路上畫下沿途山川的險峻和平緩，道路的迂曲和順直，風俗的單純和複雜，人心的擁護與不滿，寫成《使契丹圖抄》一書，獻給朝廷。朝廷因他出使契丹有功又提升他為翰林學士。

顏真卿與沈括，他們的言行，不僅是以自己的才能作支撐，更強大的力量來自於他們知道怎樣做才能不辱自己和自己所代表國家的尊嚴、責任和使命。這種崇高的氣節，於私，值得託付；於公，值得信賴。

所以，做人不卑不亢，面對權高勢重不奴顏婢膝，面對勢單力薄者不盛氣凌人，這就是一個士的處世風格，這樣既不有辱於人格，也不會有辱於國格。

感悟十七

不因小利而失大義

【原文】

子曰：「君子喻於義，小人喻於利。」

【解析】

孔子說：「君子懂得大義，小人只懂得小利。」

「君子喻於義，小人喻於利」是孔子學說中對後世影響較大的一句話，被人們傳頌。它明確提出了義利問題。孔子認為，利要服從義，要重義輕利。

「捨生取義」是君子做人的準則之一，歷史上有許多先人正是這樣做的，文天祥、譚嗣同都是令人景仰的大義君子。而在今天，也許不需捨生才能取義，但在這物欲橫流的社會，每個從政者應練好「內功」，以防「糖衣炮彈」，勿以小利而失大義。春秋祁黃平公「忍所私以行大義」，才是現在每個為官者正確的義利觀。但反其道而為者是否仍層出不窮呢？看看古人先哲的作為吧。

劉悝是東漢章帝的曾孫，質帝時被封為勃海王。延熹八年（西元一六五年）因犯謀逆之罪，被貶官。當時正值桓帝在位，中常侍王甫在朝中權勢極大。劉悝為了恢復勃海王之位，對王甫許願，說只要幫助他恢復王位，他就以五千萬錢相報。王甫還未來得及活動，桓帝就死了。因為劉悝是桓帝的弟弟，所以桓帝特留下遺詔，恢復劉悝的勃海王之位。這個巧合，使王甫將不費力白得五千萬錢。

不料劉悝知道了自己王位的失而復得不是王甫的功勞，便毀棄前約，一文錢也沒給他，王甫從此對劉悝懷恨在心，暗地裡尋找他的過錯。桓帝死後，靈帝繼位。靈帝繼位時，朝內外就流傳說，劉悝認為自己應該繼位，他對靈帝繼位非常不滿。王甫便開始利用這個流言為劉悝羅織罪名。

當時朝內還有兩人也很驕橫，一個是中常侍鄭颯，一個是中黃門董騰。他們與朝內外權勢互相交結，結黨營私。這兩人都與劉悝關係極密。王甫便密告司隸校尉段熲，說鄭颯圖謀不軌。熹平元年（西元一七二年），鄭颯被捕入獄。王甫又讓尚書令廉忠誣陷鄭颯等圖謀立劉悝為帝，大逆不道。靈帝於是下詔，讓冀州刺史將劉悝收監審訊。劉悝被逼無奈，自殺。其妃妾十一人、子女七十人，使女二十四人皆死於獄中。

相反，蘇武卻不因小利而失大義，他的這種堅貞不屈的精神備受人們的讚揚。

漢武帝太初四年（西元前一〇一年）冬，匈奴單于病死，國人立其弟且鞮侯為單于。且鞮侯因怕漢朝趁新立之機來攻，遂對眾臣說：「我乃兒子，怎敢敵漢？漢天子本是我的丈人。」並下令將原扣押在匈奴的漢臣，一律派使臣護送歸國，且奉書求和。

天漢元年（西元前一〇〇年）正月，漢武帝因感匈奴單于誠意，也將被押匈奴使臣釋出，派中郎將蘇武持節送歸，並令蘇武攜帶金帛，厚贈單于。蘇武，字子卿，杜陵（今陝西西安市東南）人，為故子陵侯蘇建之子。時與兄弟同為朝中郎官。蘇武此次奉命出使匈奴，知前途未卜，特與家人告別，率副中郎將張勝，從吏常惠及兵役百餘人，離都北行。

蘇武一行到了匈奴，見到了且鞮侯，轉達了武帝的問候，贈送了金帛。且鞮侯並非真心與漢議和，只不過藉此緩兵，以尋機後圖。他見漢帝中計，不由傲慢起來，對待漢使，禮貌不周。蘇武至此，也只好忍耐，公事辦完，便告辭退出，留待遣歸。誰知，就在這幾日，發生了一件意外之事，使蘇武等人被困匈奴近二十年。

在蘇武未出使匈奴之前，有一長水胡人之子衛律，與協律都尉李延年相好。李延年便將其推薦給武帝。武帝見衛律通曉胡事，便命其出使匈奴。不久，李延年因罪被囚。衛律在匈奴得知，因怕株累，竟背漢降胡，被匈奴封為了靈王。衛律有一從人虞常雖隨律降胡，但心中頗為不願。時還有一渾邪王姊之子緱王，前從渾邪王歸漢，此時與趙破奴等人同困匈奴，心情也和虞常一樣，兩人遂成知己，欲謀殺衛律，劫持單于母閼氏，一同歸議。湊巧張勝來到匈奴。虞常本與張勝相識，趁探望之機與勝私謀道：「聞漢天子甚怨衛律，常能為漢伏弩將其射殺，還望賜教！」張勝聽後，一心爭功，瞞著蘇武，當即應允，並以貨物相助。不久，且鞮侯單于出獵。緱王、虞常認為有機可乘，便招集黨羽七十餘人，準備發難。不料其中有一人貪生怕死，趁夜將此事報告了單于子弟。單于子弟立即調兵圍捕，緱王戰死，虞常被擒。且鞮侯聞報，也星夜趕回，立命衛律嚴審此案。

張勝見事已敗露，怕受誅殺，這才將事情始末告訴了蘇武。

蘇武聽後，大驚，說道：「事已至此，必連累於我，若被匈奴捕審，豈非更有辱國家？不如早圖自盡。」說著拔出佩劍，便要自刎。虧張勝、常惠將寶劍奪住，蘇武才得無恙。蘇武無奈，只盼虞常不要供出張勝。哪知虞常連遭酷刑，堅持不住，竟將張勝供出。

衛律將供詞錄示單于。單于見後，立召貴臣，議殺漢使。當時左伊秩訾勸道：「漢使若直接謀害單于，也不過死罪，今尚不至此，不如赦其一死，迫他投降！」

單于聽後，便令衛律往召蘇武。蘇武聞召，對常惠道：「屈節辱命，即使得生，還有何面目再回漢朝？」說著，拔出劍來，向頸上揮去。

衛律見狀，急忙上前把住蘇武雙手，但劍鋒已著脖頸，血流滿身，蘇武已昏死過去。衛律忙令詔醫生。及醫生趕來，見劍鋒尚未傷及喉管，經半日搶救，蘇武才清醒過來。衛律見蘇武已無危險，便令常惠好生看護，自己回報單于。

單于聽後，也頗為蘇武氣節所感動，一面派人問候，一面下令將張勝收入獄中。

數月後，蘇武頸傷痊癒。且鞮侯便令衛律將蘇武請到庭中，並將虞常、張勝從獄中提出，當場宣佈：虞常死罪，立即拉出斬首。又對張勝道：「漢使張勝，謀殺單于近臣，罪亦當死。但若肯歸降，尚可赦免！」說著，衛律上前，舉劍欲砍張勝。張勝見狀，慌忙伏倒在地，連稱願降。

衛律冷笑數聲，轉身問蘇武道：「副使有罪，君當連坐。」蘇武道：「本未同謀，又非親屬，怎能連坐？」衛律又舉劍試武，蘇武仍神態自若，面不改色。衛律見後，又將寶劍收起，和顏勸蘇武道：「蘇君，衛律前負漢歸匈奴，幸蒙大恩，受爵為王，擁眾數萬，馬畜滿山，富貴如此。蘇君若肯投降，定與衛律相同，又何必執拗成性，自尋死路呢？」

蘇武聽後搖頭不語。衛律接著說道：「君肯因我而降，當與君為兄弟；若不聽我言，恐不能再見我面了！」

蘇武聽了此語，當即怒道：「衛律！你為人臣子，不顧恩義，叛主背親，甘降夷狄，有何面目見我？且單于令你斷獄，你不能秉公而斷，反欲藉此挑拔兩主，坐觀成敗。你要想想，南越殺漢使，屠為九郡；宛王殺漢使，頭懸北門；朝鮮殺漢使，即時誅滅。獨匈奴尚未至此。你明知我不肯降胡，還多方脅迫，我死不要緊，恐自此匈奴禍至，到時，你還能倖免嗎？」一席話，罵得衛律張口結舌，又不好擅殺蘇武，只得稟報單于。

單于聞後，更加敬重蘇武，降武之心更加強烈，遂令將蘇武囚於大窖之中，不給飲食。時天下大雪，蘇武食雪嚼旃，才得數日不死。單于疑為神助，乃徙武於北海上（今貝加爾湖），令其牧羝。羝是公羊，怎能產子。但單于說直到羝羊乳子，方可釋歸。又將常惠等分置他處，不能與蘇武相見。可憐蘇武身處荒野，沒有食物，只得掘野鼠、覓草實充飢。儘管如此，蘇武仍未忘使命，持著漢節，在匈奴過了一年又一年，希望有一天能重返故土。

漢昭帝始元二年（西元前八五年），匈奴狐鹿姑單于病死，遺命立弟右谷蠡王。而閼氏顓渠與衛律密謀，匿起遺命，竟立狐鹿姑幼子壺衍鞮為單于，召集諸王，祭享天地鬼神。右谷蠡王及左賢王等，不服幼主。拒召不至。自此，匈奴國力漸衰。始元六年（西元前八一年），匈奴顓渠閼氏恐內亂外患相繼而來，派使臣前往漢廷和親。漢廷也遣使來胡，提出只有匈奴釋歸蘇武、常惠等人，方准言和。此時，蘇武已困匈奴十九年，對外邊之事，知之甚少。

漢使向匈奴索還蘇武。胡人謊稱蘇武已死。多虧常惠得知消息，設法說通胡吏，得以夜訪漢使，說明了真情，且附耳獻了一計。漢使聽後，連連稱善。次日，漢使又指名要索回蘇武。壺衍鞮道：「蘇武確已病死。」漢使聞後，怒道：「單于休得相欺，大漢天子在上林中射得一雁，雁足上繫有帛書，乃是蘇武親筆，言其正在北海牧羊。今單于既要言和，為何還要欺人？」單于聞言，頓時失色，對左右道：「蘇武忠節，難道還能感動鳥獸？」不得已只得向漢使謝罪道：「蘇武果真尚在，我釋他歸國就是了。」漢使乘機再索常惠、馬宏等人，壺衍鞮一一答應釋歸。

不久，蘇武被從北海召回。始元六年中，蘇武、常惠等九人，隨漢使返回長安。蘇武出使匈奴時，年方四十，至此鬚眉皆白，但手中仍持著漢節，旄頭早已落盡，多人見了，無不稱讚。及見了昭帝，交還使節，又奉命往拜了武帝廟。不久，昭帝下詔，拜蘇武為典屬國，賜錢二百萬，公田二頃，宅一所。

蘇武受武帝所遣，出使匈奴，因受張勝參與謀殺衛律的牽連，被困匈奴十九年。在這十九年間，他承受住了匈奴的逼降、誘降，忍受惡劣環境所造成的飢餓、寒冷、孤獨，始終保持住了使節的尊嚴、忠君愛國的氣節。這種氣節雖帶有一定時代的侷限性，但其精髓，卻是我國優秀文化傳統的核心，也是中華民族繁衍生息，雖久經磨難，但始終屹立世界民族之林的根本精神。正因為如此，「蘇武牧羊」的故事歷代流傳，直至今天。

蘇武在匈奴受了十九年的磨難。十九年中，他一直沒有丟掉標誌自己身分的「節」。我們每個人都有自己的身分，每個人都有一根「節」，然而，是不是每個人都始終將其保持住了呢？

感悟十八

唯仁者能好人，能惡人

【原文】

子曰：「唯仁者能好人，能惡人。」

【解析】

孔子的意思是說：「只有有仁德的人才能（正確、客觀地）喜愛人、憎恨人。」

任何一個有點智慧的人，都有自己的善惡觀，都知道什麼東西是善的，什麼東西又是惡的；這件事為什麼這樣做是對的，而那樣做就是不對的等等。

在秦末項羽的起義軍中，有一員英勇的戰將叫季布。季布最講信譽，凡是有人懇求他，他一旦承諾，必然完成。所以在楚霸王的軍隊中，流傳一句話：「得千金易，得季布一諾難。」

在楚軍與漢軍作戰時，季布為將軍，有幾次帶兵把漢王劉邦圍困住，使劉邦敗得很狼狽。但最後垓下一戰，霸王自刎於烏江之畔，劉邦取得了勝利。

劉邦做了皇帝後，一想起當年被季布圍困的窘迫情景便十分生氣，於是下令全國，通緝季布，能抓到季布的賞千金，有誰匿藏就滅三族。由於季布在江湖上的信譽，還是有人冒滅族的危險，把他隱藏起來。

季布化裝為奴隸藏起來後，被賣到魯地一個姓朱的俠客家。朱氏認出了季布，假裝不認識，把季布安排在田裡幹活。但對兒子說，種田的事你聽這個奴隸的，吃飯時叫他和你一桌吃，不要看不起他，更不准虐待他。把一切都安排好後，朱氏便到京城，找到早年江湖上的朋友夏侯嬰。夏侯嬰和劉邦一同起義抗秦，多次立下戰功，現在已經是漢朝的大將。朱氏與夏侯嬰在敘舊中談起了季布。朱氏說：「季布犯了什麼大罪，皇上這樣急迫地懸賞要捉住他？」

夏侯嬰解釋說：「季布為項羽大將時，幾次圍困皇上，使皇上狼狽敗去。皇上心裡很怨恨，所以一定要捉住他，以消心頭之恨。」

朱氏又問夏侯嬰季布為人如何？

夏侯嬰對老朋友盡吐自己內心的真實看法，直言不諱地說：「季布是條好漢，一言九鼎，對朋友夠義氣。」

朱氏進一步說道：「當年劉、項兩家奪天下，手下大將各為其主，季布圍困皇上，打敗劉家的軍隊，是一位將軍的職責。現在項羽失敗，皇上勝利了，難道要殺盡項羽所有的部下嗎？現在皇上初得天下，應向全國示以寬厚，得到全國的擁護，怎麼可以為了個人的恩怨而急著捉拿得罪過自己的人呢？這豈不表示皇上的心胸不寬廣，難以容人了嗎？」

夏侯嬰被朱俠客說得頻頻點頭。

朱氏繼續說：「季布是一員戰將，能攻善戰，在江湖上聲譽也好，如果被皇上逼急了，他會做出些事來的。譬如他可能向北投向匈奴，或向南投向南越王。皇上為了個人恩怨把一員戰將逼到敵國去，不是心胸太狹窄了嗎！哪裡像一位皇帝啊！」

夏侯嬰覺得朱氏說得有理，同時也察覺出來，季布可能就隱藏在朱家。便說：「朱兄，你要我做什麼？」

朱氏說：「為了國家的利益，你找個機會向皇帝建議，赦免季布吧。這有利於提高皇上的威望。」夏侯嬰答應了他的請求。過了不久，皇帝果然下令赦免季布，撤銷了追捕令。

又過了些時候，皇上召見季布，並任命他為郎中，後來季布又被任命為河東太守。

從朱氏、夏侯嬰、劉邦三人對季布的態度可以看出，唯有朱氏扮演了一個「能好人，能惡人」的仁者角色。他對季布好惡的評價，最為客觀公正，最符合國家利益，所以他的意見能左右夏侯嬰和劉邦。特別是他的意見實際上符合劉邦的最大利益，所以最終為劉邦所接受。當然，劉邦作為一國的君主，能從善如流，改正錯誤，也是難能可貴的。

雖然喜惡是人的一種自然情感，但仍應該有理性的判斷才行，而誰才能有正確的理性判斷呢？孔子說「唯仁者能」，仁是區分善惡的標準。只有仁者才能清楚地辨別是非、善惡，採取鮮明的態度，真正做到愛恨分明。

可見，能挺身而出，明辨善惡者，必須具有極大的道德勇氣。

感悟十九

不拘小節才能有突破

【原文】

子夏曰：「大德不踰閑，小德出入可也。」

【解析】

子夏說：「人在大的節操上不能超越界限，在小節作風上有些出入是可以的。」這句話提出了大節小節的問題。儒家向來認為，作為有君子人格的人，應當顧全大局，而不在細枝末節上斤斤計較。

普通的人都拘泥於小節小利來處理自己的事務，這常常使他們得小而失大，而真正有所作為的君子向來都是從大節大義著手來處理那些至關重要的事情，這雖然使他們常常遭到一些人的誤解，但也正是這樣，他們才能成就自己非凡的事業，做出利國惠民的事情來。管仲的故事就充分地說明了這一點，這也是偉大的教育家孔子把他當作仁者的緣故。

春秋時期，鮑叔牙和管仲是一對好朋友，一起打過仗，一起做過買賣。齊國發生內亂以後，公子糾和小白兄弟倆爭奪王位。鮑叔牙輔佐小白，就是後來的齊桓公；管仲幫助哥哥糾。兩個好友就這樣各為其主，效力於兩個勢不兩立的政壇。在這場爭奪王位的爭鬥中，管仲曾射過公子小白一箭，差一點了結了他的性命。後來，公子小白奪得了王位，鮑叔牙也就成了齊國的有功之臣，而管仲和公子糾卻逃到了魯國。齊國便派大軍進攻魯國，要求魯國殺死公子糾，交出管仲。當時是齊強魯弱，魯國只好答應。

魯國有一位大臣叫施伯，魯莊公因為以前未採納他的意見，打了大敗仗，從此凡有大事必跟他商量。施伯勸魯莊公說：「公子糾已經殺死了，要想辦法和齊國商量一下，把管仲留下敬為上賓。如果事情不成，就殺了他。此人是天下的奇才，他活著回去一定會受到重用，這對魯國來說是一大威脅，魯國恐怕就會受到齊國的欺侮。」

齊國一個名叫公孫隰朋的人，正在魯國出使，便以使者的身分急忙拜見魯莊公，說：「管仲差一點射死我們的國君，國君對他恨之入骨，準備親手殺死他，以報仇雪恨。你們不必殺他，否則我回去就沒法交差！」

魯莊公聽信了他的話，就把公子糾的頭用盒子封好，把管仲裝進了囚車，一起交給公孫隰朋。原來，公孫隰朋在齊臨行時，鮑叔牙就囑咐他：「一定要把管仲活著接回來，我準備啟用他；如果魯國要殺他，你就提起管仲曾射大王一箭之事，魯莊公一定會相信。」

管仲就這樣坐著囚車向齊國走去，他知道這是鮑叔牙救他的計策，但是又非常恐慌，雖然魯莊公放了我，但施伯可是個厲害人物，他一定會勸魯莊公反悔，一定會有追兵前來殺我。想到這裡，儘管是暮春時節，管仲卻滿頭大汗，心急如焚，連連央求士兵們走快一點。士兵們走得筋疲力盡，很不耐煩，愈走愈慢。管仲忽然大聲說：「來，我教諸位唱支歌！」隨後便引吭高歌：

黃鵠啊，黃鵠啊，關在籠裡不飛不叫，
天高地闊不得自由，引頸長號淚如雨飄！
黃鵠啊，黃鵠啊，凌空展翅的天驕，
一朝破籠沖雲霄，勸君助力不會徒勞！

士兵們也隨著邊唱邊走，精神振奮，不知不覺中加快了步伐。鮑叔牙見到管仲，如獲至寶，立刻命令打開囚車，親熱地打招呼。

管仲感激地說：「不是你的計策，我就逃不了殺頭之禍。今天是我的再生之日！」

鮑叔牙哈哈大笑：「我還要向大王推薦你呢！」

管仲悲憤地說：「我不能幫助公子糾得到王位，又不能捨生取義，本來就很慚愧，怎麼能幫助公子糾的仇人？公子糾在黃泉之下也會嘲笑我！」

鮑叔牙說：「成大事的人不計較小的恥辱，大英雄不拘小節。你有治理天下的才能，但是沒有遇到好機會。我們的大王是個有大志、有遠見的人，如果你能輔佐他，一定會成就霸業。那時，你會譽滿天下，名揚諸侯，為什麼卻要守匹夫之節，做沒有意義的事呢？」一席話把管仲說得無言以對。

鮑叔牙見到齊桓公，先弔喪後祝賀，把齊桓公搞糊塗了，問：「你為誰弔喪？」

鮑叔牙說：「公子糾是您的哥哥，大王為國滅親，是不得已而為之，怎麼能不弔喪？」

「有道理，你又為什麼向我祝賀？」齊桓公問。

鮑叔牙說：「管仲博古通今，有驚世駭俗之才，濟世匡正之略，是天下的奇才，今天我已把他請來，祝賀您得到一位賢明的相國。」

齊桓公怒氣沖沖地嚷了起來：「管仲差點要了我的命，我怎麼能重用他呢？我恨不得吃他的肉，扒他的皮！」

鮑叔牙誠懇地說：「當大臣的各為其主，您無須為這件事責怪他。再說您如果能用這樣的仇人，天下的賢能之士聽說您尊敬賢士，不計私仇，都會來投奔的。」

齊桓公的氣消了下去，但還是說：「我瞭解你，拜你為相國，管仲只能當副手。」

鮑叔牙說：「您如果只想治理齊國，不打算建立霸業，有我就能湊合；如果您打算建立霸業，就一定要重用管仲。他在許多方面比我強：他善於安撫老百姓，會取信於民；能治理好國家，妥善地制定各種法令；指揮軍隊，士兵沒有人敢後退。」

齊桓公聽完之後，神氣十足地說：「好吧，我尊重你的意見，把管仲叫來，讓我親自考問考問他，看他有多大的本領！」

鮑叔牙氣得漲紅了臉，高聲說：「國事重於私，難道大王就這樣『禮賢下士』嗎？對待一位相國之才，怎能像使喚僕人一樣？輕視相國也就是輕視君王。大王一定要用隆重的禮節請管仲入朝！」

齊桓公採納了鮑叔牙的建議，選擇了吉日，親自把管仲迎進王宮，賜座求教。他們談了三天三夜，愈談愈投機，毫無倦意。齊桓公懇切地說：「我決定拜你為相，你看怎樣？」

管仲堅決推辭。齊桓公自省說：「我愛好打獵，還貪戀女色，這是影響建立霸業的。」管仲回答說：「這是小事，沒有關係，君王不能成大業的主要毛病，一是不能識賢能；二是知賢不用；三是用賢而不信任；四是用賢又參之以小人。我知道，建立大廈不能只靠一根棟樑之材；浩瀚的大海不能只靠一條河流之水。大王如果要拜我為相國，請用五個傑出的人！」

齊桓公問：「這五個人是誰？」

管仲說：「公孫隰朋善於管理官吏，公平升遷；寧越善於管理農業；王子成父善於指揮軍隊作戰；賓須無能夠明察獄訟；東郭牙剛直不阿，能夠犯君顏進諫。大王用這五個人，使之各居其位，我才服從您的命令，為齊國建立霸業出力。」於是，齊桓公拜管仲為相國，將管仲所推薦的五個人一一拜官，各司其事。並尊管仲為仲父，通告百官：「國家有大事，先告訴仲父，然後再告訴寡人，重大的決定由仲父裁決。」

管仲被拜為相國，而鮑叔牙則甘心當了好朋友的副手。後來，管仲果然運用他的才智，幫助齊桓公成為「春秋五霸」的第一位霸主。

真正有所成就的人向來都是不拘於小節小利，而是著眼於大節大義這個方向來調整自己人生路標的。因為這樣才能真正做到利國利民，從而也有利於自己的宏圖偉業！

過於拘小節，人的思維就會狹窄，就談不上創新。雖然它不是一條真理，但在有些時候，確實有一定的道理。

一名負責銷售的普通職員突然接到一個十萬火急的訊息，必須馬上通知生產部門，否則會給公司帶來巨大損失。按公司規定，這類通知必須由經理以書面形式下發。但經理在哪裡呢？他外出有事，並不在公司。於是這名職員在通知書上簽下了經理的名字，交給了生產部門。

按該公司規定，他的這種行為應被辭退。於是他在通知發出後，將辭呈放在了經理的桌上，並說明原委。經理瞭解情況後，給他的答覆是「不同意」，並告訴他，有兩種職員是任何企業都不想雇用的，一種是從來不聽從命令的人；另一種是只聽從命令的人。他不屬於這兩種。

拘泥小節的人，人稱之為「小職員型」的人。這種類型的人，只能反覆從事自己熟知及經歷過的事。一個人若真如此，雖生活舒適卻不能從其中求取任何進步，也不能得到賞識的機會，日復一日，過著雖安穩卻枯燥無味的生活。

面對激烈的競爭，想成大事的人必須尋找新的突破點，獨闢蹊徑，才能在諸多競爭對手中脫穎而出，找到真正屬於自己的世界。當一個人專注於求新求異求變時，他哪有心情顧及到「小節」方面的事情呢？

一位《紐約時報》記者在追蹤了比爾．蓋茲和網景公司電腦神童馬克．安德林等人的「暴發」歷程後發現，蓋茲之類的人物正是依仗他們的創造力，從而攀上世界富豪的群山之巔。但是，據我們所知，蓋茲是一個著眼於大事、不拘泥小節的典型人物，尤其是在初創業時，他經常領著員工徹夜加班，頭髮蓬亂、兩肩頭皮屑、在地板上睡覺，對個人生活毫不在意。

分析人類的能力，顯在的部分微乎其微，潛在的部分卻大得出人意料，長久隱藏於內層深處，如同一隻睡獅，不鳴則已，一鳴驚人。因此，不妨以大處著眼的魄力與遠大的胸襟、寬闊的視界，向瑣碎陳腐的日子告別吧！

景山言志

有一年春季，孔子帶著顏回、子路、子貢北遊，來到景山腳下。孔子歷來是遇山必登，有川必觀，於是，師徒一同登山觀景。

山不高，孔子師徒沿著崎嶇的山路，一路登攀，一路觀覽，但見怪石嶙峋，草木吐翠，蒼鬆翠柏，破岩挺立。他們登上山頂，仰望青天，白雲悠悠；俯視山下，發浪如潮，到處都是一派生機。

孔子登山心寬，興致勃發，便招呼弟子們圍坐在山頂巨石上，含笑道：「君子登高必賦。你們跟我學習多年了，我想聽聽你們將來學成後的志向如何。」

子路倏地站起來，往上捲起袖子，然後握著腰間的長劍，豪邁地說道：「我願手執長劍，統帥三軍，內平暴亂，外擋來犯之敵，救國民於患難之中。」

孔子銜子路點點頭，道：「勇士呀！」

子貢等子路坐穩了，才清清嗓子，說道：「兩國相仇，雙方的戰士已列好了開戰的陣勢，一場廝殺眼看就要開始了。這時，我能用我的三寸不爛之舌，向兩軍講明戰爭對兩國的利害關係，使兩國都免於戰亂；進一步我還能讓他們反仇為友。」

孔子聽了，點點頭說：「雄辯之士呀！」

該顏回說了，見他正襟危坐，不願開口，子路、子貢在一旁一個勁地催促。孔子也問：「顏回！

你為什麼不願說說呢？」

顏回：「說子路、子貢的志向，我都做不到，所以不敢說出我的志向。」

孔子說：「人各有志。你把你的志向說出來，讓我聽聽，怎麼樣？」

顏回說：「我願到一個小國家主持政事，勸國王大臣用仁義道德治理國事，對老百姓行使教化。如果這樣的話，君臣一心，上下和睦，衣食富足，老少安樂。長此下去，四方各國都來效仿，天下就會得到安寧，沒了戰爭，也不存在饑餓。」說到這裡，顏回看了子路、子貢一眼說，「在我治國的國家裡，用不著子路帶兵救援，也用不著子貢巧言說和。」

孔子一聽，拍手笑道：「聖人呀！」孔子扭頭對子路、子貢嘆道，「如果顏回當政，你倆的才能就無法施展了啊！」

子路一聽，傻了眼。急聲問道：「老師！將來我們三人果真得勢，您老人家願跟著誰去呢？」

孔子認真地說：「我願跟著顏回，去當個小小的禮相！」

子路、子貢一聽，都像洩了氣的皮球。

感悟二十

處世之道當靈活

【原文】

子絕四：「毋意，毋必，毋固，毋我。」

【解析】

孔子杜絕了這四種毛病：「他不憑空猜測，不絕對肯定，不拘泥固執，不自以為是。」應該說「絕四」是孔子的一大特點，這涉及人的道德觀念和價值觀念。人只有首先做到這幾點才能夠更好地適應社會。

人生就是無常，無常就是人生。只要活著，就有生老病死，七災八難。何況你還是世俗中人，時而風雲詭譎，變幻莫測，時而禮崩樂壞，瓦釜雷鳴，時而高岸為谷，深谷為陵。你身不由己，一會兒波峰，一會兒波谷，那是再正常不過的了。

正常的事卻各有各的處理方式。孔子列舉了三種：

一種是不降其志，不辱其身。伯夷、叔齊就是這樣，他們生當殷周交替之時，不願昨天是殷人，今天就成了周人，所以逃到首陽山，靠挖野菜度日，有人告訴他們野菜也是周朝的，他們便絕食辟穀，終於餓死。

一種是降志辱身。孔子把少連、柳下惠列入其中。少連的事蹟已無從考證，柳下惠在魯國作官，因為不肯犧牲原則苟且取寵，所以三次上台三次下台。別人勸他，既如此，何不離開魯國？他回答說，如果不能犧牲原則，不會奉承拍馬，到哪裡去不是被罷官？如果會的話，又何必離開父母之邦？但無論怎樣被傳來呼去，升來黜去，他始終「言中倫，行中慮」，不為保全地位而放棄原則。

一種是隱居放言。正如虞中、夷逸，乾脆隱居山林，獨善其身。但該說的話還是要說，而且「身中清，廢中權」。當然，還有第四種，那就是見風使舵、見利忘義、卑躬屈膝、捨義取寵、賣友求榮之人。看來，孔子不屑去談論他們。

對待他們的做法，孔子認為都有存在的理由，但孔子卻不奉為圭臬。孔子的態度是：「毋意，毋必，毋固，毋我」，「無可無不可」，「君子之於天下也，無適也，無莫也，義之與比。」天下事有定理，但無定形。面對諸多無形之事，只要懷抱定理，該做便做，不該便不做，怎麼合適怎麼做，怎麼恰當就怎麼做。

正如胡適在演講時說的，要有堅定正確的政治方向和靈活機動的戰略戰術。假如一條道走到黑，那麼天亮也找不到光明大路。比如伯夷、叔齊守節固然可敬，迂腐卻也可惜，你就不問問人心向背嗎？比如柳下惠，反覆受辱，無法行道，為什麼就不信奉「樹挪死人挪活」的道理？比如虞仲、夷逸，遠離塵囂，逃避責任，空懷絕技，是不是太拘謹了？

孔子就很靈活。公山弗擾是個叛賊，為人所不齒。他要邀請孔子前往扶政，「子欲往」，子路很不高興，孔子和顏悅色地說：「只要能復興周禮，我才不在乎他是什麼人呢！」

南子是衛國國君衛靈公的夫人，妖豔淫蕩，臭名昭著，她召見了孔子，子路不禁大怒，而孔子卻很坦然：我又沒什麼越軌舉動，我為什麼不能推行自己的主張？

唐宋八大家之一的韓愈，仕途之初很不順利，但為了實現自己的抱負，依然投靠於奸佞之輩京兆尹李實，而被提拔為監察御史，為百姓做了很多好事。

孔子欣賞公冶長的「邦有道，不廢；邦無道，免於刑戮」的處世之道；欣賞寧武子的「邦有道，則智；邦無道，則愚」的為政智慧；欣賞蘧伯玉的「邦有道則仕，邦無道則可捲而懷之」的灑脫達觀。他自己也說：「用之則行，捨之則藏」，「天下有道則見，無道則隱。」但孔子的「藏」是為了更好的「行」，「隱」是為了更好的「見」。

靈活是有原則的，比如學校考試就得按分數，靈活就會亂套。比如體育比賽就得按規則，靈活就會作假。比如工程就得按標準，靈活就會出現「黑心工程」。比如手術就得按程序，靈活就會出事故。比如收費就得按規定，靈活就是亂收費。比如犯法的人就得繩之以法，靈活就是徇私枉法。

這些原則如同核子按鈕，是亂不得的。孔子的真意是，為了道德，為了理想，在行為方式上，一切從實際出發，不固執，不偏頗，不妄為。有了這些，還怕時間不給你一個好的答案嗎？

人生應該堅持理想與原則，但在行為方式上，卻需根據實際情況加以變通靈活，這樣方可與時俱進，更好地實現理想與堅持原則。

感悟二十一

己所不欲，勿施於人

【原文】

仲弓問仁，子曰：「出門如見大賓，使民如承大祭。己所不欲，勿施於人。在邦無怨，在家無怨。」仲弓曰：「雍雖不敏，請事斯語矣。」

【解析】

仲弓問什麼是仁，孔子說：「出門去工作就像接待貴賓一樣認真，役使老百姓就像承當重大祭祀一樣謹慎。自己不想得到的，不要加給別人。在諸侯的國家沒有人對自己有怨氣，在卿大夫的封地沒有人對自己有怨氣。」仲弓說：「我雖然不才，讓我照您這些話去實行吧。」

有這樣一些人，他們的心中只有「我」，一切以「我」為中心，一切從「我」出發，對於別人的痛苦和快樂漠不關心。更有甚者，他們還時常把自己的意願強加於別人，以一種極強的報復心理對待他人。這樣的人，不僅沒有朋友，而且還得罪大多數人，結果受害更深的還是自己。

這些人不大懂得「己所不欲，勿施於人」的生活準則。這個準則是孔子提出的，從精神生活而言，已是全世界的共同財富，這是各種處世方式的基礎，這種精神就是從愛心出發，以己度人，推己及人，提倡人與人之間的寬容，互相幫助，互相關心，互相愛護，互相尊重。如果人人都只為自己著想，舉天下以換一己之得，犧牲千萬人為一己之私，那麼這個世界豈不連虎狼世界也不如了！

戰國時，梁國與楚國交界，兩國在邊境上各設界亭，亭卒們也都在各自的地界裡種了西瓜。梁亭的亭卒勤勞，鋤草澆水，瓜秧長勢極好，而楚亭的亭卒懶惰，對瓜事很少過問，瓜秧又瘦又弱，與對面瓜田的長勢簡直不能相比。楚人死要面子，在一個五月之夜，偷跑過去把梁亭的瓜秧全給扯斷了。梁亭的人第二天發現後，氣憤難平，報告了縣令宋就，說我們也過去把他們的瓜秧扯斷好了。

宋就聽了以後，對梁亭的人說：「楚亭的人這樣做當然是很卑鄙的，可是，我們明明不願他們扯斷我們的瓜秧，那麼為什麼再反過去扯斷人家的瓜秧？別人不對，我們再跟著學，那就太狹隘了。你們聽我的話，從今天起，每天晚上去給他們的瓜秧澆水，讓他們的瓜秧長得好，而且，你們這樣做，一定不要讓他們知道。」梁亭的人聽了宋就的話後覺得有道理，於是就照辦了。

楚亭的人發現自己的瓜秧長勢一天好似一天，仔細觀察，發現每天早上地都被人澆過了，而且是梁亭的人在黑夜裡悄悄為他們澆的。楚國的邊縣縣令聽到亭卒們的報告後，感到非常慚愧又非常敬佩，於是把這事報告了楚王。楚王聽說後，也感於梁國人修睦邊鄰的誠心，特備重禮送梁王，既以示自責，也以示酬謝，結果這一對敵國成了友鄰。

在現實生活中，我們會遇到很多爭端，人們總是首先考慮自己的利益，不想讓自己受到損失，但從解決問題的角度考慮，這種想法往往會使問題得不到順利解決。如果這時能夠堅持「己所不欲，勿施於人」的原則，設身處地為對方著想，就能達成共識，解決問題。

明朝宰相嚴訥很重視教育。有一年，他準備資助家鄉建一座學堂，在規劃地基時，自然要碰到民房拆遷問題。他告誡當地政府，一定合情合理地處理拆遷一事。由於處理得當，房屋地基規劃進行得很順利。眼看拆遷就要結束時，在地基邊緣有一座破舊的民房，主管人去查看時，見是一家賣果酒蔬菜的小店，就對戶主說：「嚴宰相資助家鄉蓋學堂，你這房子正好在其範圍內，需要拆遷，你出個價吧，絕不讓你們家吃虧的。」

戶主世代居住此處，戀根性自然很強，但他也從內心欽佩嚴訥的義舉，心中矛盾又不能不說：「嚴大人為民著想，小民感激不盡。但我這房屋是祖上傳下來的，在我手中丟了又覺愧對列祖列宗，小民很為難啊！您就把小民的心事稟明嚴大人吧，望求得他的諒解。」

這位戶主語言婉轉，但話中的意思很明確：他不會賣房的。主管人反反覆覆地解說，這戶主只是一個勁地稱讚嚴宰相，賣房的事一字不吐。主管人又怒不得，因為嚴宰相一再告誡不能對民粗魯無禮。於是，他只得向宰相稟報。

嚴訥聽了稟報，想了想說：「他不肯賣就不必硬買。先動工興建其他的房屋，這戶人家我自有辦法讓他搬遷。」主管人磨破了嘴皮都未能說服這戶人，聽宰相如此說，甚覺好奇，便向他討計。嚴訥說：「不過是投其所好罷了，工地需要的果酒蔬菜，全由這戶人家去買，價格隨他，而且要預先付款。」

學堂如期動工，工地上熱火朝天。幾百人的吃喝，全由那戶人家採辦，他家往日蕭條的生意一下子變得興隆了！全家人傾巢出動，起五更睡半夜地忙，有時還忙不過來，只得雇人幫忙。學堂的地基還未打好，這家人就已賺了不少錢。他添置了許多新傢俱，大人孩子購買了新衣，主人樂得合不攏嘴。

但，有一件事也著實為難了他，這便是滿屋子儲存著果酒蔬菜，連插腳之處都沒有了。工地上的工事還早著哪！照此看來，這小屋真是太狹小了！

嚴訥已將這店主的心理掌握得一清二楚，他適時地派人去找店主：「店家呀，過兩天我們工地還要增加幾百人，以後你的生意會更加興旺發達了！」店主高興得滿面紅光，但又非常歉意地說：「全仗嚴宰相的關照，我們才有今日的富足。宰相當初想買下這片地基，我卻捨不下這破陋的小屋，為難了你們，也辜負了宰相的厚意，小民實在愧對啦！」很快，店主主動讓出小屋。嚴訥得知後，忙吩咐主管人在附近找到一所寬敞的新屋賣予店主，那家人愉快地搬走了。

這事傳出後，人們紛紛讚譽嚴宰相的高尚官品，說他是位有智有謀，又能體諒百姓疾苦的好官。經過嚴訥宰相的一番努力，不僅讓店主搬遷了，而且也為自己贏得了聲譽。這就是推己及人的好處，它體現了一個人的智慧和品質。

己欲立而立人，己欲達而達人。你自己喜歡的，也是別人想要的；你自己不想要的，肯定也是別人討厭的。你只要事事都從別人的立場去思考與行動，將心比心，推己及人，你的人際關係肯定會十分和諧。

感悟二十二

以直報怨，以德報德

【原文】

或曰：「以德報怨，何如？」子曰：「何以報德？以直報怨，以德報德。」

【解析】

有人說：「用恩德來報答怨恨怎麼樣？」孔子說：「用什麼來報答恩德呢？應該是用正直來報答怨恨，用恩德來報答恩德。」孔子不同意「以德報怨」的做法，認為應當是「以直報怨」。這是說，不以有舊惡舊怨而改變自己的公平正直，也就是堅持了正直，「以直報怨」對於個人處世極為重要。

報怨以德就是以德報怨，用恩德回報怨恨。最典型最極端的說法是基督教《聖經》上所說的，你在我左臉上打了一記耳光，我不僅不還手，不躲避，反而送上右臉讓你打一記。

《新唐書．婁師德傳》記載，當婁師德的弟弟要到代州去做官時，他教導弟弟要學會忍耐。弟弟說：「這沒問題，比如說有人向我臉上吐口水，我把它擦掉就是。」

但妻師德卻說：「擦掉也不對，因為這樣還是會顯露出你對他的做法不滿，所以，應該讓它自己在臉上乾掉。」這樣的修養功夫就是以德報怨，一般人真是很難做到。

同時，我們也看到，孔聖人並不贊成這樣的做法。他雖然沒有正面回答人們提出的這個問題，但卻很技巧地說，以德報怨，那又用什麼去報德呢？所以他主張「以直報怨，以德報德」。要用正直的行為去回報別人的怨恨，用恩德去回報別人的恩德。所謂用正直的行為去回報別人的怨恨，那就並不排除對那些惡意怨恨的反擊，善惡是非還是應當恩怨分明。

總而言之是「投桃報李」或「投我以木瓜，報之以瓊瑤」。而不是一味地逆來順受，不講是非原則地以德報怨。

當然，聖人也並不主張以怨報怨。你不仁，我不義；你打我一拳，我踢你一腳。所謂「冤冤相報何時了」。無休無止地鬥下去，也就沒有意思了。

在日常人際交往的過程中，我們不免會遇到些許摩擦與不快，每當這個時候，我們面對問題的態度，就往往體現了一個人的心胸與度量：心胸狹窄的人選擇斤斤計較，因而「失眾友」；心胸寬闊的人，選擇用寬容包容一切，因而「聚眾朋」。

寬容與一個人的道德修養、人生抱負息息相關。紀伯倫曾說過：「一個偉大的人有兩顆心，一顆心流血，一顆心寬容。」一個道德修養高，有著遠大抱負的人，一定是一個胸襟寬闊、懂得寬容與饒恕的人；相反，那些沒有寬宏大量的氣度，凡事只知斤斤計較的人，很難成就大事，成為真正的英雄。

事實上，人心往往不是靠武力征服，而是靠寬容大度征服。三國時期的著名軍事家曹操就是這樣一個不計私仇，寬以待人的人。張繡曾是曹操的死敵，曹操的兒子、姪子都死於張繡之手，但曹操覺得張繡有一定的軍事才能，因此在官渡之戰前，和他重歸於好。陳琳曾為袁紹寫檄文痛罵曹操，乃至平定河北，提到陳琳，曹操雖然當面責備他，卻並沒有處分他，反而任用他為自己掌管文書工作。正因為曹操的寬容與不計前嫌，才使張繡與陳琳心悅誠服，誠心歸順。

因為寬容，無數的干戈，瞬間都化成了片片的玉帛；因為寬容，一切仇恨與不愉快都變得淡然如水，好像微風吹過耳畔般，霎時即逝。

法國作家雨果曾說：「世界上最寬闊的是海洋，比海洋更寬闊的是天空，比天空更寬闊的是人的胸懷。」讓我們學會寬容，用寬容築起愛的長城，用寬容撐起一方溫暖的晴空，使一切仇恨的冰雪，在這裡消融。

當我們與人發生摩擦，不妨用大海般廣闊的胸懷包容一切；不妨做到「有容」、「無欲」；不妨「忍得一時怒，免得百日憂」；不妨「度盡劫波兄弟在，相逢一笑泯恩仇」。

畢竟，是非成敗轉眼空，青山依舊在幾度夕陽紅！富貴榮華，霎時化作塵土；恩仇愛恨，瞬間過眼雲煙。吾人焉能活在爭執計較之中，作繭以自縛？

學會退讓，是為了更好地攻取。退讓並不意味著失敗，攻取也不一定意味著成功。現在的退讓是為了將來的攻取，這是成大事的一條原理。讓出一片江山，贏得整個世界。

有的人只知道一味地去打江山、佔江山，而不知讓江山，很快就會失去更多。

古希臘智者畢達哥拉斯說：「人生有如一場奧林匹克競技，在這裡，有一種人在參加競賽，贏得光榮；有一種人在做生意獲取財富；而第三種人只在觀看，他們就是哲人。」

哲人並不只是看客，因為他已經過了參加競賽與做生意這兩個階段，所以必然上升為觀者。他必須與眾人有一段距離，這樣才能引領眾人。

哲人把競賽讓給別人，把生意讓給別人，這樣，他才能騰出空間來參悟自身，為全體謀求更大的生存。正如老子所說：「當其無有，車之用也。」

孔子當初執政也好，周遊列國也好，對很多事都志在必得，但他沒做成，因此悟出自己並不適合做有些事。於是說：「不在其位，不謀其政。」

富人不會與窮人比富，聖人不與世俗爭利。因此，一定要把空間讓出來，一方面給別人，一方面給自己，這樣才會輕鬆快樂。

儒家尊崇「讓」的美德，不與人爭，不居功，不以己為大。這種「讓」的背後是「得」。「讓」的同時就會得到，「讓」的行為本身是一種「得」。「捨得捨得」，就是愈捨愈得。因為已經得到，所以不會失去，因此不妨讓出，與人同事天下。

孔子說：「以禮讓為國。」同時，我們也要以寬容為心，以禮讓為人。

感悟二十三

不患人之不己知，患不知人也

【原文】

子曰：「不患人之不己知，患不知人也。」

【解析】

孔子說：「不因別人不瞭解自己而憂慮，應當擔心自己不瞭解別人。」這段話是孔子對自己學生所傳授的為人處世之道。這裡的意思是：在瞭解別人的過程中，也使別人瞭解自己。

一場甘霖就可以使久旱的禾苗恢復生機。一盆清水就可以使落在乾溝裡的小魚逃離厄運。對人的重視可以使受過不平等待遇的人感激涕零。人都有最需要幫助的時候，一旦這種需要得到滿足，就會出現奇蹟。因此孔子說：「不患人之不己知，患不知人也。」其中所含的意思就是說，為人處世需要對別人有充分的瞭解，對別人需要什麼要有充分的認知。同時也要讓他人充分地瞭解和信任自己。張松獻圖的典故充分說明了這一點的重要性。

興平元年（西元一九四年），益州牧劉焉重病去世，朝廷下詔書，任命劉璋為益州牧。劉璋這個人性格軟弱，沒有主見。駐守在川西（今四川綿陽）地區的張魯便不肯順從劉璋。劉璋就殺了張魯的母親和弟弟，從此與張魯結下仇恨。劉璋幾次派人攻打張魯，但都被打敗。劉璋內部又發生兵變。當時曹操正征伐荊州，定於漢中。劉璋就想借助曹操討伐張魯。

一天，劉璋得到消息，說張魯領兵準備奪取四川。劉璋心中憂慮，召集眾謀臣商量對策。忽然有一人自薦說：「主公放心。我有辦法去求見曹操，請曹操出兵對付張魯，定叫那張魯不敢正眼來看西川。」說話的人原來是益州別駕張松。於是劉璋派張松為大使，帶著金銀珠寶、錦緞絲綢等貢物，去晉見曹操。張松私下又畫了一張西川地理圖，藏在身上，便帶著隨從赴許都。

張松到許都後，每天都到相府求見曹操，過了兩天才被召見，到了堂上，張松拜見曹操。曹操問：「劉璋為何好幾年不來進貢？」張松說：「路途艱險，賊寇猖狂，無法前來。」

曹操訓斥說：「我已掃清中原，還有什麼盜賊？」

張松說：「還有孫權、張魯、劉備，每人都帶兵十多萬人，怎麼能說已太平了呢？」曹操見張松長得尖嘴猴腮，齜牙咧嘴，身短五尺，很不討人喜歡，再聽到他那衝撞魯莽的話語，很是生氣，一揮衣袖起身就進了後堂。

左右的人責備張松說：「你是使者，語言不恭，惹丞相生氣，幸虧丞相看你遠道而來，不給你加罪。還不趕快回去！」張松正要走，後堂出來一人傳曹操的話，讓張松第二天去西教場點軍，見識見識曹兵的軍容風貌。

第二天，張松來到西教場。曹操點雄兵五萬在教場中。果然衣袍燦爛，盔甲閃光，戰鼓震天，旌旗飄揚。過了一會兒，曹操指著四面八方的隊伍問張松：「你們西川有這樣的英雄嗎？」張松說：「我蜀軍中沒有這樣的兵和武器，但講究仁義道德。」曹操一聽變了臉色。張松並沒有畏懼。

曹操對著張松說：「我視天下無能的人像草芥一樣，我的軍隊，攻無不克，戰無不勝；順我者昌，逆我者亡。你懂嗎？」

張松用輕蔑的口氣回答說：「我一向知道丞相的軍隊所到之處，攻必克，戰必勝。過去你們在赤壁遇到周郎，華容道與關羽相逢，在潼關割鬚丟袍，渭水奪船避箭……這都是無敵於天下啊！」

曹操聽了大怒道：「你竟敢揭我的短處！」命令手下人用棍棒把張松打了出去。

張松回到旅館，當晚就收拾行裝準備回西川。一路上張松想：「我本來想把西川州郡獻給曹操，誰料想他如此渺視我。我來時向劉璋誇過口，現在一事無成，回去豈不被人笑話。聽說荊州劉備待人仁義，不如去那裡看看這人會怎樣待我？」於是朝荊州方向走去。

張松風塵僕僕，一路不停來到郢州（今湖北江陵縣）地界邊。前面奔來一隊人馬，為首一員大將，勒住馬問張松：「來者莫非就是張別駕？」張松答：「正是。」那人趕緊下馬說：「趙雲在此等候半天了。」張松說：「莫非你就是趙子龍？」

趙雲答：「是啊，奉我家主公的命令，前來迎接。」趙雲將張松領到事先安排好的客店，酒筵招待。當晚住下。

張松暗自歡喜：「人們都說劉備寬厚仁義，果然不假，我這趟可能不會白來！」

第二天早上，趙雲陪同張松繼續前進，上馬行進剛有四、五里路程，只見來了一隊人馬。原來是劉備帶著諸葛亮等親自前來迎接張松。劉備遠遠地就下馬等候。張松急忙下馬拜見。劉備說：「久聞大名，無法相見。聽說您路過我處，如不嫌棄，請到荒州暫歇，敘敘仰慕之情，我會感到十分榮幸的。」張松喜形於色，隨劉備進了荊州城。劉備設宴招待張松。宴席間張松問：「皇叔佔守荊州，還有幾個郡？」

諸葛亮說：「荊州也是借東吳的，以往人家催討歸還，只因現在我主公已是東吳女婿，所以才在此安身。」

張松說：「東吳佔據六郡八十一州，國富民強，難道還不知足嗎？」

劉備說：「我才疏力薄，豈敢奢望。」

張松說：「您是漢室宗族，仁義四海皆知。別說佔據州郡，即便代替皇帝治國也非過分。」

劉備說：「您太過獎了，我怎麼敢當啊。」宴席間談話氣氛熱絡，各抒己見。但劉備卻一直不提西川的事情。就這樣一連留張松住了三天，每天宴請一番，也並無人提西川的問題。

三天之後，張松準備回程，向劉備告辭。劉備在十里長亭又設宴送行。劉備舉起酒杯敬張松，說道：「承蒙您不把我看作外人，暢談了三天，今天離別，不知什麼時候再能聽到您的教誨啊！」說罷，淒然淚下。

張松感動萬分，對劉備說：「您如此寬宏仁義，我有一個想法，乾脆對您說了吧。我看荊州：東面有孫權，常懷佔據之心；北面有曹操，時刻想併吞。荊州不是久居之地啊！」

劉備說：「我也明白這個道理，但是沒有別的安身之處啊。」

張松說：「益州是個險要的地方，土地遼闊，國富民強，有智有謀的人，很久就仰慕皇叔的為人。

假若帶領荊州軍民，長驅直入西邊，那麼您就可以大業告成、重興漢室了。」

劉備說：「我怎麼敢這麼做呢？劉璋也是帝王宗室，給予蜀地的恩惠已經很久了。別人怎麼可能動搖他呢？」

張松說：「我並非賣主求榮。今天遇到您這樣英明的人，我不得不說肺腑之言：劉璋雖擁有益州這方土地，但他稟性懦弱，不能任人唯賢；加上張魯在北面，時刻夢想侵犯；所以益州人心離散，盼望能有開明的主公。我這次出行，本想專為曹操貢獻計謀，誰知這賊傲慢奸詐，怠慢賢士，所以我特意來拜見明公。明公可先取西川作為基地，然後北伐漢中，收復中原，重振天朝，青史留名，天大的功績啊！如果您果真有意奪取西川，我張松願盡犬馬之勞，不知您的意向如何？」

劉備說：「感謝您對我的厚愛。但劉璋與我同一宗室，假若攻打他，恐怕天下人都要唾罵我啊！」

張松說：「大丈夫在世，應首先考慮建功立業之大事，你若不取，必為他人所奪，後悔就太遲了。」

劉備說：「我聽說蜀道艱險，車不易過，馬不易行，雖想奪取，卻沒有良策啊！」張松從袖中取出地圖，遞給劉備說：「我感謝明公對我的盛情，決心獻上此圖。只要看這圖，便知道蜀地的道路了。」

劉備和諸葛亮展開地圖粗略一看，上面詳細寫著行程路線，標明險要的山川狹谷，還有重要官府，倉庫錢糧，一一寫得清楚明白。劉備拱手連連稱謝說：「青山綠水，長存不老。來日事成，定將厚報。」

張松說：「我遇到明主，願意盡情出力幫助，哪裡希望什麼報答啊！」說完就告別啟程了。

諸葛亮又讓趙雲等人護送幾十里後才返回。

奪取西川，是劉備早已定下的戰略目標。但「蜀道難，難於上青天」。詳細瞭解西川的複雜地形是進川的必要準備工作。正在此時，張松放棄曹操投靠劉備，獻出寶圖，這真是天賜良機。劉備迫切想得到西川地形圖的心情，從他熱情款待張松的態度上可見一斑。但是劉備外表卻裝出仁義厚道的樣子，三天酒宴上隻字不提西川之事；十里長亭張松被他的盛情感動得五體投地，決心獻圖時，劉備仍是一推再推，使張松似乎更相信劉備是「真人君子」，越加鼓動劉備奪取西川。劉備這種禮賢下士、仁義寬厚的表現與曹操驕橫蔑視的態度成了鮮明的對照，也更突顯了劉備「智勝一籌」的軍事外交才能。

雙向選擇並不是現代人的發明，古來如此。動盪年代，不但君擇臣，臣亦擇君，就是一種雙向選擇。戰國時候，各國國君都在延攬人才，龐涓選擇了魏國，孫臏卻選擇了齊國。楚漢相爭時，韓信先投靠項羽，最終卻選擇了劉邦。三國時，張松也想為曹操效勞，最後卻將西川地圖獻給了劉備。人與人選擇關係的最終確立，取決於是否知道別人的需要，以及滿足了對方的需求。

雪中送炭最珍貴，這是因為在關鍵時候滿足了別人最迫切的需要。為人處世也是如此，明白了他人之所需並滿足對方之所需，並且能夠讓他人相信和認同自己，我們就能使自己處於不敗之地。

感悟二十四

中庸處世，和諧人生

【原文】

子曰：「中庸之為德也，其至矣乎！民鮮久矣。」

【解析】

孔子說：「中庸作為一種道德，該是最高的吧！人們缺乏這種道德已經很久了！」

宋朝的理學大師程頤說過：「做事，不偏不倚叫做中，不改變叫做庸。行中，這是天下的正道；用中道，這是天下的公理。中庸的基本要義，就是不偏不倚，恰到好處。」中庸的道理講究不偏不倚，過與不及都是不好的。體現在做事上，則必須做到恰到好處。為人處世、持家治國等人生作為，無不體現了這個道理。

「中庸」強調的是做事守其「中」，既不左衝右突，又戒參差不齊。其實這種人生哲理，從我們日常生活中的許多細節中即可體察出來。商湯的開國大臣伊尹，不僅能把握做菜口味的「中庸」技巧，甚至於乾脆就把它上升到「齊家治國」的高度上來了。

伊尹輔佐湯推翻了夏桀的殘暴統治，建立了在我國歷史上維繫約六百年之久的商朝。伊尹原來不過是湯身邊的廚師，湯妻陪嫁的奴隸，他之所以被湯看中而委以重任，是因為他確實有一番才幹，也善於從生活中發現人生智慧。

他看到湯成天為與夏桀爭奪天下而忙碌著，顯得十分焦急，以致一日三餐都食不甘味。他就想出一個辦法來引起湯的注意。他把上一頓飯的菜做得特別鹹，下一頓飯的菜又故意不放鹽，讓湯吃得不對味而來責備自己。接著，他又把每頓飯的菜做得鹹淡適中，美味可口，讓湯吃得十分滿意。伊尹已算計好了，湯一定會讚揚自己。果然，有一次飯後湯對伊尹說：「看來你做菜的本事確實不凡。」

伊尹已是成竹在胸，不等湯把話說完，就藉題發揮說：「大王，這並不值得誇獎，菜不能太鹹，也不能太淡，只要把佐料調配得當，吃起來自然適口有味。這和您治理國家是一個道理，既不能無所作為，也不能急於求成，只有掌握好分寸，才能把事情辦好。」

孟子後來對伊尹的評價是：「治亦進，亂亦進，伊尹也。」意思是說，伊尹在天下太平時入仕做官，在天下動亂時也入仕做官。伊尹之所以能夠做到這點，關鍵是善於把握分寸，有所為有所不為，深悟中庸的為人處世哲理。

而下面這個「傻小子作客」的故事，也頗能發人深思。

有一個傻小子到朋友家去做客。主人殷勤地做了幾道好菜招待他，但因一時匆忙，每道菜都忘記放鹽了，所以每一道菜都淡而無味。

傻小子吃了後說：「你燒的菜怎麼都淡而無味呢？」

主人立刻想起忘了放鹽，趕緊在每道菜裡加一點鹽，並請他再食用。傻小子吃了之後，覺得菜都變得非常可口。

於是，他就自言自語地說：「菜之所以鮮美，就是因為放進鹽的緣故。只加一點鹽就那麼鮮美，若加多一點，那一定更好吃了。」

接著，這個人菜也不吃了，就抓起大把鹽往嘴裡塞。結果，他被鹹得哇哇大叫。

就常理而言，鹽不能吃得太多，亦不可吃得太少，要恰到好處。同理，炒菜不可太生，亦不可太熟。生熟恰到好處，菜才好吃。此恰到好處，即是「中」。又如商人賣東西，要價太貴，則人不買；要價太少，又不能賺錢。必須要價不多不少，恰到好處，此恰到好處，即是其中。中庸學既講恰到好處，又講因時而中，做任何事情，都是這樣。

一個人想做到中庸，必須加強品德修養，提高自我調控能力，使自己的言行、情感、欲望等要適度、恰當，避免「過」與「不及」。

子曰：「不有祝沱之佞。而有宋朝之美，難乎免於今之世矣！」意思是說，如果既有宋公子朝那樣的美貌，又有祝沱那樣的口才，是不是可以免禍於當時的社會呢？謀士陳軫的經歷大抵可以為此做出回答，這個秦惠王的大臣曾經受到張儀的中傷，說他為楚國提供了國家機密，尤其糟糕的是，立即就要叛變而奔楚。秦王於是把陳軫叫來，要他對此事做出解釋。言外之意已經很明白，說得清楚沒啥事，說不清楚保不住腦袋。因為若叛國這樣的事情成立，無論如何都是不能夠原諒的。

陳軫不慌不忙地答道：「如果我向楚出賣情報。楚王難道真會用我嗎？」

他的反駁用的是講故事的方式，故事說得別開生面：

有個楚人有兩個妻子，分別遇到了某個男人的勾引，當勾引者挑逗年齡大的妻子時，遭到對方痛罵；當他勾引年輕妻子時，卻獲得了成功。這個楚人死後，有人問勾引者娶哪個女人做妻子，勾引者說要娶年齡大的，因為娶她做妻子可靠。年輕的妻子既然可以背叛原來的丈夫，難道不能夠同樣背叛新丈夫嗎？作為這個故事的結論，陳軫的說法很有弦外之音：「如果我向楚國賣情報，不就如同年輕妻子嗎？又怎麼會得到楚王的信任呢？」

秦王覺得他的說法很有道理，便沒有因為張儀的刻意中傷而對其加以治罪，用口才免禍對於縱橫家來說從來不是難事。能者「敏於事而慎於言」，而「慎於言」不等於是言談甚少。陳軫的故事講完之後，秦王實實在在地聽出了新意。

陳軫的最大特點在於精通中庸之道，這種折衷的處世方式不是霸權之道也不是逃避之道，而是圓滑的明哲保身，是以最微弱代價取得極大成功的思考和操作方式。《孔子家語》載：「孔子觀於魯桓公之廟，有攲器焉。夫子問於守廟者曰：『此謂何器？』對曰：『宥坐之器。』孔子曰：『吾聞宥坐之器，虛則攲，中則正，滿則覆，名君以為至誡，故常置於坐側。』顧謂弟子曰：『試注水焉。』乃注之水，中則正，滿則覆。夫子喟然嘆曰：『嗚呼！夫物惡有滿而不覆者哉！』」

後來陳軫成了齊國的使節，面臨著危急任務，當楚國打敗魏國之後，即將攻打齊國，陳軫特意去祝賀楚軍的成功，臨走的時候問楚國大臣昭陽：「按照楚國規定，擊潰敵軍又殺死敵將，奪取對方的城池，該受到怎樣的封賞呢？」

昭陽的回答比較實在：「官為上柱國，爵是上執圭。」

陳軫知道該怎麼說了：「此外還有沒有比這更高的官爵？」昭陽說那只有令尹了。令尹是當時國家最尊貴的官位，昭陽覺得不可能有什麼職位有所超越。

陳軫這時以「畫蛇添足」打比方：「楚國有個負責祭祀的專職官員，曾賞給他左右一壺酒，部屬見酒不多，便商量著以比賽誰畫蛇最快來決定酒的歸屬，有個人畫得非常快，他覺得別人畫得太慢，可以用這段時間再為蛇添上兩隻腳，然後便認真畫起『蛇足』，其餘的人很快畫好了，搶過酒壺說道：蛇本來就是沒有腳的，為何多此一舉？畫蛇添足者遂未喝上酒。如今，楚國打敗了魏國，已經獲得了無以復加的官爵，又何必畫蛇添足再攻打齊國？要是不慎戰敗於沙場，難道官爵不會被賜予他人嗎？」這番話把昭陽說得目瞪口呆，楚王是極其嫉妒的人，貿然攻齊不如立即收兵回國。

孔子曾經說過，「過猶不及」，「執兩端而用其中」。陳軫的縱橫之道在於為他人講明白中庸的道理，在亂世時能夠把持中庸之道，弱國可以盡可能長期地保持存在，強國也可以獲得更多的發展空間和增大成功的機率，雙方都可能對他的這種縱橫給予高度的評價，陳軫所理解的這種道理對於政治及其外交事宜的處理都有極好的借鑑意義。

在縱橫說辯的過程中，不僅可以用精彩的話語吸引統治者，還可以深入淺出地拆解統治者可能遭遇的處境。因為任何人都不可能長久地存在於利害的正中，當偏離弊端的時候，利端又會自覺地生出相對的某種新的弊端。因此，時勢確實也需要這種縱橫之士，他們不斷地指出弊端和不斷生成的弊端，讓人們真正走出對於利弊的單純迷思。而在快樂的時候提及煩惱事，無論如何都要有輕巧的方式，陳軫的方式在於喻證。有時候我們總能在看似與自己毫無關聯的例子中找到自己應該改進的地方，喻證的方式也不斷完善著談話者和傾聽者的對話品質，他們都因為有了中庸而有了意義。

「中則正」，偏執向來都是成功的大敵，而在不偏不倚的中庸態度中關注時局，保持的肯定是冷靜和理智的目光。

感悟二十五

處變不驚，莊敬自強

【原文】

司馬牛問君子，子曰：「君子不憂不懼。」曰：「不憂不懼，斯謂之君子已乎？」子曰：「內省不疚，夫何憂何懼？」

【解析】

司馬牛問怎樣才是君子，孔子說：「君子不憂愁，不畏懼。」司馬牛說：「不憂愁、不畏懼，就叫做君子了嗎？」孔子說：「自己問心無愧，那還有什麼憂愁和畏懼呢？」

孔子認為君子因為心胸寬廣，意志堅強，明於事理，因此他們做任何事情都能夠從容不迫，處變不驚，而不像小人那樣心胸狹窄，意志漂浮不定，對事理認識不清，因此他們做起事來埋怨滿天，一遇到變故就驚惶失措。晉朝的謝安就是這樣的一位君子。

有一次，謝安和朋友們一起乘船在海上遊玩，忽然，狂風驟起，巨浪濤天，船被顛簸得東倒西歪，船上的人都嚇得面無人色，緊緊地抓著船舷，動也不敢動，只有謝安面不改色，依然如故，還迎著風浪吟唱。船夫倒是個有趣的人，以為謝安在這樣的風浪中行船很高興，就繼續費勁地向前划。這時狂風惡浪愈來愈猛，船夫卻只顧划船，別人都害怕得不行了，但又礙於面子，不好意思要求回去，這時謝安才不疾不徐地說道：「像這樣的天氣，還要把船划到哪兒去玩？」船夫這才掉過船頭往回划。大家對謝安遇難不亂的氣度非常欽佩，從此知道，將來治理國家是非謝安莫屬了。

西元三七三年（東晉寧康元年），簡文帝司馬昱死，孝武帝司馬曜剛剛即位，早就覬覦皇位的大司馬桓溫便調兵遣將，炫耀武力，想趁此機會奪取皇位。他率兵進駐到了新亭，而新亭就在京城建康的近郊，地近江濱，依山為城壘，是軍事及交通重地。桓溫大兵抵達此處，自然引起朝廷恐慌。當時朝廷的重望所在，是吏部尚書謝安和侍中王坦之二人。而王坦之本來就對桓溫心存膽怯，因為他曾經阻止過桓溫篡權。

簡文帝在彌留之際曾命人起草遺詔，讓大司馬桓溫依據周公攝政的先例來治理國家，還說：「少子可輔最佳；如不可輔，卿可自取之。」王坦之讀了草詔，當著簡文帝的面就把它撕碎，憤怒地說：「天下是宣帝（指司馬懿）、元帝（指司馬睿）的天下，陛下怎麼能私相授受呢？」簡文帝聽了他的這一番話，覺得十分有道理，就讓王坦之改詔為：「家國事一稟大司馬，可仿照當年諸葛亮、王導輔助幼主之故事。」這樣一來，桓溫才沒有當上皇帝。

現在，桓溫帶兵前來，京城朝野議論紛紛，認為桓溫帶兵前來，不是要廢黜幼主，就是要誅戮王、謝。王坦之聽了這些議論，當然不免膽戰心驚，坐立不安。

謝安則不同，他聽了眾人的議論，不以為憂，神色表情一如平常。實際上，謝安曾經應聘做過征西大將軍桓溫的司馬，桓溫十分明白謝安才是他篡權的最大障礙，因為自己很瞭解他的才幹。果如所料，桓溫此來確是想藉機殺掉王坦之和謝安。

不久，他便派人傳話，要王坦之和謝安兩人去新亭見他。王坦之接到桓溫的通知，不知如何是好，就去找謝安商量辦法。謝安卻神色不變，態度安詳，和往常一樣，好像沒有什麼殺身之禍等著他。

王坦之說：「桓將軍這次帶兵前來，恐怕凶多吉少。現在又要我們兩人去新亭見他，恐怕是有去無回，如何是好？」

謝安笑道：「你我同受國家俸祿，當為國家效力。晉室江山的存亡，就看我們這一回的作為了！」說完，謝安牽著王坦之的手一起出門，徑直去新亭，朝廷官員也許多人相隨同去。

到了新亭，眾人見桓溫兵營陣容嚴密，隊伍肅然，心情就更加緊張起來。剛走進桓溫大營，幾位稍有聲望的官員，唯恐得罪桓溫，馬上遠遠地向桓溫叩拜，戰戰兢兢，臉都變了色。王坦之也嚇出了一身冷汗。他勉強移著腳步走到桓溫面前，向他行禮，慌亂中竟然把手板都拿反了。

只有謝安態度自若，不拘形跡。他穩步走到桓溫前，不卑不亢地對桓溫說：「明公別來無恙？」桓溫雖然知道謝安是個不同尋常的人物，但未料到他居然能如此處變不驚，自己反倒有些吃驚了，連連說：「好，好，謝大人請坐，請坐。」

謝安從容就座。這時，王坦之等人驚魂未定，還在渾身哆嗦。謝安在席間，說東道西，談笑自如，所言之事，左右逢源，桓溫和他的謀士們找不到岔，無法下手。而謝安卻在閒談時觀察左右，早已看到壁後埋伏著武士。他見已經到了應該說破的機會，便轉身笑著對桓溫說：「我聽人講：『諸侯有道，守在四鄰。（意思是說，如果諸侯有道德的話，那麼四鄰都會幫你防守，是用不著自己到處設防的。）』明公又何須在壁後藏人呢？」

這是對桓溫的絕大諷刺，桓溫顯得極為尷尬，急忙說：「在軍中這已經成了習慣，恐怕有突然事變，不得不如此啊！謝大人既然這麼說，就趕快撤走吧！」

謝安又和桓溫談笑了大半天，他如此風度翩翩，安詳穩重，使桓溫始終不能加害於他。而王坦之卻一直呆若木雞，一言不發，待到和謝安一起回建康時，冷汗已把裡衣都濕透了。

王坦之與謝安本來在治國、為人等方面都是齊名的，但經過這次風波，兩人的優劣便分出來了。

不久，桓溫生了重病，卻還想向朝廷要「九錫」（古代帝王賜給有大功或有權勢的諸侯大臣的九種禮器，後世權臣篡位前，常先賜九錫），便託人向朝廷請求。因為他再三催促，謝安只好讓吏部郎袁宏起草。袁宏文才很好，起筆立就，誰知謝安偏偏故意找茬，吹毛求疵，要他一改再改，改了一個月還沒改成。袁宏雖然文才極佳，但在「政治」上卻是個糊塗人，他覺得十分奇怪，自己怎麼連個詔書都寫不好，便暗中問僕射王彪之，究竟應該怎麼寫。

王彪之說：「像你這樣的大才，何用修飾，這是謝尚書故意要你一改再改，他知道桓公病勢一天天加重，料定活不久，所以藉此來拖延時間。」袁宏這才大悟，懂得了謝安的用心。由於謝安不動聲色地用了拖延策略，致使後來桓溫的野心未能得逞便死去。

君子因為擁有豁達大度的氣量，所以他才能不憂不懼，從容不迫，處變不驚。有了這種處變不驚的氣度，成功也就有了保證。

感悟二十六

戰戰兢兢，如臨深淵，如履薄冰

【原文】

曾子有疾，召門弟子曰：「啟予足，啟予手！《詩》云：『戰戰兢兢，如臨深淵，如履薄冰。』而今而後，吾知免夫！小子！」

【解析】

曾子有病，召集學生們到他身邊，說：「看看我的足，看看我的手！《詩經》說：『小心謹慎啊，就好像經常面臨著深淵，就好像經常行走在薄冰之上。』從今以後，我自己知道可以免於禍害了！學生們！」

所謂立身，包括樹立自己的名聲，明確自己的做人原則，建立自己有代表性的事績。這裡的環節很多，而且有許多潛在的危機，所以必須謹慎，要「戰戰兢兢，如臨深淵，如履薄冰」，才有可能避免一些不必要的禍害。下面的兩個例子可以給我們這方面的啟示。

呂僧珍，字元瑜，是東平郡范縣人，家世居廣陵（今江蘇揚州）。從南齊時起，呂僧珍便隨從蕭衍。蕭衍為豫州刺史，他任典籤；蕭衍任領軍，他補為主簿。建武二年（西元四九五年），蕭衍率師援助義陽抗禦北魏，呂僧珍隨軍前往。蕭衍任雍州刺史，呂僧珍為蕭衍手下中兵參軍，被當作心腹之人。蕭衍起兵，呂僧珍被任為前鋒大將軍，大破蕭齊軍隊，為蕭衍立下大功。

呂僧珍有大功於蕭衍，被蕭衍恩遇重用，其所受優待，無人可以相比。但其從未居功自傲，恃寵縱情，而是更加小心謹慎。當值宮禁之中，盛夏也不敢解衣。每次陪伴蕭衍，總是屏氣低聲，不隨意吃桌上的果實。

有一次，他喝醉了酒，拿了桌上一個柑桔，蕭衍笑著說：「卿真是大有進步了。」拿一個柑桔被認為是大有進步，可見呂僧珍謹慎到什麼程度。

呂僧珍因離鄉日久，上表請求蕭衍讓他回鄉祭掃先人之墓。蕭衍為使其衣錦還鄉，光宗耀祖，不但准其還鄉，還給其使持節、平北將軍、南兗州（今江蘇揚州）刺史，即管理其家鄉所在州的最高行政長官。

呂僧珍到任後，平心待下，不私親戚，沒有絲毫張狂之舉。呂僧珍的從姪，是個賣蔥的，聽說自己的叔叔做了大官，便不再賣蔥了，跑到呂僧珍處要求謀個官。呂僧珍對他說：「我深受國家重恩，還沒有做出什麼事情以為報效，怎敢以公濟私。你們都有自己的事做，豈可妄求他職，快回蔥市幹你的本行吧！」

呂僧珍的舊宅在市北，前面有督郵的官府擋著。鄉人都勸呂僧珍把督郵府遷走，把舊宅擴建。呂僧珍說：「督郵官府自我家蓋房以來一直在北地，怎能為擴建吾宅讓其搬遷呢？」遂不許。

呂僧珍有個姊姊，嫁給當地一個姓于的人，家就在市西。她家的房子低矮臨街，左鄰右舍都是開買賣的店鋪貨攤，一看就是下等人住的地方。但呂僧珍常到姊姊家中作客，絲毫不覺以出入這種地方為恥。

君子立身處世，貧賤不能移，威武不能屈，富貴不能淫。這是封建社會中理想的做人準則。然而，這並非常人可以做到。更有甚者，貴而忘賤，得志便猖狂，恣意妄為，最終身敗名裂。

呂僧珍可謂深知立身之道的智者，他功高不自居，身貴不自傲，從而使皇帝對他更加信任、放心。呂僧珍五十八歲時病死，梁武帝蕭衍下詔說：「大業初構，茂勳克舉，及居禁衛，朝夕盡誠。方參任台槐，式隆朝寄；奄致喪逝，傷慟於懷。宜加優典，以隆寵命，可贈驃騎將軍、開府儀同三司、常侍、鼓吹、侯如故。」不但如此，呂僧珍還被加謚為忠敬侯。呂僧珍善有其終，當和他立身謹慎是密不可分。

謹慎立身，是對立身的價值有了充分認知。有了功勞，不要經常說起；有了恩寵，注意不可張揚；有了權力，注意不要濫用；有了做高官的朋友，注意不要趨炎附勢；有過去的不得志的朋友，要注意不嫌棄。志當高遠，事當謹慎，這是歷史指示的做人原則。

大樹將軍指東漢光武帝手下的大將馮異。他為人謙虛禮讓，不自誇，不爭功。他在隨從光武帝劉秀打天下時立有很多戰功。每當諸將聚在一起時，眾人總是爭著誇耀自己的功勞，而馮異卻一個人常坐大樹下，不與別人爭功，因此被稱為「大樹將軍」。無獨有偶，南朝梁武帝時也出了個大樹將軍，這個人就是馮道根。

馮道根字巨基，是廣平郡人。南朝蕭齊末年，蕭衍起兵襄陽（今湖北襄樊），攻打首都建康（今江蘇南京）時，馮道根勇猛無比，殺敵甚多。梁朝建立後，他率軍平定陳伯之的反叛，擊退北魏軍的進攻，保住了阜陵城。與韋敏一起救援鍾離，在邵陽洲大破北魏軍。馮道根因戰功卓著，先後任過驍騎將軍、游擊將軍、輔國將軍、雲騎將軍、領直閣將軍、中權中司馬、右游擊將軍、武旅將軍等職。

馮道根雖然屢立戰功，但對自己的功勞卻很少談及。每次征伐過後，諸將們都寸功必爭，寸賞不讓。唯獨馮道根沉默不語。他的部下們很不滿，認為跟隨馮道根衝鋒陷陣出生入死，遇到論功時，全讓別人爭了去，豈不是太吃虧了？每次遇到這種情況，馮道根總是開導他們說：「主上（指蕭衍）對眾人所建之功自有明鑑，何用我大爭大吵？」

蕭衍對馮道根此舉非常滿意，曾指著他對尚書令沈約說：「此人從來口不言功。」沈約說：「這真是陛下的大樹將軍啊！」

馮道根以清廉謙退立身。他任地方官，明理清靜，為部下所懷念。蕭衍也說：「馮道根所在，能使朝廷忘記了還有一州。」他作為中央官，雖貴顯而性儉約，所居宅不營牆屋，無器服侍衛，入室則蕭然如素士之貧賤者。他口不言功，卻獨得大樹將軍之譽，這是高於其他人的記功碑。馮道根是以清廉謙退立身的成功者。

俗話說：小心駛得萬年船。人生危機四伏，風險緊隨，謹慎方可不在陰溝裡翻船！

感悟二十七

寵辱不驚的氣量

【原文】

子曰：「君子泰而不驕，小人驕而不泰。」

【解析】

孔子說：「君子心情安定而不傲慢，小人傲慢而不心情安定。」

這話的意思就是說：小人遇到事情不能保持心情的穩定，容易受到外在因素的影響，事情順暢就傲慢，事情不順時就懊喪；而君子碰到任何事情時應保持心情安定，寵辱不驚，處之泰然，不受外在環境的影響。的確，泰而不驕，方可寵辱不驚，平心待物，臨危不亂，通達於時世，這就是所謂的大將風度、君子風範。

電視劇《三國演義》主題歌曲慷慨、激昂、悲壯。尤其是詞中「是非成敗轉頭空」這七個字頗能表達我們偶爾對人生所興起的感觸。三國中無論是足智多謀的諸葛亮、勇猛豪爽的張飛、義薄雲天的關羽，還是雄姿英發的周瑜、雄才大略的曹操等無數英雄豪傑都隨滾滾長江向東流去，縱橫馳騁的戰場早已硝煙散盡，空空如也。藝術家的彩筆為我們道盡人世的悲歡離合，但終如南柯一夢。人生無常，是非成敗轉頭空。

人生無常，無物永駐。天下沒有什麼事物、情勢、局面是永遠不變的。明月曾經照古人，古人不見今世月；好花不常開，好景不長在；年年歲歲花相似，歲歲年年人不同。人無百日好，花無千日紅。物有生、死、毀、滅；人有生、老、病、死。盛極必衰，否極泰來；月有陰晴圓缺，人有悲歡離合；天下大勢是分久必合，合久必分；官無常位，境遇常變；三十年河東三十年河西，風水輪流轉。

老子說：「金玉滿堂，也無法永遠守住。」人生聚散、浮沉、榮辱、福禍，這一切都在不斷地轉化，相輔相成。「百年隨手過，萬事轉頭空。」明白此理，你就會視一切變化為正常，就會對一切事情的發生有心理準備，就不會搶天呼地，不撞南牆不回頭與天道（客觀規律）死頂下去。做人，不能逆天道而行事。

人生無常還指事物變動的不可預見性、偶然性，事情的不期而遇。俗話說：天有不測風雲，人有旦夕禍福；福無雙至，禍不單行；運去金成土，時來土做金；屋漏偏逢連夜雨，船遲又遇頂頭風……人生之中不可預測的事太多太多。

人生無常，天道有常。人生無常，正是天道有常的表現。對於那些覬覦權勢、玩弄陰謀的人來說，既有小人得志飛黃騰達之時，也有時運不濟，栽跟頭之日。秦檜玩弄詭計、陷害忠良，落得個無窮罵名；嚴嵩專橫拔扈、不可一世，終落得滿門抄斬。多行不義必自斃，逞一時之能稱一世之雄又能存於幾時？爬得愈高跌得愈慘。也許對爬得高的這個人來說，這是他人生際遇的無常，對於群體和社會來說則正是有常的表現。一個肆無忌憚、傷天害理的人早晚會受到客觀規律的懲罰，一個霸主早晚有垮台那一日。這對於他本人是天道無常的表現，對於別人則恰恰證明了天道有常。正所謂天網恢恢，疏而不漏。

感嘆人生之無常，並不完全出自無奈的悲愁，相反地，它可能出自人心對幸福的追求與對永恆的嚮往。哲學家努力透視人生真諦，幫助人們建構精神家園。宗教家則超越於無常的羅網之上，打通生前死後之結，引人走向不朽的樂土。可惜的是，現代人對哲學存著懷疑的眼光，對宗教抱著利用的心態，因而陷於變幻不已的現實世界，無法解開內心深處的愁結。

聰明的人總是在變化無常中力爭主動，在變化之前或之初看到變化的端倪，去把握有常，居安思危，未雨綢繆，處變不驚，臨危不懼，從而在惡劣的處境下，能登高望遠，看到轉機，看到希望，有所準備，不失時機地轉敗為勝，扭轉乾坤。

唐伯虎詩中說：「**釣月樵雲共白頭，也無榮辱也無憂；相逢話到投機處，山自青青水自流。**」如果人人都能了然於山自青青水自流，就自然會寵辱不驚，物我兩忘，也不會去徒自貶抑，自招屈辱。

唐朝宰相李泌就是一位這樣的君子。

李泌處在安史之亂及其之後的混亂時代，為唐王朝的安定進言獻策，立下了殊功，但他貴而不驕，急流勇退，恰當地把握住了一個寵臣、功臣的應有分寸，善始善終，圓滿地走完了自己政治的一生。

李泌少時聰慧，被張九齡視為「小友」；成年後，精於《易》，天寶年間，玄宗命其為待詔翰林，供奉東宮，李泌不肯接受，玄宗只好讓他與太子為布衣之交。當時李泌年長於太子，其才學又深為太子欽服，因此，太子常稱之為「先生」，兩人私交甚篤。這位太子就是後來的肅宗皇帝。後來，李泌因賦詩譏諷楊國忠、安祿山等人，無法容身，遂歸隱穎陽。安史之亂爆發後，玄宗至蜀中，肅宗即位於靈武（今寧夏永寧西南），統領平亂大計，李泌也趕到靈武。對於他的到來，肅宗十分歡喜，史稱：「上大喜，出則聯轡，寢則對榻，如為太子時。事無大小皆咨之，言無不從，至於進退將相亦與之議。」

這種寵遇實在是世人莫及，在這種情況下，李泌依然保持著清醒的頭腦，平靜如水。肅宗想任命他為右相時，他堅決辭讓道：「陛下待以賓友，則貴於宰相矣，何必屈其志！」肅宗只好作罷。此後，李泌一直參與軍國要務，協助肅宗處理朝政，軍中朝中，眾望所歸。肅宗總想找個機會給予李泌一個名號。

肅宗每次與李泌巡視軍隊時，軍士們便悄悄指點道：「衣黃者，聖人也；衣白者，山人也。」肅宗聽到後，即對李泌道：「艱難之際，不敢相屈以官，且衣紫袍以絕群疑。」李泌不得已，只好接受，當他身著紫袍上朝拜謝時，肅宗又笑道：「既服此，豈可無名稱！」馬上從懷中取出擬好的詔敕，任命李泌為侍謀軍國、元帥府行軍長史。

元帥府即天下兵馬大元帥太子李之府署。李泌不肯，肅宗勸道：「朕非敢相臣，以濟艱難耳。俟賊平，任行高志。」由此，他才勉強接受下來。

肅宗將李俶的元帥府設在宮中，李泌與李俶總有一人在元帥府坐鎮。李泌又建議道：「諸將畏憚天威，在陛下前敷陳軍事，或不能盡所懷；萬一小差，為害甚大。乞先令與臣及廣幹（即廣平王李俶）熟議，臣與廣平從容奏聞，可者行之，不可者已之。」肅宗採納了這一建議，這實際上是賦予李泌朝政全權，其地位在諸位宰相之上。當時，軍政繁忙，四方奏報自昏至曉接連不斷，肅宗完全交付李泌，李泌開視後，分門別類，轉呈肅宗。而且，宮禁鑰匙，也完全委託李泌與李俶掌管。

面對如此殊遇，李泌並不志滿氣驕，而是竭心盡力，輔助肅宗，在平定亂軍、收復兩京以及朝綱建設上，都建有不可替代之功，實際上是兩朝的開朝元勳。平定安史之亂，肅宗返回長安後，李泌不貪戀恩寵與富貴，向肅宗提出要退隱山林，他說：「臣今報德足矣，復為閒人，何樂如之！」

肅宗則言：「朕與先生累年同憂患，今方相同娛樂，奈何遽欲去乎！」

李泌陳述道：「臣有五不可留，願陛下聽臣去，免臣於死。」

肅宗問：「何謂也？」

李泌答道：「臣遇陛下太早，陛下任臣太重，寵臣太深，臣功太高，跡太奇，此其所以不可留也。」可以說，李泌的這五不可留，是十分深刻的，尤其是「任臣太重、寵臣太深、臣功太高」更是三項必去的理由。身受寵榮，能冷眼相對，不沉迷其中，這是難得的政治家氣度。

肅宗聽後，有些不以為然，勸道：「且眠矣，異日議之。」

李泌則堅持道：「陛下今就臣榻臥，猶不得請，況異日香案之前乎！陛下不聽臣去，是殺臣也。」說到這兒，肅宗有些不高興了，反問道：「不意卿疑朕如此，豈有如朕而辦殺卿也！」

李泌還是堅持道：「陛下不辦殺臣，故臣求歸；若其既辦，臣安敢復言！且殺臣者，非陛下也，乃『五不可』也。陛下昔日待臣如此，臣於事猶有不敢言者，況天下既安，臣敢言乎！」

肅宗無可奈何，只好聽其歸隱嵩山。代宗李俶即位後，又將他召至朝中，將他安置在蓬萊殿書閣中，依然恩寵有加。但此時，李泌卻居安思危，感受到了他與代宗之間的微妙變化。當李俶為太子時，局勢動盪，其皇儲之位也不穩定，因此，他視李泌為師長，百般倚重，而李泌也盡心輔佐，幾次救其於危顛。現在，他是一國之君，對於往昔的這位師長、功臣固然有道不盡的恩寵，但也有種種道不明的不安與不自如。

這時，朝中有一位專權的宰相元載，這位宰相大人，與李泌是截然相反的人物。他憑藉代宗的寵信，專橫驕恣，洋洋自得，自認為有文武才略，古今莫及。他專擅朝政，弄權舞智，奢侈無度。曾有一位家鄉遠親到元載這兒求取官職，元載見其人年老不堪，猥猥瑣瑣，便未許他官職，寫了一封給河北道的信給他。老者走到河北境內後，將信拆開一看，上面一句話也沒有，只是簽了元載之名。老者十分不悅，但既已至此，只好持此信去拜謁節度使。

僚屬們一聽有元載書信，大吃一驚，立即報告節度使。節度使派人將信恭恭敬敬地存到箱中，在上等館舍招待老者，飲宴數日。臨行時，又贈絹千匹。可見元載的威權之重。

就是這元載，見李泌如此被信用，十分嫉妒，與其同黨不斷攻擊李泌。在李泌重回朝中的第三年，江西觀察使魏少游到朝中尋求僚佑，代宗對李泌道：「元載不容卿，朕今匿卿於魏少游所，俟朕決意除載，當有信報卿，可束裝來。」於是，代宗任命李泌為江西觀察使的判官，這與李泌在朝中的地位可謂天上地下，太不相稱，但李泌還是愉快地遠赴江西。

客觀地說，元載是不容李泌的，但元載雖為權臣，畢竟只是文人宰相，未握兵權，代宗若要除他，易如反掌，但值得玩味的是，在元載與李泌的天平上，代宗明顯地偏向了前者，所以，要提出種種藉口與許諾。

李泌到江西後七年，代宗方罷元載相，以圖謀不軌誅元載及其全家。元載倚寵專權，下場可悲。

一年以後，大曆十三年年末，代宗方召李泌入朝。李泌到朝中後，君臣之間有一段很有意思的對話。代宗對李泌道：「與卿別八年，乃能誅此賊。賴太子發其陰謀，不然，幾不見卿。」對這一解釋，李泌似乎不能接受，他對答道：「臣昔日固嘗言之，陛下知群臣有不善，則去之。含容太過，故至於此。」對此，代宗只好解釋道：「事亦應十全，不可輕發。」

李泌到長安剛剛安頓下來，朝中新任宰相常袞即上言道：「陛下久欲用李泌，昔漢宣帝欲用人為公卿，必先試理人，請且以為刺史，使周知人間利病，俟報政而用之。」這一建議，可以說是十分荒唐。李泌自肅宗時即參與朝政機要，多次謝絕任相的旨意，而肅宗也實際上將他視為宰相。代宗即位，召其至朝中，也是要拜為宰相，但李泌又拒絕就任。如今常以代宗欲用李泌為由，要將他放為州刺史，應當是秉承了代宗的旨意。所以，第二年初，代宗便任命李泌為澧州刺史，澧州是偏遠州郡，對於這一明顯帶有貶謫含義的任命，李泌未發一言，還是再次離開長安，走馬上任。

之後，李泌又改任杭州刺史。就這樣，這位多次拒任宰相的政治家，在疏遠與排斥中，常年在外流連，遠離朝政。但李泌從未心灰意冷，無論是在江西，還是在澧州、杭州，他都勤於政務，皆有政績。

至德宗在奉天（今瀋陽）被圍，又將李泌召至，不久，任命宰相，但李泌還是平心待物，淡泊自然，真正體現了寵辱不驚的宰相氣度。

老子喻示

孔子一生熱愛學習，他常說：「我學無常師。」就是說他沒有固定的老師，誰有才能就向誰學習。又說：「三人行，必有我師焉。」這是說，幾個人在一起同走，其中肯定有比我強的人，我就要學他的長處。

老子是和孔子同時代的大學問家，他曾在周朝的國都洛陽管理圖書，不僅對周朝的軼事瞭如指掌，就是對周朝以前的事兒也知道很多。孔子久慕老子的大名，一天興致來了，就帶著顏回、子路和幾個得意的門徒，登上了西去洛陽的旅途。

幾天之後，他們來到洛陽，可是等到老子府上一問，才知老子出門了。所以孔子決定在洛陽住幾天，一來等老子回來，二來可以帶著弟子在洛陽觀光，領略一番周朝國都的遺風。

這天，他們來到太廟觀光，孔子對廟裡的陳設都看得非常仔細認真。子路性急，走馬觀花似的東院西房地來回竄。在正殿裡，有一尊金人塑像吸引了子路。子路不是愛那燦爛耀眼的金人，而是見金人的嘴巴用白絹做的封條封著，覺得奇怪。他想問問孔子，只見孔子正對著周公的畫像恭恭敬敬地行跪拜之禮。子路不敢造次，只好把顏回拉到一邊詢問。

顏回想了想說：「金人封口，這大概是告誡世人，萬禍皆從口中出，為人處世不能多言，言多必失；人生在世，不能多事，多事就要招惹是非。這是在規勸人們要慎言慎行吧！」

子路覺得有道理，十分服氣地朝顏回晃了晃大拇指。

第三天，孔子聽說老子回家了，急忙洗髮浴身，換上新衣，來到老子府第。

老子也久聞孔子大名，聽說孔子駕到，立即迎出大門，請進正室，以禮相待。坐定後，孔子恭敬問道：「我是從魯國特意趕來向您請教的，敢問先生的道，如今修行得怎樣了？」

老子一笑，張大嘴巴道：「你看看我這牙齒怎樣？」孔子看了看老子缺七少八所剩無幾的牙齒，搖了搖頭。老子又伸出舌頭再問：「你看看我這舌頭怎樣？」

孔子看了看道：「您那七零八落、所剩無幾的牙齒和您這舌頭相比，真是一派寶色呀！」接著起身道謝，告別了老子。

孔子帶著子路、顏回離開了洛陽，踏上了歸程。

一路上，孔子大步流星，春風滿面，與致勃勃。後面跟著的子路，一肚子不高興，半道上實在憋不住了，就問顏回：「師兄，你說咱大老遠地跑到洛陽，拜那老頭子為師，可他張張嘴巴伸伸舌頭，就把咱打發出來了，老師還樂得合不攏嘴，你說這是打的什麼啞謎呢？」

顏回沉思了一會兒，說：「老子用兩個簡單的動作，告訴了我們一個很深刻的道理。」

子路睜大眼睛，問：「什麼深刻的道理，我怎麼沒有聽見，也沒有看見？」

顏回說：「老子張開嘴，讓我們看他的牙齒，是說牙雖硬，但硬碰硬時間長了就所剩無幾了；他又伸出舌頭給咱看，是說他的舌頭很柔軟，以柔克硬，直到如今仍然完好無損。」顏回見子路似懂非懂的樣子，又說，「就拿水來說吧。水很柔軟，但它能穿山破石，氾濫成災，這就叫以柔克剛。」子路茅塞頓開，高興地連說：「我明白了，我明白了。」

感悟二十八

坦蕩為懷，寬廣人生

【原文】

子曰：「君子坦蕩蕩，小人長戚戚。」

【解析】

這句話的意思是說：「君子心地坦蕩寬廣，小人卻經常侷促憂愁。」

一個人若是內心十分充實，即在道德、人格、知識、趣味、情感等方面，比較完善，有一定品質，達到一定境界，有一個廣闊的胸襟，心裡容量大，就能有正確的自足感，能夠避免無節制地被外界事物刺激和騷擾，視名利、權勢、情欲為身外之物，不會過於計較。內心保持這樣的境界，無論得意的時候或是艱難困苦的時候，都會是很樂觀的。當然也不是盲目的樂觀，而是自然的胸襟開朗，對人也沒有仇怨。為人處世能養成這種「坦蕩蕩」的境界，具備這種豁達胸懷，才使修身養性具有基本的保證，修身正己就有了一種自覺性，會產生一種滿足感、愉悅感。俗話說，心底無私天地寬。

古今中外的所謂「君子」，之所以能夠品行正、修養好、境界高，原因即在於他們擁有一個坦蕩的胸懷，因此，也能擁有一個寬廣坦蕩的人生。

坦山是日本明治時代一位有道行的高僧。一天，天正下著雨，他和另一位和尚因事外出，途中見到一位漂亮的姑娘手足無措地站在一段泥濘的路前發呆，原來她因怕弄髒身穿的和服而無法跨過這段泥濘路。坦山見狀，徵得了她的同意，就將她抱過了那段泥濘路，然後繼續上路。路上，與坦山同行的和尚半天都不說話，臉上總掛著困惑不解的表情，到夜晚投宿時，他終於按捺不住地問坦山：「依照戒律，我們出家人不能近女色。否則，將會危及我們的修行，我不明白，你白天為什麼要那樣做？」

坦山答道：「哦，那個女子嗎？我早就把她放下了，你還抱著呢！」

坦山不因成文的戒律而對女子抱避嫌、敬而遠之的態度，事過境遷之後，他既沒有因自己的濟世助人而沾沾自喜，也沒有因想到什麼戒律而心顫心悸，他依然是一個沒有心理負擔、磊磊落落、自由自在的人，因為他具有一種「坦蕩蕩」的胸襟，所以能以行雲流水般的意念來持身涉世。

無獨有偶，早在中國春秋時代，就有一位「坐懷不亂」的君子柳下惠。

一天，有一名因趕路而找不到住宿地的女子，來到魯國柳下惠住處求宿。柳下惠收留了她。因怕晚上的寒風將她凍壞，柳下惠就解開外衣，讓她坐在自己的懷裡，並用外衣緊緊地裹著她，就這樣，兩人坐了一夜。由於柳下惠為人正派，沒有人懷疑他對這個女子有什麼非禮越軌的行為，後世人就依據此美談，用「坐懷不亂」來形容那些堅持道德的正人君子。

柳下惠與那位日本和尚，為什麼會有如此「坦蕩蕩」之胸懷？明末文人洪應明在他的《菜根譚》

中對這種持身處世行雲流水般的意念，有一些很貼切的形容：

風來疏竹，風過而竹不留聲；
雁渡寒潭，雁渡而潭不留影。
故君子事來而心始現，事去而心隨空。

翻譯成白話，這段話的意思是：

當輕風拂過竹林的時候，竹子會發出刷刷的聲響，但輕風過後竹林變得寂靜無聲；當鴻雁飛渡清寒潭面時潭水中會倒映出鴻雁的英姿，但鴻雁過後潭面上便不再有任何鴻雁的影子。所以修養高深的君子只有在事情到來的時候才顯露出他的本性，表白他的心跡，事情一過去，他的內心也就立即恢復了空靈平靜。

一個人達到了如此的境界，就會自得其樂，不會因得失榮辱而耿耿於懷。反之，就難以體驗到工作與人生的樂趣；更嚴重者，則會執著於貪念，使人生面臨重重危機。

感悟二十九

君子恥其言而過其行

【原文】

子曰：「君子恥其言而過其行。」

【解析】

孔子說：「君子認為說得多而做得少是可恥的。」

我們知道建樓房，必須要有個堅實而牢固的根基。基礎不牢，地動山搖，沒有一個好的根基，樓房是建不起來的，根基不扎實，樓房也不可能建高。但要想把樓房建起來，建好，光靠地面下的根基是不夠的，關鍵還要靠地面上的工作。這個地面上的工作，放在人的生存過程中，就是「做」，而且要能幹。

古時候，有個人很會貯藏柑橘，到了寒冬臘月，別人家的柑橘早都乾的乾，爛的爛，而他家的柑橘卻新鮮如初。這樣的柑橘拿到集市上，自然可以賣個不錯的價錢。這個人也因此而大賺了一筆。

可是買柑橘的人拿回去卻發現，這樣的柑橘只是外表好看，裡面卻都像破敗的棉絮，根本不能吃了。

人們把這種柑橘稱作「金玉其外，敗絮其中」。

人世間有這樣一個簡單的道理：一個柑橘即使內裡的果肉再好再甜，如果沒有相應的外表，絕對沒有人會看上一眼的；同樣，光有美麗的外表，卻沒有實實在在甘美的果肉，這樣的柑橘人們也不會要。賣這種柑橘的人只能騙幾個人，騙不了多數，這樣的柑橘也只能賣一次，第二次也絕對沒人買。

做人也是一樣，不管你肚子裡有多少才學，說不出來，不會有人注意。於是常常有人「懷才不遇」，也常有人感嘆「千里馬常有而伯樂不常有」。現代人重視情商（EQ）的培養，也說明了它的重要。但除了一張利嘴外，沒有什麼才幹的人，更不可能有什麼作為。

實際上，「說」和「做」的關係，就像是一棵大樹的枝葉和主幹，沒有枝葉，主幹難以成活；沒有了主幹，也就不存在枝葉。

一個人活著，僅僅會說，是遠遠不夠的。就像我國歷史上發生過的王衍清談誤國的故事就值得我們深刻地反省。晉惠帝時期，一些朝廷士族官員不務正事，經常三五成群聚集在一起胡亂吹牛，浮誇成風。他們談的話題多是不著邊際、荒誕無稽的事情。這種談話當時十分風行，人們稱它為「清談」。

王衍當時在朝中任尚書令，他經常與河南尹樂廣湊在一起清談。一時間他們在社會上的名聲很大，朝廷內外的人都爭相效仿他們。王衍與弟弟王澄，喜好品評人物，當時的人都以他們的評價作為標準。

王衍神態聰明，容貌秀美。他小時候，山濤見到他，讚嘆了很久，說：「什麼樣的婦人，竟然生下這樣好的孩子！但是危害天下百姓的，未必就不是這個人。」

王澄以及阮咸、阮咸的姪子阮修、泰山人胡毋輔之、陳國人謝鯤、新蔡人畢卓等人，都以任性放縱為通達，甚至他們喝醉了酒發狂裸體，也不覺得有什麼不對。

胡毋輔之有一次痛飲，他的兒子見到了，厲聲叫著他的字說：「彥國，你是上了年紀的人，不應該做這樣的事了！」胡毋輔之聽後放聲大笑，叫他進來一起喝酒。

畢卓曾經擔任吏部侍郎，有一次他的鄰居釀造的酒熟了，畢卓就藉著酒勁，趁夜跑到隔壁去偷酒喝，結果被看管的人捆綁起來。第二天早晨，鄰居才發現是吏部侍郎畢卓。

樂廣聽說此事後取笑他說：「名教之中自有歡樂之處，何必如此呢？」

當初何晏等人繼承老莊學說，提出了新的觀點。他們認為：「天地萬物，都以『無』作為根本。所謂『無』，就是滋生萬物，成就萬事，無論到哪兒都存在的東西。陰陽依賴它而變化相生，賢者，依賴它而成就德性。所以『無』所到之處，沒有爵位也照樣富貴。」對何晏的學說，王衍非常認同。朝廷中的士大夫知道後，就都把虛浮怪誕看作美好的行為，而荒廢了正業。

侍中裴頠認為崇尚虛無，有害無益，於是他就寫了一篇論文《崇有論》，來糾正虛無思想的誤導。然而當時那種崇尚虛無的風氣已經非常盛行了，裴頠的論文也就無法進行糾正了。

到了西元三一一年四月，東海王司馬越在項縣去世，太尉王衍等人一起扶奉司馬越的靈柩回東海郡安葬。途中，石勒率領輕裝騎兵追擊司馬越的靈車，在苦縣寧平城大敗晉軍，消滅了十幾萬護送的晉朝軍隊。

石勒擒獲太尉王衍等人後，讓他們坐在帳幕下，向他們詢問晉朝的事情。王衍詳細陳說了禍患衰敗的原因，聲稱計策不是自己制定的，並且說自己從小就沒有當官的欲望，不參與俗世的事務。又藉這個機會勸石勒稱帝，希望自己能因此得到赦免。

石勒聽完後冷笑著說：「你年輕力壯的時候就已在朝廷當官了，身居要位，名聲響徹海內，憑什麼說自己沒有當官的欲望呢？你把天下搞得一團糟，不是你又是誰呢？」說完，他命令部下將王衍架了出去。

石勒對部下孔萇說：「天下我去過的地方太多了，還不曾見過這種人，你看這種人應不應該留？」孔萇說：「他們都是晉朝的王公大臣，終究不會被我們所用。」言下之意很明顯。石勒說：「那就殺了他們。不過為了表示尊重，就不要讓他們死在刀刃之下了。」

於是當天晚上，石勒就派人推倒牆壁，將王衍等人壓死了。

因此，我們不僅僅要會說，還應當要做到言行一致。這就必須行動起來，敢於務實，切不可清談務虛。只清談務虛，容易使自己行為張揚，容易導致他人嫉恨，這樣禍害也就不遠了。更何況人要想生存，就注定了必須要以勞動為根本。多勞多得，少勞少得，不勞不得，不管是人還是動物，不做事，你便無法生活。

寒號鳥是以懶而出名的。在寒冷的天氣裡，牠躲在石頭縫裡「哆羅羅，哆羅羅」地叫，發誓一定要在第二天壘窩。但只要第二天的天氣稍稍變好一點，牠就會懶洋洋地蹲在一個背風的地方曬太陽，並不斷地給自己尋找各種不用壘窩的理由。最終的結果大家都知道，牠不得不吞下自己種下的苦果，接受凍死的命運。

人世間也是如此，勤勞的不一定能致富，但懶人絕大多數都是貧窮的。不做事，你不可能得到實實在在的東西，當一個人連最起碼的衣食住行都保障不了的時候，所謂的做人的尊嚴、地位就更加不必奢望了，在這種情況下，即使他仍舊能夠在這個世界上苟延殘喘，也不過是個行屍走肉，生和死對於他而言，已經沒有什麼太大的區別了。

「寒號鳥」的故事幾乎人人皆知，但並不是所有的人都能明白「做」的重要性。譬如說我們身邊那些已經有工作，卻整天不思進取、慵懶無比的人，他們之中有些人在渾渾噩噩中由天才變成了傻子，有些人不得不在「失業，擇業，再失業，再擇業」的循環中耗費人生，這樣的人永遠不可能成為競爭中的勝利者，也永遠得不到享受美好人生的權利和機會。

自然界的生存競爭，其意義是物種的進化。物競天擇，適者生存，不適者被淘汰。即使沒有人類的破壞，也同樣會有許多物種因為不能適應自然規律而自然消亡。人類社會也存在激烈的競爭，但這種競爭淘汰的不是人類或哪一個人，它淘汰的是不適應社會進步所需要的生存方式。如果一個人固守那種生活方式，始終不願意鬆手，他必將成為這種生活方式的陪葬品。不願意「做」的人，就時刻面臨著這樣的危險。

大多數的人都極其平凡，沒有殷實的家底，沒有強大的靠山，我們所有的東西都是透過努力而得到的。因而，我們生存的過程從本質上說，應該是個「打江山」而不是「坐江山」的過程。那麼，既然是在「打江山」，「做」就非常重要，就是根本。

顏回獨留

有一年，魯國發生內亂，孔子決定到齊國暫避一時，於是，帶著一班弟子出了魯國大門。

一路上，大家都沉默無語。孔子對趕車的人說：「請走慢些，請走慢些，讓我多看一眼我這祖國的大好山河！」

這天，他們來到泰山腳下的大汶河，孔子望著川流不息的河水，嘆了口氣，翻過泰山就是齊國的地界了。孔子和弟子們都心事重重地沿河而上，忽聽遠處傳來一陣哭聲，孔子嘆道：「國亂民遭殃，不知誰家的親人在這場內亂中送了命啊！」

一直沒有言語的顏回，突然說：「聽這哭聲雖帶悲哀，但不像喪者哀音。」哭聲愈來愈近，孔子看見一個衣冠不整的壯年漢子，站在山崖口，面對深谷的流水，痛哭流涕。

孔子急忙下車，關切地問道：「漢子，這裡不是喪葬之地，為何在此涕淚呢？」

漢子抹淚，說：「我後悔呀。」

孔子問：「你後悔什麼？」

漢子道：「我失掉了三件最寶貴的東西，虛度了半生方才覺悟，後悔不及啊！」

孔子又問：「你失掉了什麼？請說出來讓我們聽聽，也許我們能幫幫您！」

那漢子道：「我少年好學，遊歷四方，學成回家時，父母雙亡，我未能盡孝，這是一失；年長後我從政治國，君主驕奢失度，我沒能及時進諫，這是二失；我一貫厚待朋友，如今他們都同我斷絕了關係，這是三失。我欲孝，親不在；我欲諫，君不納；我欲交友，而情絕。你們看我活著還有什麼意思呢！」

孔子正想找幾句話寬慰寬慰他，不料，那漢子縱身跳下山崖，立即被急浪沖得無影無蹤。

孔子驚呆了。

顏回平靜地說：「看這漢子目光呆滯，神色恍惚，肯定是個瘋子。」

孔子道：「說他是個瘋子，但他剛才的一番話卻很有道理。如此看來，他這條命是因求學而被斷送的啦！」停了一會兒，孔子對身後的弟子們嘆道，「誰人不為人子，誰又沒有父母。希望你們不要為了跟我求學而不能盡孝養之道，將來也和這漢子一樣後悔莫及。你們願跟我遠行的就跟我遠行，不願跟我遠行的請趕快回家去吧。」

孔子登車繼續前行，隨行的弟子一路走一路回，等到達齊國都城臨淄時，隨從的弟子只剩下顏回了。

感悟三十

該智則智，當愚則愚

【原文】

子曰：「寧武子邦有道，則知；邦無道，則愚。其知可及也，其愚不可及也。」

【解析】

孔子說：「寧武子，當國家有道的時候，就顯示聰明；當國家無道的時候，他就裝傻。他的聰明，別人可以趕得上，他的裝傻，別人就做不到了。」

鄭板橋有句名言：「聰明難，糊塗更難；由聰明而轉入糊塗尤難。」這其中包含了對把握人生態度之難的感慨。其實，不管人自身的素質——諸如智商、情商等各種做人做事的本領如何，相對於強大的外在外境，都顯得比較弱小。尤其當局勢動盪變化，人成為其中一顆身不由己的小棋子，必須採取適當的態度和手段，該智則智，當愚則愚，這樣才能保住身家平安，才能圖謀機會以求發展。

世事詭譎，風雲變幻，非人力所能把握和控制；而幾乎所有的事物，都存在人所看不透徹、無法預料的一面。因此，只有讓自己心如明鏡，順應事物變化的規律，才能贏得主動，不被無常的大勢裹挾。

西元前五世紀，在今天的蘇杭一帶，有吳、越兩國。兩國雖然相鄰，但是為了爭奪霸業，互不相讓，相互對抗。後來，越王勾踐敗於吳王夫差之手，不得不逃亡會稽山，忍辱負重與吳國談和，在幾經交涉後，吳國才答應勾踐回國。勾踐回國後一直記著所受的恥辱，臥薪嘗膽，立誓雪恥。二十年後，越王終於滅掉吳國。而幫助越王成功的就是范蠡。范蠡不但是一位忠心耿耿的臣子，而且是一位理智的智者。

范蠡被任命為大將軍後，自忖長久在得意之至的君主手下工作是危機的根源。

勾踐這個人臣下雖然可以與他分擔勞苦，但是不能與他共享成果。於是他便向勾踐表明自己的辭意。勾踐並不知道范蠡的真實意圖，極力挽留他。但范蠡去意已定，搬到齊國居住，自此與勾踐一刀兩斷，不再往來。

移居齊國後，范蠡不問政事，與兒子共同經商，很快成為富甲一方的大富翁。齊王也看中他的能力，想請他當宰相。但他婉言謝絕。

他深知「在野而擁有千萬財富，在朝而榮任一國宰相，這確實是莫大的榮耀。可是，榮耀太長久了反而會成為禍害的根源」。於是，他將財產分給眾人，又悄悄離開了齊國到了陶地。不久後他又在陶地經營商業成功，積存了百萬財富。

范蠡才智過人，並具有過人的洞察力。他之所以離開越國，拒絕齊王的招聘，以及成功地經營事業，這些都在於他深刻敏銳的洞察力所致。有一句成語叫「明哲保身」，明哲就是指深刻的洞察力，即發揮深刻的洞察力來保全自己。范蠡正是這種能夠明哲保身的人。

唐朝郭子儀平定安史之亂的事蹟已為人所熟知，但很少人知道，這位紅極一時的大將為人處世卻極為小心謹慎，與他在千軍萬馬中叱吒風雲、指揮若定的風格全然不同。

唐肅宗上元二年（西元七六一年），郭子儀晉封汾陽郡王，住進了位於長安親仁里金碧輝煌的王府。令人不解的是，堂堂汾陽王府每天總是門戶大開，任人出入，不聞不問，與別處官宅門禁森嚴的情況判然有別。客人來訪，郭子儀無所忌諱地請他們進入內室，並且命姬妾在一旁侍候。

有一次，某將軍離京赴職，前來王府辭行，看見他的夫人和愛女正在梳妝，差使郭子儀遞這拿那，竟和使喚僕人沒有兩樣。兒子們覺得他身為王爺，這樣總是不太好，一齊來勸諫父親以後分個內外，以免讓人恥笑。

郭子儀笑著說：「你們根本不知道我的用意，我們家的馬吃公家草料的有五百匹，我的部屬、僕人吃公家糧食的有一千人。現在我可以說是位極人臣，受盡恩寵了。但是，誰能保證沒人正在暗中算計我們呢？如果我一向修築高牆，關閉門戶，和朝廷內外不相往來，假如有人與我結下怨仇，誣陷我懷有二心，麻煩就大了。因此，無所隱私，不使流言蜚語有滋生的餘地，就算有人想用讒言詆毀我，也找不到什麼藉口了。」

幾個兒子聽了這一席話，都拜倒在地，對父親的深謀遠慮深感佩服。

中國歷史上多的是有大功於朝廷的文臣武將，但大多數的下場都不好。郭子儀歷經玄宗、肅宗、代宗、德宗數朝，身居要職六十年，雖然在宦海也幾經沉浮，但總算保全了自己和子孫，以八十多歲的高齡壽終正寢，給幾十年戎馬生涯劃上了一個完美句號。這不能不歸之於他的這份謹慎。

范蠡和郭子儀顯然都是才智超群的人。但若依某種世俗的眼光看，他們的某些行為又「蠢」得不可理解。其實，這才是真正的「大智若愚」，他們超出常人的聰明之處，也正在於此。

感悟三十一

建功隱退，看準時機

【原文】

子謂南容：「邦有道不廢；邦無道免於刑戮。」以其兄之子妻之。

【解析】

孔子談論南容：「在國家政治清明的時候，他總有官做，不被免職；在國家政治黑暗的時候，他也沒有遭受刑罰。」於是把自己哥哥的女兒嫁給他。

人的一生，都有水漲船高和水落船泊的時候，這不僅跟人自身有關，更是由各種外在因素決定的。因此，是否能夠準確把握時機和形勢，做出正確判斷和決策，對於人的生活、事業，乃至一生的命運，都有至關重要的影響。真正的聰明人總是會讓自己去適應這個世界，結果一生順風順水。

如孔子所說，「有道」或「無道」，都是一種世道，同時也是人所處的大環境，對於一般人，外界的大動盪往往會對他造成傷害，但倘若能認清局勢變化加以利用，就能夠像玩衝浪的人那樣，隨波起伏而不傷毫髮，並且「盡興」地大獲其利。由隋入唐的裴矩，就是這樣一個「代代紅」的人物。

裴矩一生侍奉過北齊、隋文帝、隋煬帝、宇文化及竇建德、唐高祖、唐太宗，共三個王朝，七位主子，他在每一個主子手下都很得意。

他看出隋煬帝是一個好大喜功之人，便想方設法挑動他拓邊擴土的野心。他不辭勞苦，親自深入西域各國，探訪各國的風俗習慣、山川狀況、民族分佈、物產等情況，撰寫了一本《西域圖記》，果然大得煬帝的歡心。一次便賞賜他五百匹綢緞，每天將他召到御座之旁，詳細詢問西域狀況，並將他升為黃門侍郎，讓他到西北地方處理與西域各國的事務。他倒不負所望，說服了十幾個小國歸順了隋朝。

有一年，隋煬帝要到西北邊地巡視，裴矩不惜花費重金，說服西域二十七個國家的酋長，佩珠戴玉，焚香奏樂，載歌載舞，拜謁於道旁；又命令當地男女百姓濃裝豔抹，縱情圍觀，隊伍綿延數十里，可謂盛況空前。隋煬帝大為高興，又將他升為銀青光祿大夫。

裴矩一看他這一手屢屢奏效，便越發別出心裁，勸請隋煬帝將天下四方各種奇技，諸如爬高竿、走鋼索、相撲、摔角以及鬥雞等各種雜技玩耍，全都集中到東都洛陽，令西域各國酋長使節縱情觀看，以誇示國威，前後歷時一月之久。

在這期間，又在洛陽街頭設篷帳，盛陳酒食，讓外國人隨意吃喝，醉飽而散，分文不取。當時外國人中的一些有識之士也看出這是浮誇，是打腫臉充胖子，隋煬帝卻十分滿意，對裴矩更是誇獎備至，說道：「裴矩真是太瞭解我了，凡是他所奏請的，都是我早已想到的，但還沒等我說出來，他就先提出來了。如果不是對國家的事處處留心，怎麼能做到這一點呢！」於是又賜錢四十萬，還有各種珍貴的毛皮及西域的寶物。

裴矩個人是既富又貴了，卻給國家和人民帶來了巨大的災難。那場討伐遼東的戰爭便是在裴矩的唆使之下而發動的，戰爭曠日持久，屢打屢敗，耗盡了隋朝的人力、物力、財力，以致鬧得國敝民窮，怨聲四起，導致了隋朝的滅亡。

而當義兵滿佈、怒火四起，隋煬帝困守揚州、一籌莫展之時，裴矩看出來，這個皇帝已是日暮途窮了，再一味地巴結他，對自己會有百害而無一利，他要轉舵了，將目標轉向那些躁動不安的軍官士卒了。哪怕是地位再低的官吏，他也總是笑臉相迎。

他向隋煬帝建議：「陛下來揚州已經兩年了，士兵們在這裡形單影隻，也沒個貼心人，這不是長久之計，請陛下允許士兵在這裡娶妻成家，將揚州內外的孤女寡婦、女尼道姑分配給士兵，原來有私情來往的，一律予以承認。」

隋煬帝對這一建議十分讚賞，立即批准執行，士兵們更是皆大歡喜，對裴矩讚不絕口。紛紛說：「這是裴大人的恩惠！」到將士們發動政變，絞殺隋煬帝時，原來的一些寵臣都被亂兵殺死，唯獨裴矩，士兵們異口同聲說他是好人，得以倖免於難。

後來他幾經輾轉，投降了唐朝，在唐太宗時擔任吏部尚書。他也看到唐太宗喜歡諫臣，於是搖身一變，也成了仗義執言、直言敢諫的忠臣了。

唐太宗對官吏貪贓受賄之事十分擔憂，決心加以禁絕，但又苦於抓不到證據。有一次他故意派人給人送禮行賄，有一名掌管門禁的小官接受了一匹絹，太宗大怒，要將這名小官殺掉。裴矩勸阻道：「此人受賄，應當嚴懲。可是，陛下先以財物引誘，因此而處極刑，這叫作人以罪，恐怕不符合以禮義道德教導人的原則。」

唐太宗接受了他的意見，並召集臣僚說道：「裴矩能夠當眾表示不同的意見，而不是表面上順從而心存不滿。如果在每一件事情上都能這樣，還用擔心天下不會大治嗎？」

裴矩的聰明之處在於善於「見風使舵」，但他這種轉變是高智商、高水準的，是以準確把握人心趨勢，細心揣測上司心理為基礎的。當然，我們可以學他那種「邦有道，不廢；邦無道，免戮」的手段，做一個世俗的聰明人；但對於他助隋煬帝為虐的做法，則應加以擯棄。

感悟三十二

敬其事而後其食

【原文】

憲問恥。子曰：「邦有道，穀；邦無道，穀，恥也。」

【解析】

這裡講的「穀」，是代表當時的俸祿。這段話的意思是說，學生原憲問什麼是可恥的事情。孔子說：「國家上了軌道，像我們這一類的人，就用不著了，我們不必去佔那個職位，可以讓別人去做了。如果仍舊佔住那個位置，拿俸祿，無所建樹，就是可恥的。其次，國家沒有上軌道，而你佔在位置上，又沒有貢獻，也是可恥的。」也就是說，一個知識份子，為什麼讀書？為什麼從政？不是為了自己吃飯，是為了對社會對國家有所貢獻，假如沒有貢獻，無論在安定的社會或動亂的社會都是可恥的。

孔子「敬其事而後其食」的觀點，不僅表現了他嚴格要求自己，始終把社會責任放在首位的高境界，同時對於世人也是有益的勸誡。它是人類維持社會正常秩序、人生實現其社會價值的重要策略。因為人與社會之間，是相互依存的關係，在人與社會這種相互依存的關係中，每個人首先應該想到為社會先做貢獻，多做貢獻，促使社會財富迅速增加，逐漸發達，然後才能談得上取之於社會。對從政者而言，嚴格意義上講他從政本身就應該是效力社會，而不應先考慮為個人撈好處。所以從政者首先必須考慮如何為國家出力。歷史上輔政者、從政者多得無法統計，但能流芳後世的哪一個不是「敬其事而後其食」的能人、賢者呢！

唐朝貞觀年間的宰相房玄齡可算是一位「敬其事而後其食」的賢臣。

房玄齡是齊州臨淄縣人，開始在隋朝任官，任隰城縣尉，後來因事獲罪被革官，遷居上郡。李世民率軍巡行渭北，房玄齡拄著拐杖到軍門拜見。李世民一見房玄齡就像看到久別的故人，於是暫任他為渭北道行軍記室參軍。房玄齡既然喜遇知己，就竭盡心力效勞。當時，每平定一個地方，別人都爭相搜珍寶，唯獨玄齡先收羅人才，送他們到幕府。如有善於謀劃的文臣和武藝高強的猛將，就暗中向他們再三致意，互相結約，各盡死力報效國家。後來房玄齡得到多次提升，官做到秦王府記室兼陝東大行台考功郎中。

房玄齡在秦王府中供職十多年，長期主管記室，很得秦王李世民的信任。李世民的勢力受到身為太子的李建成的嫉妒，太子更嫉恨李世民的得力助手房玄齡，就在高祖李淵面前說他的壞話。由此，房玄齡與杜如晦一起受到高祖的驅逐斥退。到太子將要作亂的時候，秦王就召見房玄齡與杜如晦，令他二人穿上道家服裝，暗中進入秦王府商議。玄武門之變平息後，李世民當上皇帝，房玄齡被任命為尚書省尉，監管修撰國史，又被封邢國公，任宰相，總管百官。他更是從早到晚地虔誠奉職，盡心盡力，不願讓一人一事處理失當。聽到別人有優點，就如自己有一樣。他用人不求全責備，也不用自己的長處去衡量別人，總是按照才能的高低或成績的大小來錄用或獎勵，不嫌棄出身低微的人。

貞觀十三年，他又被加封為太子少師。玄齡獨任宰相職務十五年，多次向唐太宗李世民呈遞奏章，要求辭去宰相職務，太宗下詔不同意。貞觀十六年，玄齡又晉官為司空，仍然總理朝政，依舊監管修撰國史。玄齡又以年紀老邁，請求辭官。太宗派使者對玄齡說：「國家長期任用，一旦突然沒有賢良的宰相，就像一個人失去了兩手。你如果精力不衰，就不要辭讓此職，如果自己感覺精力衰弱，再另奏明。」房玄齡這才停止自己的請求。

李世民又經常想到開創帝業的艱難和房玄齡輔佐自己創業的功勞，就寫了一篇《威風賦》來比喻自己，將它賜給了房玄齡，由此可看出太宗對玄齡的稱讚與信賴到何等程度。

蘇軾曾把西湖讚美為「淡妝濃抹總相宜」的美女。在這儀態萬方的「美女」身旁卻葬著兩位錚錚鐵骨、氣壯山河的漢子。後人有「賴有岳於雙少保，人間始覺重西湖」的詩句。「岳於雙少保」，一個是指南宋民族英雄岳飛岳少保，另一個少保則是明代名臣于謙。這位于謙于少保便是一位「敬其事而後其食」的典範。

明洪武三十一年（西元一三九八年），于謙出生於浙江錢塘縣（今杭州）一個官宦詩書的家庭，從小就在祖父的督教下刻苦學習。他特別愛聽歷代先賢殉國忘身、捨生取義的故事，十分珍愛祖父的一幅文天祥的畫像，在幾十年的為官生涯中一直帶在身邊。于謙立志以身報國，常嘆曰：「此一腔熱血，竟灑何地！」他寫下了著名的《石灰吟》一詩：

千錘萬鑿出深山，烈火焚燒若等閒。
粉身碎骨渾不怕，要留清白在人間。

于謙一生的事蹟與岳飛有相似之處，岳飛提出的「文官不愛錢，武將不惜死」，于謙都做到了。他不僅是一位軍事家、民族英雄，更主要的是作為一位政治家，一生勤政愛民、剛直不阿、憂國忘家，在為政治國方面頗有建樹。

于謙聰明好學，少有神童美譽，十五歲中秀才，二十三歲中舉人，二十四歲中進士。次年，于謙被選授山西道御史，從此步入仕途。任御史期間，他直言敢諫，首先彈劾了西南地區某些將吏妄殺百姓、冒充軍功的罪行，接著又彈劾了陝西將吏擾掠民眾、為害地方的劣跡，引起朝廷重視，很快下令嚴辦。宣德初，明宣宗接見御史，見于謙相貌堂堂，奏對自如，頗為注目。當時顧佐任都御史，對御史要求嚴格，唯獨十分推重于謙。不久，于謙出任江西巡按，在任期間他不畏權貴，平反冤獄，打擊豪強，官場震動，于謙名聲大振。宣德五年，河南、山西災荒嚴重，朝廷擬派大員前往治災，明宣宗親筆書寫了于謙的名字，授給吏部，破格提拔于謙為兵部右侍郎，巡撫河南、山西。

于謙肩負重任，匆匆上路赴任了。為了瞭解情況，他「朝在太行南，暮在太行北」。大災之後的慘景深深地震撼著他的心。他以詩歌的形式記載了民生的艱辛：

「村落甚荒涼，年年苦旱蝗。

老翁傭納債，稚子賣輸糧。」

「倚門皓首老耕夫，辛苦年年嘆未蘇，
椿木運來桑柘盡，民丁抽後子孫無。
典余田宅因供役，買絕雞豚為了逋。」

歷任地方官不謀民生，只知搜刮民脂民膏，辛苦終年的農夫到頭只有用粥菜充飢。一遇災荒歉收，面臨的就是絕境。於是于謙上書請求朝廷撥款三十萬兩，開倉放糧，賑濟飢民，並嚴令地方官秉公辦事，違者嚴懲。這一舉動，把幾十萬災民從死亡線上解救下來。為了使人民度過荒年，于謙還下令將一些地方倉庫的存糧減價賣給農民，還免去了一些地方百姓的田租勞役。為了制止災後疫病的流行，他還設立了惠民藥局，免費為百姓治病。

于謙在河南、山西任地方長官達十九年之久。這一地區歷來多災，尤以河南為甚。為給人民籌長遠之利，他設了一項規定：每年三月青黃不接之時，官府借糧給貧苦的百姓，待秋後歸還；對實在無力償還者可酌情免除他們的借糧；州縣官每年必須備足糧食，否則，任滿當遷者不許離任。河南黃河多水患，于謙發動百姓修築大堤，並在堤上植樹固基；設置亭長，專職督率修堤，一有缺損，隨時修補。他還令地方種樹鑿井，為商旅提供歇息之處。于謙巡撫山西、河南期間，深受人民愛戴，人民親切地稱他為「于青天」。

從三十三歲起任兵部右侍郎巡撫河南、山西時起，于謙歷任高級官職，但他一生清廉自守，把名節看得很重。他認為金錢會損害名節，聚斂金錢的人即使逃過了國法，也逃不過公議。他為官從不搞排場，都是輕車簡從，也從不請客送禮。當時地方官進京辦事，按例要帶很多錢物，以疏通關係，而于謙每次空手入京。有人勸他說：你不帶金銀，也應帶點手帕、蘑菇、線香之類的土產。於是，于謙作詩一首以明志：

手帕蘑菇與線香，本資民用反為殃。
兩袖清風朝天去，免得閭閻話短長。

于謙後來任兵部尚書時，日夜籌畫軍國大計，索性就住在官署，不回家了。他平生不置產業，所住的房子僅能蔽風雨，皇帝在西直門賜給他一所宅院，他推辭說：「國家多難，臣子何敢自安。」皇帝不允，于謙不得已接受了，但始終沒有住進正房，只住在偏房中。

天順元年（西元一四五七年）爆發了「奪門之變」，以石亨、徐有貞為首的軍人、政客和宦官曹吉祥等利用景帝病重之機，帶兵闖入皇宮，撞門毀牆，接出英宗，擁至奉天殿。當時文武百官正待景帝臨朝，徐有貞大呼：「上皇復辟了！」事起倉促，百官惶恐，只得分班朝賀。一場宮廷政變就這樣成功了，景帝被廢掉，幾天後就不明不白地死去了。

政變的發動者們把打擊矛頭指向于謙。石亨因保舉于謙的兒子為官受到于謙的痛斥，一直心存怨恨，加之于謙平日對他約束甚嚴，他的姪子石彪貪贓枉法受過于謙的彈劾，因此，把于謙視為眼中釘。徐有貞本名徐呈，因倡言遷都遭于謙痛斥，臭名昭著，不得不改名有貞，更是恨于謙入骨。

一些太監因于謙約束甚嚴，不得擅權，也恨于謙，於是他們群起攻之，定于謙謀逆罪。英宗因于謙當年擁立景帝，自然是心存私憾，但不忍殺之，說：「于謙實在是有功。」但在徐有貞的極力慫恿下，英宗下了決心。

于謙被捕後，徐有貞下令嚴刑拷打，一同被捕的王文抗辯不已，于謙從容勸道：「這是石亨的意思，辯也沒用。」當年，于謙在北京慘遭殺害。當時，路人嗟悼，天下冤之，京郊婦孺無不灑淚。抄家時「無餘資，蕭然僅書籍耳。」抄家者見正房緊鎖，破門一看，原來裡面放著景帝賞賜的璽書、劍器、蟒衣等。當時有個叫陳逵的官員感念于謙的忠義，收殮了他的遺骸，于謙的女婿朱驥將靈柩運回故鄉，葬於西湖三台山麓。憲宗成化初年，明政府為于謙平反昭雪，他在北京的故宅改為「忠節祠」，祠內懸有後人題寫的匾額——「熱血千秋」。

數百年來，于謙一直受到後人的景仰，激勵著後代仁人志士捨生取義。這與他畢生恪守「敬其事而後其食」的信條，清廉剛直、愛國愛民是密不可分。

一個人首先要「敬其事」，就是現在講的「負責任」、「敬業」，先真正能負了責任，然後再考慮待遇、生活的問題。假使說為了待遇、生活而擔任這個職務，那將為人們所不齒，不是一個君子應該做的。孔子身體力行地體現了做人處世的責任感、事業心。

感悟三十三

群策群力才能有力量

【原文】

子曰：「君子周而不比，小人比而不周。」

【解析】

孔子說：「君子團結而不相互勾結，小人相互勾結而不講團結。」

「團結就是力量」，這是至理名言。同事之間只有彼此配合與團結才能把工作做好，如果鬧意見鬧分裂，不僅有如南轅北轍前進不了，甚至倒退，把事情弄糟。能從大局出發的人，為了互相團結，在一些非原則問題上遷就對方；即使是一些原則問題，不影響大局的話，也不計較。東晉王導就是這樣，晉元帝能在南方站穩腳跟，與王導能團結眾人大有關係。而唐時房玄齡與杜如晦二人默契很好，史稱「房謀杜斷」，對輔佐唐太宗創業發揮了關鍵性的作用。

西晉自從白癡惠帝繼位，任其后賈南風胡作非為，引起八王之亂，互相殘殺，國勢日衰，至湣帝，被匈奴族、北漢王劉聰所滅，西晉亡，司馬懿曾孫司馬睿創建東晉。東晉的創建與王導的輔佐及其團結北、南士族是密不可分。

《晉書‧王導傳》記載：司馬睿被封為琅琊王時，適逢八王之亂，他恭儉退讓，得免於禍。王導素與琅琊王親善，二人傾心相交，雅相器重，契同友執。王導見王室內訌，天下大亂，勸琅琊王到封國。王導幫助他依靠避亂南遷的北方大族，團結江南大族顧榮、紀瞻等，在長江中下游和珠江流域發展勢力。湣帝被俘，琅琊王於建康稱晉王，建立政權，史稱東晉。湣帝被害，晉王稱帝，即晉元帝。王導在輔佐元帝期間，一直堅持團結，反對分裂。

司馬睿即位後，以王導為開府儀同三司，王導堂兄王敦為大將軍。故當時有「王與馬共天下」之說。實際上東晉權力掌握在王氏手裡，故元帝稱帝時，一再令王導到御床共坐，以受百官朝賀，王導推辭說：「若太陽下同萬物，蒼生何由仰照。」元帝乃止。

元帝表面尊重王導，暗地裡卻想削弱王氏勢力，他任戴淵為征西將軍、劉隗為征北將軍，名義是北伐石勒，實是對付王敦。起初王敦恐元帝年長難制，想另議所立以專國政，王導固爭乃罷。及劉隗受元帝寵信，王導漸被疏遠，他「澹如也」，不與計較。王敦以「清君側」為藉口，從武昌舉兵攻入建康，殺戴淵等，劉隗逃奔石勒。攻陷建康後，王敦對王導說：「不從吾言，幾致族滅。」想篡奪政權，王導堅決反對，王敦陰謀沒有得逞。及元帝死，明帝即位，王敦以為有機可乘，因病由其兄王含舉兵內向，王導部署兵迎擊，王含大敗。王敦不久病死，其分裂勢力終被鎮壓。

明帝死，王導與庾亮等同受遺詔，共輔幼主，是為成帝。庾亮出鎮於外，有人向王導進讒說庾亮可能舉兵內向，勸導密為之防，導說：「我與庾亮休戚與共，他若來了，我就回家去，有什麼可怕！」其不計較個人進退如此！

王導輔東晉王朝三代，協調王氏勢力與司馬氏勢力的衝突，聯合一切可以聯合的南北方士族，團結一切可以團結的人，打擊分裂勢力，以鞏固東晉在南方的統治。在南方，司馬氏勢力是很單薄的。西晉滅吳國後，排斥南方望族，故他們對司馬氏很不滿。這些望族如周氏、顧氏等是擁有部曲（又稱客，在魏晉南北朝時部曲主要指家兵、私兵）的大地主，如遭其反對，將會引起動亂。同時，「中原冠帶，隨晉渡江者百家」，他們都擁有部曲、佃客。周氏也與南方望族發生摩擦。所以，如何爭取南方士族的支持，調和南北士族的衝突，是東晉王朝的要務。

王導採取的措施是：一是安置好渡江的北方士族，使他們居住於南方望族勢力較弱地區，使彼此少接觸，以免引起摩擦；二是任用南方士族的首領如顧榮、賀循等，透過他們團結南方士族，並對南方武力強宗採取忍讓的態度。

如周勰父親周玘已因受北士輕侮而氣死，死時囑周勰為他報仇。周勰擬起兵叛亂，因其叔父從事中郎周劄反對，周勰不敢發兵，但其族兄周續聚眾回應。如果由朝廷發兵征討，將擴大與周氏的衝突，王導乃派周勰族弟周莚帶兵去鎮壓，周莚用計殺了周續。對於周勰，則不窮追，撫之如昔，把周氏族眾爭取過來。

人至察則不明，能糊塗則安靜。至察的人，能見秋毫之末，而往往忽略事物的整體。對事物的看法就可能做出錯誤的結論，故說人至察則不明。但是在特殊的情況下，明智的人為避免引起麻煩，便裝作糊塗以求得一時安靜，而明智的人假裝糊塗是不容易的。故說難得糊塗。當時東晉的基礎很不牢固，那幫渡江來的北方士族只想偏安江左，南方士族則不盡支持司馬氏，而東晉王朝必須依靠北方士族，團結南方士族，得罪哪一方都會激化衝突，可能引起動亂，所以王導只能採取「舉賢不出士族，用法不及權貴」的方針。而不管是北方士族或南方士族，為了本家族的利益，百般掠奪百姓，大多違法亂紀，且這些士族都擁有部曲，如果違法者都繩之以法，非朝廷力量所能及。何況北方統治者無時不在虎視眈眈，大敵當前，內部團結是最要緊的。因此，只要不危及東晉的統治，王導總是睜一眼閉一眼，裝作看不清或看不見，置之不理，使大事化小事，小事化無事，以求得暫時安靜。

王導任揚州刺史時，派屬官顧榮到本州各郡去考察政治得失，回來後他稟報時卻默不作聲，王導問他看到些什麼？顧榮說：「你是國家首輔，應該讓吞舟的大魚也能漏出網去，何必計較地方官的好壞。」王導連聲稱讚他見解高明。王導晚年常說：「人家說我糊塗，將來會有人想念我這糊塗。」糊塗便是王導能團結南北士族，也是他使東晉求得暫時安靜的秘訣之一。

唐太宗能圖天下，固然因他手中有許多猛將，如尉遲敬德、程知節等。更重要的是他有傑出謀臣房玄齡、杜如晦的輔佐，為他「運籌於帷幄之中，決勝於千里之外」。可貴的是，他倆配合得很有默契，房知杜善於決斷，杜知房善於出謀，便各發揮其所長，遇事互相商量，然後做出決定，經過房謀杜斷，於是正確的策略也就形成了。這使唐太宗在圖天下時，由於有正確的策略指導，戰無不勝；世民即皇帝位後，他倆也團結無間，共同為唐太宗制定治國方略，對貞觀之治做出了貢獻。

據《舊唐書》的《房玄齡傳》和《杜如晦傳》記載：玄齡「幼聰敏，博覽經史，工草隸，善屬文」，如晦也「少聰悟，好談文史」。在他倆還默默無聞時，善於知人的吏部侍郎高孝基就對他倆深為器重，他對房玄齡的評價是：「僕閱人多矣，未見如此郎者，將來必成偉器。」對杜如晦的評價是：如晦「有應變之才，當為棟樑之用」。

在隋末尚安定時，他倆都預知天下將大亂，房玄齡曾對其父溼陽令彥謙說：「廢嫡立庶，傾奪嗣位；貴族又競相淫侈，隋終將內相誅夷，不足保全家國。今雖清平，其亡可翹足而待。」李淵父子揭起義旗入關，李世民攻取渭北，時任隋隰城尉的房玄齡立即前往投到其麾下；世民一見便如舊識，任為渭北道行軍記室參軍。杜如晦曾任滏陽尉，知天下將亂，早就棄官歸去。及世民平京城，被引為秦王府兵曹參軍，從此，房、杜二人得遇知己，便竭力獻智，知無不為。

房玄齡能寬容人，善於團結同僚，他知人善任，幫助李世民選拔賢才。玄齡隨李世民出征，每次戰勝，眾將競求珍玩，他「獨先收人物，致於幕府。及有謀臣猛將，皆與之潛相申結，各盡其死力。」時秦王府中多英俊，被外調的日多，房玄齡聽知杜如晦將要外調，當即去對李世民說：「府僚去者雖多，都不足惜。杜如晦聰明識達，是王佐之才，如果大王只當秦王，不用他也行；必欲圖天下，非此人莫可。」李世民大驚說：「你不說，幾失此人」，便奏請為府屬。由於秦王李世民戰功最大，軍力最強，威望最隆。太子李建成深忌之，便與其三弟李元吉相互勾結，想中傷世民並陷害之。建成對元吉說：「秦王府中可怕的，只有杜如晦與房玄齡。」因向高祖李淵進讒言，於是，杜、房兩人同時被斥逐。

李氏兄弟衝突愈來愈深，以太子建成和三弟元吉為一方，世民為一方，保嗣位和奪嗣位的爭鬥在發展，各方都使計設謀以消滅對方。已到了弓在弦上不得不發的地步。房玄齡早預料到這種形勢的出現，他對李世民的妻兄長孫無忌說：「今彼此嫌隙已成，危機將發，大亂必興，不僅禍及秦府，且危及唐朝的統治。不如效法周公除掉管、蔡那樣，消滅建成、元吉勢力，內安李氏，孝敬高祖。古人說：『為國者不顧小節』，不然，國家將淪亡，我們也身敗名裂。」無忌說：「我也久懷此謀，不敢說出，公今所說，正好我心。」無忌便將此意告訴世民。世民召見房玄齡，跟他商議施行措施，玄齡便與杜如晦秘密策劃，同心戮力為世民效命。及建成、元吉將有變時，世民令無忌密召已被驅逐在外的房玄齡、杜如晦，他倆穿著道士服，潛入秦王府計事。於是發生「玄武門之變」，除掉建成、元吉，世民繼為太子，高祖退位由世民為皇帝。論功行賞，以房玄齡、長孫無忌、杜如晦、尉遲敬德、侯君集五人為最。後杜如晦與房玄齡共掌朝政，他倆同心協力，為唐太宗治國安邦。談唐初良相，後代史學家都推崇房、杜。

要成就一項事業，沒有眾人的群策群力是不可能的，君子深深明白這個道理，因此總是在關鍵時候重視團結與協調。

感悟三十四

忘記舊仇，不惹新怨

【原文】

子曰：「伯夷、叔齊，不念舊惡，怨是用希。」

【解析】

孔子說：「伯夷、叔齊這兩兄弟不記過去的仇恨，別人對他們的怨恨也就很少。」

我們大概都對一句話耳熟能詳：「冤冤相報何時了。」這句話不僅適用於「江湖」，更適用於我們的日常生活。現實中有一些人，總是計較這樣的事：誰曾在過去招惹過我，誰又曾在某時讓我下不了台，將來找機會一定要好好整他一頓，出口惡氣。其實，這種「惡氣」並不來源於別人，正是自己催生的。可以想像，他倘若在某個時候得到機會去整別人，勢必會引起新的怨隙，這於人於己，都是有害無益的事。

中國歷史上，李世民在一定意義上也是依靠「不念人舊惡」，才得到眾臣的鼎力相助，從而開創了唐代盛世的。如李靖曾在隋朝隋煬帝時代任郡丞。而且他最早發現李淵即李世民的父親有圖謀天下之意，並親自向隋煬帝檢舉揭發。李淵滅隋後，欲殺李靖，李世民卻極力反對，再三懇求父親說，目前正是用人之際，不可念舊惡而濫殺將才；只要李靖甘心歸順，可免除一死。李靖的性命終於保住了。李靖有感於李世民的厚德，竭盡全力，為唐朝的安邦定國馳騁疆場，立下了赫赫戰功。

在唐朝王室爭權中，魏徵原來是輔佐李淵的長子太子李建成的。魏徵早就察覺到李世民不是等閒之輩，不會甘心屈居秦王之爵，為鞏固太子的地位，以便日後順利繼位，他曾鼓動太子建成殺掉李世民。這件事李世民耳聞已久，但玄武門政變奪取帝位後，他不計舊惡，重用魏徵，使魏徵覺得「喜逢知己為主，竭其力用」，為唐朝盛世的開創立下了豐功偉績。

李世民對很多與他有過衝突的人不計舊怨，一概量才錄用，而成為深受臣民擁護的君主。

明末文人洪應明在其所著《菜根譚》中說：「邀千百人之歡，不如釋一人之怨。」這是說，釋怨的工作比施恩的工作更重要。事實確實如此，一人之怨不及時化解，會影響許多人，甚至會壞了大事。

春秋時，宋、鄭兩國交戰。宋軍主帥華元宰羊犒賞三軍，在分羊肉時忘了為華元駕駛戰車的羊斟，羊斟因此怨恨華元，華元沒有覺察，更談不上及時做釋怨的工作。作戰時，羊斟便把華元的戰車駕到鄭軍陣地裡，使華元成了俘虜。華元本來想犒賞三軍以提高士氣，但處事不細反而結怨於羊斟，而羊斟氣量又小，導致兵敗被俘的後果。

「君子報仇，十年不晚。」這種偏激狹隘的話，不僅能誤導人的精神和言行，而且會改變一個人的一生。倘若付諸行動，則有可能產生毀己害人的惡果。聰明善良的人，無論從哪種角度出發，都不會採取這種不明智的做法。

感悟三十五

欲速則不達，小利敗大事

【原文】

子曰：「無欲速，無見小利。欲速則不達，見小利則大事不成。」

【解析】

孔子說：「不要求速成，不要圖小利。想求速成，反而達不到目的；貪圖小利，就辦不成大事。」

人在世上要做點事業，常常面臨許多不無遺憾的選擇。所謂不無遺憾，就是兩者不可兼得，想求快，就很難做成大事業；要成就大事，就得有非凡的耐性。

在朝著大目標前進的過程中，絕沒有康莊大道可走，而是荊棘密佈，險象環生。不經過艱苦卓絕的爭鬥，是不可能到達勝利的彼岸的，而且常常是目標愈宏大，要走的路就愈長，碰到的困難愈多。所以，無論做什麼事，都一定要考慮客觀條件和事物的發展規律，絕不能蠻幹、硬幹；既然要做大事就不能為蠅頭小利所誘惑，應該眼光放遠，大步向前。

反觀歷史，一心求速成，因衝動而壞事甚至誤國的教訓還少嗎？

三國時期的劉備自桃園結義後，與義弟關羽、張飛弟兄三人想藉「匡扶漢室」之名，成就一番事業。奮鬥的前期一直是跌跌撞撞，未成什麼大氣候。倒是經常被別的諸侯逼得東躲西藏。後來得到諸葛亮的輔佐方時來運轉，得了荊州，進了四川，經過艱辛的爭鬥，好不容易在蜀地稱帝。當時三國鼎立的態勢雖已形成，但曹魏強大，吳蜀兩國相對弱小的格局並未打破，蜀地周圍少數民族經常襲擾。國家初立更是百廢待興，百業待舉。劉備要展宏圖，本應憑藉天時、地利、人和的良機，或在自己的領地裡勵精圖治，穩固基業，或者加強吳蜀聯盟，一致北面抗魏。可是由於東吳利用關羽驕傲自滿的情緒，賺取荊州，並殺了關羽，使劉備悔恨交加，決計舉傾國之兵，東出伐吳，企圖消滅吳國，為他的二弟關羽報仇。

趙雲當時勸阻道：「國賊乃曹操，非孫權也，今曹丕篡漢，神人共怒，陛下可早圖關中，屯兵渭河上流，以討凶逆，則關東義士，必裹糧策馬以迎王師；若捨魏伐吳，兵勢一交豈能驟解。願陛下察之！」劉備卻回答道：「孫權害死我二弟關羽，我與他有切齒之仇，啖其肉滅其族，方雪我恨！你不要阻攔！」趙雲仍堅持勸阻道：「魏國之曹丕是竊漢朝而王天下的國賊，我們與他的仇是公仇，討伐東吳報殺弟之仇是私仇，但願我主能以天下為重。」劉備忿忿地說道：「朕不為弟報仇，雖有萬里江山，何足為貴？」劉備因一時的憤怒，奮鬥的大目標他已拋至腦後，硬是不聽趙雲的勸諫。

諸葛亮見這種情形，便率領文武百官當面勸諫。劉備也不聽，後來諸葛亮又特地寫成奏章，講明伐吳的害處，劉備也置之不理。學士秦宓再陳，劉備甚至要砍他的頭。諸葛亮等人也只好由他去了。於是劉備親自率領七十五萬大軍，出師伐吳。

起兵之時，蜀軍一路上浩浩蕩蕩，氣勢恢宏，斬將奪關，蜂擁而來。此時東吳的大將周瑜、魯肅、呂蒙已先後身故，孫權在危急之時，拜陸遜為大都督，統率東吳六郡八十一州兼荊楚諸路軍馬，並鄭重地囑託道：「京城以內的事，我自己主持，京城以外的所有疆土上之事，由你決策。」

劉備進軍之際，打了幾場小勝仗，已是喜不自勝，如今又聽說東吳任命一介書生為帥，更是不放在眼裡，便催促各路人馬加速前進，大有畢其功於一役的架勢。陸遜走馬上任後，運用「持重不搶先，待機而制人」的戰略嚴陣以待。

首先，陸遜宣佈決策：「各處關防，牢守隘口，不許輕敵。」眾將領從一開始對他這個白面書生統領大軍就不大服氣，今見他只下令死守不讓出戰，更是不理解，但礙於軍令，勉強服從。當劉備大軍壓來，陸遜與吳將韓當並馬而望，陸遜指著劉備的軍馬說道：「劉備兵剛來，又連勝十餘陣，銳氣正盛……他們現在馳騁於平原曠野之間，正自得志，我們只要堅守不出，對方求戰不得。一等到時機成熟，我將用奇計破之。」韓當只是撇撇嘴，沒說什麼，心想一個乳臭未乾的小子，膽怯就是膽怯，還吹什麼牛，很不以為然。但時隔不久，陸遜果真相準時機，率軍動如脫兔，終於一把火燒了蜀軍七百里連營。

陸遜趁蜀軍混亂，率大軍掩殺過來，加之火助風威，風助火勢，導致蜀軍全線崩潰。劉備帶著一點殘兵搶佔馬鞍山依險據守。陸遜又督各部兵馬四面圍攻。情急之下，劉備於夜晚趁黑衝出重圍，靠沿途驛站焚燒將士丟棄的軍車、鎧甲等來阻斷追兵，才逃回白帝城，所有舟船、軍械等軍用物資，喪失殆盡，蜀軍屍骸漂滿江面，傾江而下。直到此時，劉備還說：「我竟被陸遜所折辱，豈不是天意！」其實，哪裡是什麼天意，完全是他「見小利」、「求速成」釀成的苦果。

一開始劉備只記得要報兄弟之仇，放棄主要的敵人曹魏，不惜破壞吳蜀聯盟，動搖蜀國其所以能安穩的根基。這種政治上的近視，已埋下了失敗的禍根；進而在率軍隊攻吳之時，又小看對方將帥的才能、彼軍的實力，只求速戰速決；到後來，竟發展到剛愎自用，不怕犯兵家之大忌，依山傍水結營，連結七百餘里，終於給了陸遜可乘之機。前後觀之，劉備正是在政治和軍事上都急於求成，才導致失敗。劉備失敗的事實，正為孔子所告誡的「欲速則不達」提供了絕佳的佐證。

做事有一條大原則，就是不可急功近利、急於求成，而要有遠大的眼光。即拿出一種決策，開始每一項行動，都要顧及到後果，籌百年的大計，不要急功近利，不要想很快地就拿出成果來表現，更不可衝動，感情用事；也不要為一些小利益花費太多的心力，要顧及到整體和大局。

為了眼前的利益，而不惜犧牲長遠利益，雖然享受了一時的快樂，但是隨之而來的將是終生的痛楚。為了物質上的享受而不惜失去國格、人格，這是每一個愛國之人，每一個有尊嚴的人都不應該做的事情。下面兩個例子從正反兩個方面說明了「見小利則大事不成」這個準則的正確性。

戰國時期，蜀國是個小國，它憑藉著地理上的優勢，阻斷了其他國家的進攻，牢牢地佔據著蜀地。此地物產豐富，人民自給自足，安居樂業。秦惠王早就想消滅蜀國，只是蜀國周圍是地勢險峻的高山和湍急的河流，士兵們根本進不了蜀國，還沒等到蜀國，自己早在爬山的路上、涉水的途中喪命了。秦惠王很是生氣，心想小小的蜀國都收復不了，還怎麼完成我統一天下的夢想。於是召集大臣們商議如何才能攻破蜀國。

有的說：「我們現在就著手訓練水軍和能爬山的士兵，只有這樣才能戰勝蜀國。」「訓練水兵是一天兩天的事情嗎？訓練一個合格的水兵要三、五年，而訓練一個能統率水兵的將領恐怕得數十年，我等不及了。」秦王說。又有人說：「不如我們去賄賂蜀國領兵的將軍，只要他不抵抗，我們就能夠戰勝蜀國。」馬上有人反駁說：「蜀國的大將軍是個忠義耿直的人，不會接受任何人的禮物，更不要說我們的禮物了。」還有人說：「不如我們花錢修一條通往蜀國的路，我們的士兵就可以順利通過了。」這個提議說完就遭到大家反對，現在戰亂紛紛，國家哪裡還有錢來修路啊！大臣們討論來討論去，就是沒有商量出一個好的計策。

秦惠王真的頭疼，心想就沒有什麼辦法能收服蜀國嗎？這時，有人報告說抓住一個蜀國人，秦王馬上令人把他帶進大殿。秦王問那蜀　碟曰：「你為什麼不老老實實的在蜀國待著，跑我秦國來做什麼？」那人回答道：「蜀王貪財好利，徵收百姓重稅，只顧自己享受，不管人民死活。我偷偷跑出來，是想尋個活路。」

秦王聽到這兒，心中突然想出一條妙計。於是命人打造了幾尊石牛，並在每頭牛的尾巴下面掛上許多黃金，打扮成會屙金子的神牛。又讓人四處宣揚，說秦國國王得到幾頭會屙金子的神牛，要無償送給蜀王。蜀王聽到這個消息頓時樂開了花，心想會屙金子的神牛啊，有了它們我就可以要多少金子有多少金子，哪裡還用像現在一樣費力去向老百姓要呢。於是就派人給秦王送信，一方面確認消息是否屬實，另一方面表示非常願意接受饋贈。秦王回信說，這幾尊神牛，又高又大，無法翻過你們國家那些高山，請您想個辦法，我們好順利給您送過去。

蜀王十分高興，於是調集全國壯丁修路，爭取盡快把神牛運進蜀國。路很快就修好了，當蜀王正坐在椅子上興奮時，有人報告秦國派大隊人馬將神牛送來了。可是，還沒等蜀王欣賞到會屙金子的神牛，秦國的大軍就已經順利進入蜀地，打得蜀軍抱頭鼠竄。蜀王這時才恍然大悟，但為時已晚，追悔莫及。

蜀國因為憑藉艱險地勢才沒能被秦國所滅，但是由於蜀王貪財，聽說秦王送給他神牛就不考慮後果，為迎接神牛而打破本國的自然屏障，築路迎牛，親自為秦國入侵鋪路，結果招致亡國。這就是見利忘義的結果，見利忘義往往是「利」、「義」盡失。

反之，春秋時的子罕見利不忘義，從而守住自己的廉潔美名，成為一位立身的智者，而廣受後人的稱讚。

春秋時，子罕在宋國任司城。有一天，一個宋國人得到一塊美玉，前來獻給子罕。子罕說：「我從來不收別人的饋贈，你拿回去吧。」獻玉的人說：「您怎麼不收呢？我拿這塊玉給玉工看過，玉工說這是一塊寶物。我把寶物獻給您，您為什麼推辭呢？」

子罕說：「我已經有寶物了，所以不收。」獻玉者問：「您的寶物是什麼？能否給我看看？」

子罕說：「我的寶物就叫『不貪』。我把不貪婪作為寶物，你把美玉作為寶物，我們各有各的寶物。如果我接受了你的美玉，你喪失了你的寶物，而我也失掉了我的寶物。」

獻玉者見硬給不成，便跪下叩頭說：「我是個平民百姓，拿著這樣的好東西一定會被強盜圖財害命。我把它獻給您，是為了免自己一死。」

子罕說：「這好辦。」便接過寶玉，送到自己的鄉里，讓玉工進行加工雕琢，然後把玉賣掉將錢交給獻玉者，讓他回家。

總之，天下沒有白吃的午餐。別人施予小利，肯定是想在你身上謀取大利。這時候，如果你不能堅持大義的話，就會導致你的大事不成，甚至身敗名裂。

感悟三十六

方法要靈活，原則要堅持

【原文】

子曰：「君子之於天下也，無適也，無莫也，義之與比。」

【解析】

孔子說：「君子對於天下的事情，沒有一定要怎樣去做，也沒有一定不要怎樣去做，而要服從於義理，義理要求該怎樣做就怎樣做。」

儒家認為，君子立身處世，應完全依據公道、正義來作為行事的基準，而沒有主觀的偏執和個人私利的考慮。義當富貴便富貴，義當貧賤則貧賤，義當生則生，義當死則死，義理上要求怎樣做就怎樣做。但同時也強調在這個框架內，並不拘泥於一定的死規矩。這個觀點在今天也是有道理的，而且與我們所宣導的社會文明也是相符的，即做事方法要靈活，但一定要以正確、堅定的原則做保證。這既是正確做人的道理，也是成功做事的途徑。

真正有遠大志向和眼光的人，總是會在某種原則的基礎之上，運用靈活的方法去行事，這既確保了自己的權威和公信力，又不會把事態弄僵。這種古今相通的正確途徑，已被愈來愈多的人們奉為立身處世的方法和準則。我們不妨藉下面這個事例，從中得到點有益的啟示。

春秋時期，晉國、燕國聯合出兵攻打齊國，齊國節節敗退。齊景公召集文武大臣商量如何挽救危局。坐在齊景公身邊的是相國晏嬰，他認為最要緊的是選拔一位得力的統帥。他向齊景公說：「臣舉薦一人，名叫田穰苴，他文能服眾，武能懾敵，希望大王試一試。」

齊景公立即召來田穰苴，和他談用兵之法，退敵之計，聽後齊景公非常高興，認為他確實是難得的帥才，便當眾宣佈田穰苴為齊軍最高統帥，由他率領大軍抵抗晉燕之師，保衛齊國。

田穰苴受命之後，向齊景公請求說：「我素來卑賤，大王雖然提拔我為大將，位居大夫之上，但恐怕人心不服，人微言輕，請大王派一位您最信任的顯貴為監軍，才好發兵！」

齊景公馬上同意，任命他最寵愛的貴戚大臣莊賈為監軍。田穰苴和莊賈約定，次日正午在軍營的大門口相會。

第二天，田穰苴在軍營門口等候莊賈。莊賈平時十分傲慢，仗著是齊景公的寵臣，根本無視田穰苴和軍中的紀律。過了正午他還沒有到，田穰苴只好獨自發佈命令，部署軍隊。直到黃昏時分，莊賈才慢騰騰地來。

田穰苴責問莊賈：「你身為監軍，為何不按時到來？」

莊賈滿不在乎地說：「哎呀！聽說我當了監軍，親戚朋友都來送行，留下喝酒啊，結果晚來一步！」

田穰苴很嚴肅地說：「一個帶兵的人，從接到委任的那一刻起，就應當忘掉自己的家；治理軍隊就應當忘掉自己的親人；臨陣對敵，就應當忘掉自己。今強敵壓境，舉國上下人心浮動，士卒在邊境死戰，國君寢食不安，百姓生命難保，社稷危在旦夕，你還有什麼心思飲酒作樂！」隨即調過頭去問站在一旁的軍正官：「按照軍法，約定時間而不能準時到達應當怎麼辦？」

軍正官說：「殺頭！」

莊賈聽到這兩個字，頓時嚇出一身冷汗，他的手下人忙去報知齊景公。

齊景公聽到田穰苴要斬莊賈，立即派使臣持符節去營救。使臣在軍中駕車奔跑，也犯了軍令，本應斬首，因為持有君命，田穰苴命令斬其僕從及左驂，毀其車左邊的立木，以曉示三軍，並派使者向齊景公稟報，然後發兵。

從此，無人敢違軍令，軍威大震，田穰苴帶領齊軍抗擊燕、晉聯軍，收復失地，取得勝利。齊景公聞捷大喜，稱讚田穰苴是個治國安邦的棟樑之材。

田穰苴的這種治軍之法，從理論上講完全符合孔子的「君子之於天下」的指導原則。他有以才治軍的決心和能力，但又同時請求顯貴做監軍；他嚴格執法，但又能變通赦免使臣。這種既有堅定的原則，又不墨守成規認死理，而是能夠根據時、地、條件，決定自己該怎樣做才能取得最佳效果的做事方法，是永遠不會過時的。

幾千年前的古人亦能運用自如，作為現代人，我們既應該學習，更應該把它運用到實際生活中，讓自己能夠省心省力地做人做事。

顏回論馬

有一年春天，魯定公請孔子及弟子陪他郊遊。途中，魯定公問孔子：「在你弟子中誰最好學呀？」

孔子說：「顏回。他生活清苦，志學不輟；從不說假話，從不道人長短；而且有聞一知十的天資。」

魯定公聽了，問道：「哪個是顏回？我要見見他。」

孔子便把顏回喊過來見過魯定公，魯定公和顏回說了幾句，並沒發現顏回有什麼超人之處。說話間，魯定公見王宮裡的馬夫東野華駕車而過，就問顏回：「你看東野華駕馬的本領怎樣呢？」

顏回道：「東野華駕馬的本領的確很高。但，他駕的馬容易受傷或逃跑。」

魯定公一聽，很不高興，扭頭問孔子：「君子也有誣蔑強人的毛病吧？」

孔子白了顏回一眼，心裡很不高興。

三天後的一個清晨，魯定公正在宮庭散步，見有幾名馬夫急急慌慌地進進出出，就叫住一人，問出了什麼事。馬夫向定公說：「東野華駕馭的四匹烈馬，夜裡逃了三匹，還剩下一匹半死不活地躺在馬欄裡，我們正各處尋找哩！」

魯定公聽後大驚，立即派人去請顏回進宮。

魯定公給顏回賜座後，問：「前日，我問你東野華駕馬的本領如何，你說本領的確很高，又說他的馬容易受傷或逃跑，你是怎麼知道的呢？」

顏回答道：「我是根據歷史的經驗和自己的觀察而知曉的。」

魯定公說：「可以講給我聽聽嗎？」

顏回說：「很久很久以前的舜帝，十分珍惜民力；造父呢，很會掌握馬力。舜帝不讓人民過於勞累，人民就不會起來反對他；造父不讓馬用盡力量，他的馬就不會受到傷害，更不會逃跑。現在，東野華雖十分會駕馭馬車，但他讓馬朝夕馳騁，不得片刻休息，我又聽說他不斷地買進新馬。由此知道，他的馬是常常被傷害或逃跑的。」

魯定公聽了大喜，說道：「好！你說得太好啦！你的話意義太大了！你能再進一步給我講講嗎？」

顏回說：「我聽說，鳥急了亂啄，獸急了亂跑，人急了欺詐，馬急了受傷。古往今來，強迫之下做出的事，沒有不產生反作用的。」

魯定公和顏回談完話，親自把顏回送到孔子那裡，魯定公問孔子說：「像顏回這樣的人，夫子門下還有幾位？」

孔子道：「就此一位！可惜顏回不願做官啊！」

魯定公十分惋惜地離開了孔門。

感悟三十七

口不妄言，遠離麻煩

【原文】

子曰：「侍於君子有三愆：言未及之而言謂之躁，言及之而不言謂之隱，未見顏色而言謂之瞽。」

【解析】

孔子說：「侍奉在尊長身邊的時候，容易犯三種過失：話沒臨到你說的時候搶著說，叫做急躁；臨到你說時卻不說，叫做隱瞞；不看人臉色就隨意發言，叫做白目——睜眼說瞎話。」從這個意義上來說，孔子的這句話，可以作為我們「何時開口，怎樣開口」的指導原則。

在我們的人生經驗裡，大概都聽過、見過或親身經歷過因口無遮攔而惹禍上身的事情。

在古代，作為臣子侍奉君王，察言觀色說話的本領十分重要，甚至到了於性命利益攸關的地步。但仍有一些人，因各種原因，放縱口舌，以致惹怒上司，引來禍端。他們的教訓，讓人深思。南北朝時，賀敦為晉的大將，自以為功高自大，不甘心居於同僚們之下，心中十分不服氣，口中多有抱怨之辭。

不久，他奉調參加討伐平湘洲戰役，打了個勝仗之後，全軍凱旋，這應該算是為國家又立了一大功吧，他自以為此次必然要受到封賞，不料由於種種原因，反而被撤掉了原來的職務，為此他大為不滿，對傳令使大發怨言。

晉公宇文護聽了以後震怒，把他從中州刺史任上調回來，迫使他自殺。臨死之前他對兒子賀若弼說：「我有志平定江南，為國效力，而今未能實現，你一定要繼承我的遺志。我是因為這舌頭把命都丟了，這個教訓你不能不記住！」說完了，便拿起錐子，狠狠地刺破了兒子的舌頭，想讓他記住這血的教訓。

光陰似箭，斗轉星移，轉眼幾十年過去了，賀若弼也做了隋朝的右領大將軍，他沒有記住父親的教訓，常常為自己的官位比他人低而怨聲不斷，自認為當個宰相也是應該的。不久，功績不如他的楊素卻做了尚書右僕射，而他仍為將軍，未被提拔，他氣不打一處來，不滿情緒和怨言時常流露出來。

後來一些話傳到了皇帝耳朵裡，賀若弼被逮捕下獄。隋文帝楊堅責備他說：「你這個人有三太猛：嫉妒心太猛；自以為是，自以為別人不是的心太猛；隨口胡說目無長官的心太猛。」因為他有功，不久也就被放了。他還不吸取教訓，又對其他人誇耀他和皇太子之間的關係，說：「皇太子楊勇和我情誼親切，連高度的機密，他都對我附耳相告，言無不盡。」

後來楊勇在隋文帝那裡失勢，楊廣取而代之為皇太子，賀若弼的處境可想而知。

隋文帝得知他又在那裡大放厥詞，就把他召來說：「我用高熲、楊素為宰相，你多次在眾人面前放肆地說：『這兩個人只會吃飯，什麼也不會幹，這是什麼意思？』言外之意連皇帝我也是廢物不成？」

賀回答說：「高熲是我的老朋友，楊素是我舅舅的兒子，我瞭解他們，我也確實說過他們不適合擔當宰相的話。」因賀若弼言語不慎，得罪了不少人，朝中一些公卿大臣怕株連，都揭發他過去說的那些對朝廷不滿的話，並聲稱他罪當處死。

隋文帝見了對賀若弼說：「大臣們對你都十分的厭煩，要求嚴格執行法度，你自己尋思可有活命的道理？」

賀若弼解釋說：「我曾憑陛下神威，率八千兵渡長江活捉了陳叔寶，希望您看在我過去的功勞的份上，給我留條活命吧！」

隋文帝說：「你將出征陳國時，對高熲說：『陳叔寶被削平，問題是我們這些功臣會不會飛鳥盡，良弓藏？』高熲對你說：『我向你保證，皇上絕對不會這樣。』是吧？等消滅了陳叔寶，你就要求當內史，又要求當僕射。這一切功勞過去我已格外重賞了，何必再提呢？」

賀若弼說：「我確實蒙受陛下格外的重賞，今天還希望格外地賞我活命。」此時他再也不敢攻擊別人了。隋文帝念他勞苦功高，只把他的官職罷了。

父子兩代人，同樣是因妄言而壞事，一個喪命，一個丟官，教訓不可謂不大。在今天，雖然在上者的意志權力沒那麼大了，但要忍那些不該講的話，以免招致不必要的禍端，還是有必要的。

語言是交流思想感情的工具。人們在交往中，沒有語言做橋樑，就無法溝通，也就一事無成。但是語言能成事，也能壞事，所以古人認為凡事少說為佳。不是不說話，而是該說的要說，不該說的不說，要三思而後言，否則一言有失，即釀成大禍。

孔子一貫主張「先行其言而後從之」，可見他也是非常注意對弟子們的語言訓練的。但他同時也認為不善於辯論並不是缺點，那種愛說不著邊際的虛言妄語之人，是令人討厭的。

不但從理論上來說是這樣，在現實中更是如此。百無禁忌，口無遮攔，輕則會惹人厭煩，重則會引火焚身。在這方面，身為大儒的董仲舒的教訓是值得世人記取的。

西漢學者都喜歡談論災異，著名人物如董仲舒、夏侯勝、劉向、京房等人，堪稱「災升學」專家，與此相「對應」的是，其本人也多災多難。其中董仲舒首開風氣，得禍也最先。

董仲舒是廣川國人，早年治《公羊春秋》，景帝時召為《春秋》博士。他善於講說《春秋》經傳中所記載的災異現象，以災異附會人事。

建元六年（西元前一三五年）四月，高祖長陵近旁的高園便殿發生大火災。過了兩個月，遠在遼東的高祖廟又發生大火災。董仲舒著書推論這兩次火災的原因，引春秋時魯國的幾次宮廟火災以證今事，認為高祖祠廟不該建在遼東；高園便殿不該建在長陵近旁，按禮制就不該建這樣的便殿。書中說如今國家大敝，災難頻降，天帝似乎在藉火災警告皇帝說：「這個世道只有用太平至公的手段才能治理好。應當像我燒毀遼東高廟那樣，忍心誅除親貴諸侯中的奸邪；像我燒毀高園便殿一樣，忍心誅除左右近臣中的奸邪。」書中請求武帝按「天意」行動，殺一批在內在外的奸臣。

書稿寫好後還沒有來得及進呈，適逢居心險惡的無品文人主父偃前來拜訪，主父偃看見書稿頓起壞心，便把它偷出來獻給武帝，武帝召集諸儒訓論書稿內容，董仲舒的弟子呂步舒不知道是業師所著，稱書稿所論是胡說八道。於是董仲舒被捕，依法當處死刑，武帝傳詔赦免。

從此，這位著名學者再也不敢談論災異。

董仲舒雖是以文立論，所逞的並非口舌之利，但一個「逞」字，已足以給自己帶來麻煩了。後人應引以為戒。

忍言慎語，首先便要戒除傷人的話語，荀子也曾經說：「傷人之言，深於矛戟。」意思是說，傷害別人的言語，比用尖銳的長矛和戰戟刺傷人的肉體還要厲害。戒傷人之惡言，是處理好人際關係，與別人和睦相處的重要法則。

總之，說話是一門藝術，既要講究內容，又要講究方式，這兩者都要恰當。否則，就有可能顯露出自己的沒「水準」，甚至還會因此惹來麻煩。尤其在有尊長者的時候，掌握好說話的火候非常重要。在現代社會中，人際交往愈來愈頻繁，語言也從一個側面體現著一個人的綜合素質，恰當的言辭可能給人帶來意想不到的機遇，惡言惡語也可能給人招致不必要的麻煩。因此，我們在說話前應該認真思考怎樣表達才算得體。

感悟三十八

一言興邦，一言喪邦

【原文】

定公問：「一言而可以興邦，有諸？」孔子對曰：「言不可以若是其幾也！人之言曰：『為君難，為臣不易。』如知為君之難也，不幾乎一言而興邦乎？」曰：「一言而喪邦，有諸？」孔子對曰：「言不可以若是其幾也！人之言曰：『予無樂乎為君，唯其言而莫予違也。』如其善而莫之違也，不亦善乎？如不善而莫之違也，不幾乎一言而喪邦乎？」

【解析】

魯定公問孔子：「一句話就可以使國家興盛，有這樣的話嗎？」孔子回答說：「話不可以講得這樣簡單、機械。不過，有的人說：『做君主難，做臣子也不容易。』如果知道做君主難，自然會謹慎認真地去工作，這不也近於一句話就可以使國家興盛嗎？」魯定公說：「一句話就可以使國家衰亡，有這樣的話嗎？」孔子回答說：「話不可以講得這樣簡單、機械。不過，有的人說：『我做君主並沒有什麼可高與的，只是我說什麼話都沒有人敢違抗。』如果君主說的話正確，而沒有人違抗，不也很好嗎！如果說的話不正確，而沒有人違抗，這不也近於一句話就可以使國家衰亡嗎？」

從政者、治國者的地位和責任是一體相連的。地位愈高，責任也就愈大，同時與之俱來的是：責任大，權力也大，地位高，許多人都在你下面仰望你。所以，人處在一定的位子上，可以有兩種態度：一是敬畏，一是驕奢。兩種態度產生兩種效果。如果一句話是出自敬守職責，生怕弄不好會出紕漏，體現如臨深淵、如履薄冰、兢兢業業的態度。並且著眼於大局，考慮著長遠，提出有遠見卓識的主張，又採取實現這種主張的切實步驟，則是興邦之言，事業可以興旺發達。反之，利用自己的職務之便，任性妄為；又把地位看作自以為是的資本，予智予雄，聽不進別人的意見，一錘定音，那定會敗亡。歷史上許多正反事例，都能證明孔子關於「一言興邦，一言喪邦」的見解富有深刻的哲理。作為一個有志於國家，有志於社會的人，尤其是身處高位的從政者、治國者，不可不察，不可不慎。

唐太宗的名論「創業難，守成不易」，就是一個正面的實例。

貞觀十年，唐太宗對侍臣說：「帝王的事業，開創和保持哪個艱難？」尚書左僕射房玄齡回答說：「天下大亂的時候，各路英雄競相起兵，被攻破的才能降服，被打敗的才能制伏。從這方面說來，創業艱難。」

魏徵回答說：「帝王起兵，必然趁著世道衰敗混亂的時候，消滅掉那些昏亂狂暴的人，百姓就樂於擁戴，天下人都願歸附；上天授命，百姓奉予，故創業不算艱難。然而已經取得天下之後，志趣趨向驕奢淫逸；老百姓希望休養生息，但各種徭役卻沒有休止；百姓已經窮困疲敝，而奢侈的事務卻一刻不停，國家的衰落破敗，常常由這裡產生。以此而論，保持已經建立的功業更艱難。」

太宗聽完兩人相互對立的意見後，說：「玄齡過去跟隨我平定天下，飽嘗艱難困苦，出入於萬死之中，僥倖地得到一條生路，所以看到的是創業的艱難；魏徵和我一起安定天下，擔心出現驕奢淫逸的萌芽，重蹈危亡的境地，所以看到的是保持已建立的功業的艱難。這真是『創業難，守成不易』。」接著唐太宗又說：「不過，現在創業的艱難既然已經過去，保持已建立的功業這一難事，我應當與你們一起謹慎地對待。」

表面上看起來，李世民在兩種不同意見面前行折衷、和稀泥，其實不然。李世民這句話可以說是興邦之言，其一，他能把創業、守業等同看成艱難之事，則會像當年馬上打天下那樣含辛茹苦，精心守成。其二，他還知道適時轉換重點，看到艱辛創業已成歷史，不能躺在過去的功績簿上睡大覺，如今的重點是思慮怎樣守成。悟出了創業與守成同等重要的道理，並有一種守成的責任感。所以能發出「創業難，守成不易」的感嘆。也正因為他從內心真正感到「創業難，守成不易」，從而能煥發出一股勵精圖治的精神，保持從諫如流的態度，並且重農事，輕徭薄賦；恣其耕稼，保民而王舉；節儉於身，恩加於人，終於換得一代「貞觀之治」。

說到「一言喪邦」，也可以舉很多例子。歷史上楚漢之爭時，當項羽打到咸陽的時候，有人對他說：「關中險阻，山河四塞，土地肥饒，定都以霸。」勸他定都咸陽，天下就可大定。可是項羽對這個定都的建議不採用。他有一句答話很有趣，也是他的名言：「富貴不歸故鄉，如衣錦夜行，誰知之者？」

就憑這句話，他和漢高祖兩人之間氣度的差別，就完全表現出來了。項羽的胸襟，只在富貴以後，給江東故鄉的人們看看，否則等於穿了漂亮的衣服，在晚上走路，沒人看得見。他英勇有餘，但思想卻如此狹隘、幼稚，所以項羽注定要失敗。

清代嘉道年間，有個與龔自珍齊名的文人王曇，寫了四首悼念項羽的名詩，其中有一首說道：「秦人天下楚人弓，枉把頭顱贈馬童。天意何曾袒劉季，大王失計戀江東。早摧函谷稱西帝，何必鴻門殺沛公？徒縱咸陽三月火，讓他婁敬說關中。」這首詩可以說是「富貴不歸故鄉，如衣錦夜行。誰知之者？」這句喪邦之言的最好註腳。

至於那些得志便猖狂驕奢，胡作非為，而又一意孤行，聽不得別人批評意見的人，「一言喪邦」更是情理之中的事。隋煬帝就是一個典型例子。

隋朝在文帝手中，相當安定富裕。隋煬帝篡位後，荒淫揮霍無度，興宮苑，侍候他的樂師舞妓有三萬人；他率領十二萬人南遊江都，拉船的壯丁多達八萬人；開國元勳，當朝執政二十年的大功臣只是在私下裡批評他太奢侈，就被他殺害。他對名士虞吐南說：「我生性不喜歡人家提意見，大官提意見，我不會饒他；卑賤的人提意見，我絕不讓他有出頭之日，你記著吧！」正因為這樣，短短十四年時間，他就把隋朝錦繡江山葬送，自己也被人縊死。

做國君是這樣，做平民也是這樣，知做人之不易，從而時時刻刻勉勵自己，恭謙隨和而又志在刻苦，這樣的人終會成功。反之，任性使氣，圖一時快活，說話做事缺乏周全考慮，而又意志薄弱，不能奮發上進，這樣的人則一輩子都難有什麼可觀之處。

一個人的言論往往體現著他的思想，而一個人的思想往往又決定著他的行為。因此，我們從一個人的話裡，幾乎可以看出他的人生前途、事業命運。尤其當一個人居於高位，他的言行就不僅僅只關係到他一個人。因此，說「一言興邦，一言喪邦」並不為過。所以，無論我們身為平常人還是位高權重，都必須以正確的理論作為指導，把言行和地位、責任聯繫起來。如此，才不致讓自己一事無成或一敗塗地。

感悟三十九

夫人不言，言必有中

【原文】

子曰：「夫人不言，言必有中。」

【解析】

孔子說：「這個人平日不大開口，一開口就說到要害上。」

「夫人不言，言必有中」，這八個字，是行事、應世以至待人接物中的重大學問。當處大事的時候，不要亂說，要說就「言必有中」，像射箭靶一樣，一箭出去就中紅心，就到要點上。這才顯得既謙虛謹慎，同時又能恰當地表現出才華、智慧和學問來。

孔子是非常重視說話的，他所講的「夫人不言，言必有中」，重點指出言語的內容要有針對性，要能夠一語中的，不能顧左右而言他，或是洋洋萬言卻「言不及義」，以致讓對方不得要領。」

「夫人不言，言必有中」，既是一種說話藝術，又是說話的一個重要原則。在一些特定的場合，能否做到「言必有中」，不但是學問、才智的表現，有時還關係到國家政治、人格尊嚴等重大問題，因此，需要格外關注這個講話藝術和原則。

官渡之戰以後，曹操就著手統一北方，發展生產，增強軍事力量，下一步他就打算進軍南方，消滅佔據著荊州的劉表和江東的孫權，統一全國。

漢獻帝建安十三年，曹操率大軍南下，此時，佔據荊州的劉表剛剛死去，次子劉琮承襲了他的職位，膽小怕事的劉琮暗地投降了曹操，受劉表派遣駐守新野。劉備見曹軍來勢洶洶，想抵抗也來不及，就匆匆忙忙地向江陵（今湖北省江陵縣）退卻。江陵是一個軍事重鎮，又是兵力和物資的重要補給地，曹、劉雙方都為爭奪此地而日夜兼程，在長阪（今湖北省當陽縣東北）曹操趕上了劉備，並且打敗了劉備，佔領了軍事要地江陵。劉備被打得無路可走，只好從小道到夏口，與劉表的長子劉琦相遇，合兵一處，約有二萬人，在夏口，劉備碰到了等他很久的孫權的謀士魯肅。魯肅向劉備坦白地說明了來意，希望孫、劉兩家能夠聯合抗曹，這正符合諸葛亮在隆中對劉備講的對策。劉備當即決定派諸葛亮為代表，與魯肅前往柴桑，面見孫權共商聯盟破曹之計。

孫權愛慕諸葛亮的才華，諸葛亮見孫權氣度不凡，兩人談得非常投機。孫權首先向諸葛亮請教，諸葛亮說：「現在天下大亂，曹操佔據北方，而且有吞併天下之勢。而將軍您佔據著江東，劉豫州劉備一心想振興漢室，兩位都有和曹操爭奪天下的氣勢，真是志向相同啊！」諸葛亮一句話就將孫、劉拉到了共同抗曹的立場。但他見孫權在聯合抗曹上仍有些猶豫不決，就對孫權說：「曹操佔領了荊州，名聲震及四海，現在他順江而下，直逼江東，將軍您應該根據自己的力量做出決斷：如果能以您吳、越之力量與曹軍抗衡的話，您就及早與曹操斷絕關係；如果您擔心無力與曹操抗衡，猶豫不決，在緊要時刻做不出決斷，災難可就要來了。」孫權聽了有些生氣。

諸葛亮接著說道：「劉豫州是漢朝的宗室，才能是他人所無法企及的，許多人都仰慕他，歸順他，如果他抗曹不成功，那也是天命；他是無論如何也不會向曹操投降的。」諸葛亮的幾句話分明在激勵孫權做出正確的決斷。孫權十分激動，猛地站起來說：「我也不是甘受擺佈的人，我不能拿整個江東的十萬士兵，受人家控制！我的主意已定！不和劉豫州聯合就無法與曹操抗衡！」

諸葛亮為了進一步解除孫權的顧慮，就說：「劉豫州雖然剛打了敗仗，但是他仍有精兵二萬，曹操雖然兵馬很多，但是經過長途跋涉，已經疲憊不堪了；更何況，曹軍大部分都是北方人，用強力射來的弩箭，已經到了最後，該掉在地上了，連最薄的絲綢也穿不透。再加上曹操剛剛佔領荊州，人心不服，百姓是向著劉氏的。將軍您想想看，只要孫、劉兩家聯合起來，協同作戰，就一定會打敗曹操的。曹操失敗以後，必定會退回北方，荊州、東吳的勢力就會發展起來，這樣，三足鼎立的局面就形成了。」

諸葛亮這番話，增強了孫權抗曹的決心。在這裡，諸葛亮的話之所以能對孫權產生關鍵作用，主要就在於他的每一句話都指出與孫權切身利益相關的事情，直接觸動孫權的心理要害。因此，孫權下定決心聯劉抗曹，而對手下謀士的意見再也聽不進去了。可見，「言必有中」的話語，其作用是何等的重要。

此外，在人際交往中，一個人怎樣說話，也常常是其全部能力的體現。話說得很多，言不及意，不如不說。不過，到非說話不可時，就要認真考慮了。關鍵時候的一句話，也許是一個人的命運轉折，不可不謹慎。

鄭敬字次都，是汝南郡（今河南上蔡西南）人。他的同郡老鄉郅惲生性耿直，嫉惡如仇，豪俠仗義，鄭敬與他關係很好。郅惲在東漢建武初，曾為友人報仇殺人，所以長期窩居在家，後來被汝南太守歐陽歙請為郡功曹，而鄭敬也成為門下客。

汝南地區有一個風俗，每年十月郡中都要舉行大聚會，百里以內的各縣官員都帶著牛酒到郡守府中宴飲。在宴會上，郡守對於有政績的屬官給予表彰。這年十月，汝南郡又舉行大會，太守歐陽歙在宴會上宣讀表彰公文。公文說：

西部督郵繇延，天資忠貞，稟性公正，將自己所管之事辦理得很好。現在我和大家一起為繇延論功，上報朝廷。我以太守的名義，嘉獎他的美德，並賜以牛酒，以養其德。

宣讀完公文後，又有人領著繇延去領賞。

然而，繇延並非像郡守嘉獎的那麼好，相反地卻做了許多壞事。郡守的嘉獎顯然不實。這下把郅惲惹惱了，只見他表情嚴峻，走下座位，來到郡守面前，舉杯言道：「我作為主禮儀的司正，現在舉起酒杯，將您的罪過告謝於天。繇延資性貪邪，外表方直而內裡圓滑，結黨營私，奸詐無比，欺上害人，為政昏庸，人們怨聲載道。而大人卻以惡為善，下屬以直從曲，這是既無君，又無臣。因此我斗膽再拜敬酒。」

歐陽歙的臉色陡然大變，他一時不知應該怎樣對待郅惲的指責。

這時，鄭敬急忙走上前說道：「俗話說，君明臣直。功曹郅惲敢於直言不諱，正說明郡守有德，您能不領這杯酒嗎？」

聽了這番話，歐陽歙的臉色稍稍好了一些，他順水推舟說：「這實在是我的罪過，願從命領酒。」

郅惲也往自己身上攬了責任，他說：「想當初虞舜輔佐堯時，讒言無所用，奸佞無所行，故被人們歌頌。而我作為郡守的輔吏，沒有盡忠，讓奸佞之人顯露，虎狼之人從政，既使郡守受到誹謗，又當眾顯露繇延之罪，實在是罪責重大。請求將我和繇延一同收監，以懲惡揚善。」

歐陽歙聽了此話，連說：「這分明是在加重我的過錯。」於是，便散了宴。繇延也因此自動解職。

如前所說：「夫人不言，言必有中。」這說明關鍵時刻關鍵言語的重要作用。鄭敬在宴會陷於僵局時的一番話，起碼收到三個積極效果。第一，他肯定了郅惲的正直及其對郡守的指責。第二，他委婉地勸說郡守接受批評，同時也獲得體面。第三，他緩解了眼前的僵局。這既體現了鄭敬的語言技巧，也體現了他處事的聰明機智。

在這場衝突中，郅惲無疑是堅持正義、主持公道者，他對郡守的頂撞，體現著傳統士人的良心。不過他並不考慮郡守的面子是否放得下來，這樣，他的仗義直言，也許會帶來適得其反的結果。鄭敬用戴高帽子的辦法，搬出君明臣直的古訓，郡守因此能善待這兩位直言者。

說真話是很難的，人們最好不要講假話，為怕遭禍可以不說話，到了非講真話時，最好把真話分批講，讓執政者有一個理解的過程。如郅惲這樣一下子和盤托出肺腑之言，往往欲速則不達。鄭敬的分批講真話辦法，真值得讀者品味。

俗話說：打蛇要打七寸，否則，徒勞無功不說，還可能傷人，說話也是如此，要言必有中。

感悟四十

訥於言而敏於行

【原文】

子曰：「君子欲訥於言而敏於行。」

【解析】

孔子說：「君子應該說話謹慎而行動敏捷。」

禍從口出，這是連小孩子都懂得的道理。所以孔子說：「君子欲訥於言而敏於行。」並說：「多聞闕疑，慎言其餘，則寡憂。」意思是，多聽各種意見，有懷疑的問題暫時擱下，對其餘有把握的問題謹慎地說出自己的看法，那麼就可以少犯錯誤。但是有人偏偏不按照這條道理為人處世，那麼他們的下場是如何呢？

唐朝功臣劉文靜就是因為愛發牢騷而丟了性命。

劉文靜是李世民起兵反隋時的主謀，在後來進軍長安時，又立了大功，說他是唐朝的開國功臣、元勳，那是當之無愧的。裴寂是經劉文靜的介紹才得以認識李世民的，他在起兵的過程中雖然也發揮過某些作用，但他更主要的是善於討好李世民的父親李淵，和李淵酒肉不分家，並且將歸自己管轄的隋煬帝的宮女私自送給李淵，是李淵的一個酒肉知己。

李淵稱帝以後，對裴寂的寵愛異乎尋常，授予他右丞相之職，每次上朝時，必令他同登御座，退朝之後，又相攜入宮，對他的話言聽計從，賞賜無度。而劉文靜呢，既不像裴寂那樣受寵，官職只達到兵部尚書這一級，比裴寂低了許多，不免感到不公，因此在朝上議事時，故意和裴寂唱反調，兩個人因此有了隔閡。有一次在家裡，劉文靜以刀擊柱，發誓道：「我一定要殺掉裴寂！」

這些話被他一名失寵的小妾上告朝廷，朝廷在審問時，劉文靜如實相告：「當初起兵時，我與裴寂的地位相同；如今裴寂被授以丞相的高官，賜以甲等的住宅，而我的賞賜和一般人沒有什麼區別，我每次出兵打仗，家中老小都無可託付，的確懷有不滿之心，酒醉時說些過了頭的話也是可能的！」

李淵據此指劉文靜為謀反，許多元老重臣一致不同意，李世民更是據理力爭，指出首先策劃起兵反隋的是劉文靜，裴寂是後來才知道這件事，現在天下平定了，卻受到了不公平的待遇，發些牢騷，也是人之常情，沒有必死之罪。但李淵對劉文靜一直比較疏遠，對他的政治能力也不大放心。裴寂看出了這一點，趁機進讒說：「劉文靜的才智謀略，的確是當代之冠，無奈他已經有了反心，如今天下尚未太平，若是赦免了他，必有後患。」

這話正好擊中了李淵的心病，就這樣，劉文靜被殺掉了，臨刑時，他嘆息道：「飛鳥盡，良弓藏，的確是這麼一回事呀！」裴寂和劉文靜之爭，其實是李淵和李世民父子之爭的一種折射。李淵對他這個功蓋天下的兒子態度十分矛盾，沒有李世民，他根本當不了皇帝；有了李世民，他又覺得自己的帝位受到威脅。出於政治上穩定的考量，也出於父子之情，他不方便對李世民下毒手，作為李世民主要謀士的劉文靜便做了替死鬼。

劉文靜太斤斤計較眼前的利益了，試想，年老的李淵在位還能有多久呢？只要劉文靜能忍耐、能韜光養晦，繼續跟著李世民，幫助他謀取帝位，將來還會少得了他的高官厚祿嗎？放長線，釣大魚，這也是封建社會置身官場中的人應該具備的一種姿態。

裴寂也犯了同樣的錯誤，他只顧迎合老皇帝李淵，卻忽視了代表著未來的李世民，果然李世民一繼位，便宣佈裴寂有四大必死之罪，將他趕出了朝廷。

為人處世，言語不可不慎，否則，輕則可能導致與朋友關係疏遠，重則可能導致斷送自己的前途與性命。

感悟四十一

不失人亦不失言

【原文】

子曰：「可與言而不與之言，失人；不可與言而與之言，失言。知者不失人，亦不失言。」

【解析】

孔子說：「可以和他談話的人而不和他談，這是錯過了人；不可以和他談話的人而和他談，這是錯說了話，聰明的人不錯過人，也不錯說話。」

孔子認為，可以和他談話的人而不和他談，這是錯過了人；不可以和他談話的人而和他談，這是錯說了話。聰明的人不錯過人，也不錯說話。這也就是說，智者說話應該恰如其分。然而現實中有些人對於「說」的理解總是難以恰如其分。一種是有「說癮」的人，以說為樂，不論大事小事與自己有關無關，滔滔不絕，儘管挨了不少白眼受了不少批評，甚至被冠名為「懶婆娘的裹腳布」仍不以為意，依舊樂此不疲；另一種是「烏鴉嘴」，他們是天生的批評家，他們的眼裡沒有白米飯只有沙子，即使是雞蛋也非要挑出個骨頭來，結果是人人反感；還有些人，專愛搬弄別人的是非，評議東家長西家短，不免落個「長舌婦」的罵名。

實際上，「說」是用以表達自我、說服別人、溝通外界的一種手段。能說，不一定就要喋喋不休。會說，也絕對不是顛倒黑白，混淆是非。就像武俠小說中真正的高手沒有兵刃，摘花飛葉都能傷人一樣，真正會說的人很少長篇大論，常常是片言隻語，就能發揮振聾發聵的作用。從本質上講，我們應該把「說」看成是一種生存的技能和一門藝術。既然是一種技能、一門藝術，就不是隨便想怎麼著就怎麼著的，也不是誰都能很好地掌握的。俗話說：「良言一句三冬暖，惡言半句六月寒。」不掌握一定的技巧，好話有的時候也會造成惡果，「好心」也成了「驢肝肺」。好鋼必須要經過回爐才能煉成，要想說得好、說得妙，不經過頭腦的加工是不行的。諸葛亮能夠「舌戰群儒」，在眾英才中「口若懸河」，靠的不僅是伶牙俐齒，更是「文思如泉湧」。因此，要學會「說」，要隨心所欲得心應手地運用「說」，必須要進行深入的思考，謀定而後動。

第二次世界大戰中，莫斯科保衛戰前夕，大本營總參謀長朱可夫將軍曾建議「放棄基輔」，以免遭德軍的「合圍」。這本來是一個很有戰略眼光的建議，但史達林聽不進去。不久，基輔果然遭德軍合圍，守城的紅軍精銳部隊全軍覆沒。但是，曾為蘇軍大本營總參謀長的華西里也夫斯基，卻往往能使史達林不知不覺中採納他的正確作戰計畫，從而發揮作用。

華西里也夫斯基的進言策略非常特別。在史達林的辦公室，華西里也夫斯基在和史達林談天說地的「閒聊」中，往往「不經意」地「順便」說說軍事問題，既不鄭重其事，也不頭頭是道。可是奇妙的是，等他走了以後，史達林往往能依此想出一個好計畫。過不了多久，史達林就會在軍事會議上陳述這個計畫。當然，這個計畫實際上就是華西里也夫斯基的計畫。

華西里也夫斯基也在軍事會議上進言，但其方法更是令人啼笑皆非。他首先講三條正確的意見，但口齒不清，用詞不當，前後重複，沒有條理，聲音含混，因為他的座位通常靠近史達林，所以只要使史達林一個人明白他的意見就行了。接著他又畫蛇添足地講兩條錯誤的意見。這時候，他來了精神，條理清楚，聲音宏亮，振振有詞，必欲使這兩條錯誤意見的全部荒謬性都昭然若揭才肯甘休。這往往使在場的人心驚膽戰。

史達林定奪時，自然首先批判華西里也夫斯基的那兩條錯誤意見。史達林往往批判得痛快淋漓，心情舒暢。接著，史達林逐條逐句、清晰明白地闡述他的決策。他當然完全不像華西里也夫斯基那樣詞不達意，含混不清。但華西里也夫斯基心裡明白，史達林闡述的正是他最初表達的那幾點意見，但當然是經過加工、潤飾了的。不過，這時誰也不會追究史達林的意見是從哪裡來的。這樣一來，華西里也夫斯基的意見，也就順利移植而變成史達林的東西，得以付諸實施。

事後，曾有人嘲諷華西里也夫斯基神經有毛病，是個「受虐狂」，每次不讓史達林痛罵一頓心裡就不好受。華西里也夫斯基往往是笑而不答。只是有一次，他對過分嘲諷他的人回敬道：「我如果也像你一樣聰明，一樣正常，一樣期望受到最高統帥的當面讚賞，那我的意見也就會像你的意見一樣，被丟到茅坑裡去了。」

在整個二次大戰期間，史達林在軍事上最倚重兩個人：一個是軍事天才朱可夫，另一個就是華西里也夫斯基。甚至有人說，軍事天才朱可夫之所以被史達林倚重，從某種意義上來說，也與史達林倚重大智若愚的華西里也夫斯基有關，因為倚重朱可夫，也是華西里也夫斯基的主意之一。

不論是歷史上還是現實中，都有很多華西里也夫斯基，佩服他們的同時，我們是不是也應該跟他們學點什麼呢？

說話就好像是點火。當你在合適的時機以合適的方式說出合適的話語時，你就像是在別人的屋裡點燃了火把，讓屋裡充滿光明，讓別人覺得溫暖；反之，你就像是在別人的屋裡燃起大火，傷了別人，也害了自己。一個人既不失人也不失言，是走向成功的起點。

感悟四十二

察言觀色再開口

【原文】

孔子曰：「君子有九思：視思明、聽思聰、色思溫、貌思恭、言思忠、事思敬、疑思問、忿思難、見得思義。」

【解析】

孔子說：「君子有九種事情要考慮：看要考慮是否看清楚了、聽要考慮是否聽清楚了、臉色要考慮是否溫和、表情要考慮是否謙恭、言談時要考慮是否忠誠、工作時要考慮是否敬業、疑問時要考慮請教、憤怒時要考慮後患、見到好處時要考慮道義。」

你必須要明白，在絕大多數情況下，話是說給別人聽的。說不說由你做主，有沒有用由別人決定。沒用的話沒必要說，說了也白說，很簡單，那是廢話。所以，要讓說出來的東西有用，至少不至於成為廢話，你需要學會關注聽者的表情。

關注聽者的表情，說白了實際上就是「察言觀色」。古人其實並不反對「察言觀色」，甚至有時候還極為提倡。只是到了二十世紀，「察言觀色」才逐漸成為人們口誅筆伐的對象。而現今，隨著學術理論的不斷完善，人們認知水準的不斷提高，「察言觀色」已經成為許多人信奉和推崇的一種極其重要的能力。

當然，「察言觀色」不是拍馬奉承，關注別人的表情也不是說要投誰的所好，要用假話去蒙蔽別人。我們贊同「察言觀色」，提倡與人交流時「關注別人的表情」，目的是為了使我們在說話的時候能夠盡量選擇別人容易接受的方式，使別人能夠真正聽懂和接受我們所說的東西，增強說話的效果，提高交流的效率。

春秋時期，齊國的相國晏子就是一位「察言觀色」的高手。

齊莊公看重勇猛不重視仁義，偏袒那些勇猛的武將，而許多有才幹的文臣得不到重用。這樣的做法慢慢滋長了武官們的驕傲情緒，他們傲視文臣，欺壓百姓，使得官風、民風愈來愈壞。一些大臣進言檢舉，非但沒有使齊莊公改變想法，輕者可能被流放，重者可能被殺頭。

身為齊國相國的晏子看在眼裡，急在心上，但他沒有像別人一樣貿然行事，而是經過深思熟慮後，採取了一種非常巧妙的進言方式。

一日，齊莊公在花園裡與妃子下棋，聽說晏子前來求見，就撇下了妃子請這位棋壇高手與他對弈。晏子也不多話，兩人就在棋盤上你來我往地下了起來。晏子在棋局上猛衝猛打，雖然吃了莊公不少的子，但在莊公的沉著應戰下，還是輸掉了棋局。

莊公深知晏子在棋上的造詣要高出自己很多，如此輸棋很出乎意料。於是就疑惑地問晏子：「相國文韜武略，滿腹才學，幫助寡人治理國家都駕輕就熟，為什麼這局棋會下得如此差呢？」晏子說：「臣有勇無謀，輸棋自然是在情理之中了。」接著他又話題一轉說：「下棋是這樣，治理國家也是這樣，光靠勇武是不行的。」

應該說，齊莊公還是有些自知之明的。他在晏子的委婉批評下，對自己偏愛武力不重仁義的做法，有了一定的警覺，但仍舊不能一下子完全轉變過來。於是，就坦率地問道：「請相國直言，古時候有沒有哪一位國君，依靠武力可以安邦定國的呢？」

晏子回答說：「夏朝末年有大力士推侈、大戲，殷朝末年有勇士弗仲、惡吏，這些人都能日行千里，力擒虎豹，但他們卻不能挽救夏、殷的滅亡。這告訴我們一個道理：光靠武力而不行仁政，沒有不失敗的。」

莊公仔細體會晏子的肺腑之言，認為他說得很對，就恭恭敬敬地表示了感謝，並接受了文武並重，實施仁政以固國本的主張。

歷史上唐太宗李世民的長孫皇后也是一位善於「察言觀色」的高手。

有一天，李世民滿臉怒氣，要殺為他養馬的人，旁邊的人沒有一個敢替養馬人說話的。

這時，長孫皇后走過來，看見丈夫的臉色不好，知道又有了不愉快的事，於是柔聲問道：「皇上為什麼事生氣？」

李世民說：「我的那匹最心愛的馬好端端的突然死去，一定是養馬人不負責任，讓馬吃了什麼東西。妳知道這匹馬跟著我南征北伐，立下赫赫戰功。現在無病而死，教我怎麼不傷心呢？因此，我一定要殺死這個養馬人，看誰以後還敢不負責任！」

長孫皇后很不滿意李世民的做法，想說幾句好話救下養馬人，可是握有至高無上權力的丈夫正在氣頭上，恐怕幫不了這個忙了。

她突然想起歷史上發生過類似的事，不妨講給丈夫聽聽，也許能讓他回心轉意。

「陛下，您聽說過齊景公殺養馬人的故事嗎？」長孫皇后的第一句話就把李世民的注意力拉過來了，他饒有興趣地聽著皇后說下去：「齊景公的一匹馬死了，要殺養馬人。有個叫晏嬰的臣子站出來說，養馬人有三條罪狀。齊景公高興地催著晏嬰快說是哪三條。晏嬰說：『第一條罪，養馬人失職，沒有養好馬而被殺；第二條罪，養馬人使國王因馬死而殺人，全國的老百姓知道了，必然會埋怨國王把馬看得比人還重要，這會損害國王的聲譽；第三條罪，諸侯知道了這個消息，必然會看不起齊國，降低齊國的威信。』齊景公一聽，殺一個養馬人會帶來那麼多的麻煩事，那不殺就是了。」

李世民聽到這裡，知道皇后是在藉說故事批評自己，想想也確有道理，於是改變了主意，釋放了那個養馬人，仍信任他為自己養馬。自此以後，養馬人盡心盡職餵馬，再沒有發生過差錯。

從這上面的兩則故事裡我們不難發現，推銷自己，影響別人，讓別人聽我們的「話」，不是簡單的仗義執言就能夠辦得到的。人際交往中，對他人的言語、表情、手勢、動作以及看似不經意的行為進行較為敏銳細密的觀察，往往能夠使我們與他人的交流更加容易，取得意想不到的效果。

當然，關注聽者的表情，也是要有重點的，除了對方的喜怒哀樂外，對眼睛的觀察最為重要。從醫學上來看，眼睛在人的五種感覺器官中是最敏銳的，大概佔感覺領域的七十％以上，因此，被稱「五官之王」。孟子云：「存之人者，莫良於眸子，眸不能掩其惡。胸中正，則眸子降，胸中不正，則眸子眊。」從眼睛裡流露出真心是理所當然的，「眼睛是心靈之窗」。

深層心理中的欲望和感情，首先反映在視線上，視線的移動、方向、集中程度等都表達不同的心理狀態。觀察視線的變化，有助於人與人之間的交流。爬上窗台就不難看清屋中的情形，讀懂人的眼色便可知曉人的內心狀況。有人總結了一些關於眼色的所謂規律，儘管不一定全部正確，但即使僅僅只是作為一個參考，也未必不能觸發我們的思維，給予我們借鑑。

一、我們看眼睛，不重大小圓長，而重在眼神。

二、你見對方眼神沉靜，便可明白他對於你著急的問題，早已成竹在胸，穩操勝券。只要向他請示辦法，表示焦慮，如果他不肯明白說，這是因為事關機密，不必要多問，只需靜待他的吩咐便是。

三、如果你見對方眼神散亂，便可明白他也是毫無辦法，徒然著急是無用的，向他請示，也是無用的。你得平心靜氣，另想應付辦法，不必再多問，這只會增加他六神無主的程度，這時是你顯示本能的機會，快快自己去想辦法吧！

四、如果你見對方眼神橫射，彷彿有刺，便可明白他異常冷淡，如有請求，暫且不必向他陳說，應該從速藉機退出，即使多逗留一會兒也是不適的，退而研究他對你冷淡的原因，再謀求恢復感情的途徑。

五、你見對方眼神陰沉，應該明白這是兇狠的信號，你與他交涉，須小心一點。他那一隻毒辣的手，正放在他的背後伺機而出。如果你不是早有準備想和他拚個高低，那麼最好從速鳴金收兵。

六、你見對方眼神流動異於平時，便可明白他是胸懷詭計，想給你苦頭嘗嘗。這時應步步為營，不要輕進，前後左右都可能是他安排的陷阱，一失足便跌翻在他的手裡。不要過分相信他的甜言蜜語，這是釣魚的餌，是毒藥外的糖衣，要格外小心。

七、你見對方眼神呆滯，嘴唇泛白，便可明白他對於當前的問題惶恐萬狀，儘管口中說不要緊，他雖未絕望，也的確還在想辦法，但卻一點也想不出所以然來。你不必再多問，應該退而考慮應付辦法，如果你已有辦法，應該向他提出，並表示有幾成把握。

八、你見對方眼神似在發火，便可明白他此刻是怒火中燒，意氣極盛，如果不打算與他決裂，應該表示可以妥協，速謀轉機。否則，再逼緊一步，勢必引起正面的劇烈衝突。

九、你見對方眼神恬靜，面有笑意，你可明白他對於某事非常滿意。你要討他的歡喜，不妨多說幾句恭維話，你要有所求，這也是個好機會，相信一定比平時更容易滿足你的希望。

十、你見對方眼神四射，魂不守舍，便可明白他對於你的話已經感到厭倦，再說下去必無效果，你如果不趕緊告一段落，或趁機告退，或者尋找新話題，談談他所感興趣的事。

十一、你見對方的眼神凝定，便可明白他認為你的話有一聽的必要，應該照你預定的計畫，婉轉陳說，只要你的見解不差，你的辦法可行，他必然是樂於接受的。

十二、要是你見對方眼神下垂，連頭都向下傾了，便可明白他是心有重憂，萬分苦痛。你不要向他說得意事，那反而會加重他的苦痛，你也不要向他說苦痛事，因為同病相憐越發難忍，你最好說些安慰的話，並且從速告退，多說也是無趣的。

十三、如果對方的眼神上揚，便可明白他是不屑聽你的話，無論你的理由如何充分，你的說法如何巧妙，還是不會有高明的結果，不如馬上停止，退而尋求其他接近之道。

顏回抓飯

孔子在陳絕糧七天，沒吃沒喝，整日蹲在屋裡彈琴讀書。這天，顏回弄來一碗米，在水邊淘洗。子路、子貢走過來說：「老師被魯國趕出來，從衛國逃出來，在宋國又遇砍樹之險，如今無故被圍困在這裡七天七夜，看來我們跟他定死無疑。可是他還整日裡彈琴自樂，難道君子也有不知恥辱的時候嗎？」

顏回聽了，不知說什麼好，就告訴了孔子。孔子一聽，氣憤地把琴推到一邊，說：「子路、子貢小人也。叫他倆進來。」

不說，子路和子貢被孔子教訓了一頓。他倆從孔子屋裡出來，也想找點差錯，教訓教訓顏回。

這時，顏回淘好米，點火燒柴，做起了米飯。一會兒，飯煮熟了，顏回用一個大碗盛了滿滿的一碗，放在灶上。忽然，顏回從碗裡抓了一團米飯，猶豫了一下，立即塞進了嘴裡。

孔子經常教導弟子：「有酒食，先生饌。」就是說，有酒食要讓先生先吃。

子路、子貢看見顏回抓了一把米飯放進嘴裡，他倆眉開眼笑地跑到孔子面前告了顏回一狀。其實，孔子就坐在門口，顏回的一舉一動他也看得一清二楚。孔子嘆了口氣，心裡說：「我最心愛的學生呀，我經常誇你，『一簞食，一瓢飲，居陋巷，人不堪其憂，回也不敢其樂，賢哉回也！』今天見你偷飯吃，實在太令人傷心、失望啦！」

這時，顏回把飯端到孔子面前，說：「老師你等急了吧，快用飯吧。」

孔子不動聲色地說：「我夜裡夢見祖先了，這碗飯我要先祭祭祖先。」

顏回說道：「老師，這飯不能敬祖了。」

孔子問：「為什麼？」

顏回低著頭說：「老師曾說，用手抓過的飯不潔淨，不能祭祖。這碗飯我用手抓過了。」

「你為什麼用手抓飯？」

「我剛才把煮熟的飯放在鍋台上，突然從屋頂上落下一團灰塵，掉在飯裡，我怕老師吃了不乾淨的東西不好，就用手把灰塵抓了出來，又見灰塵上粘了很多米粒，丟了可惜，我就把這團飯連同灰塵一起吃了。」

孔子道：「原來是這樣，那就不祭祖了！」

這件事使孔子感觸很深，心裡說，人說眼見為實，耳聽為虛，今日這眼見也不實呀！

本來躲在門外想看哈哈笑的子路、子貢聽了孔子和顏回的對話，知道自己錯怪了顏回，趕快跑進廚房，幫著顏回盛飯端碗，招呼同學們吃飯。

感悟四十三

不學不足以成大器

【原文】

子貢問曰：「孔文子何以謂之『文』也？子曰：「敏而好學，不恥下問，是以謂之『文』也。」

【解析】

子貢問道：「孔文子憑什麼謚他為『文』呢？」孔子說：「他思想敏捷而且愛好學習，不把向地位卑下的人請教當作一種恥辱，所以給他一個『文』的謚號。」

這個世界是個競爭的世界，有人的地方就有競爭。你要問別人：「競爭靠什麼？」十個人有九個會告訴你：「靠實力。」

鄧小平的那句「不管白貓黑貓，抓住老鼠才是好貓」說的就是這個道理。但實力不是憑空而來的，也不會自己生長，它就像是一棵樹、一盆花，需要你不斷地給它澆水、施肥，不斷地為它補充成長所需要的養分。這個過程，對於我們而言，就是學習。

古往今來，成功的人無不重視學習，也大都勤於學習、善於學習。

晉平公是春秋末期晉國的君主。他晚年的時候想學一些知識，可是總覺得自己已經老了。有一天，他向樂師師曠求教說：「我現在已經七十多歲了，很想學些知識，恐怕太晚了吧？」

師曠回答：「晚了，為什麼不點蠟燭呢？」

晉平公沒有聽懂他的話，生氣地說：「哪有為臣的這樣戲弄君王的！」

師曠說：「我怎麼敢跟您開玩笑！我記得古人說過：少年時愛好學習，就像日出的光芒；壯年時愛好學習，就像太陽升到天空時那樣明亮；到老年還能愛好學習，就像點燃蠟燭發出的亮點。蠟燭的亮光雖然微弱，但與沒有燭光在昏暗中愚昧地行動相比較，哪一個更好一些呢？」

晉平公點了點頭說：「你說得真好！我已經明白了。」

李嘉誠在香港十大財團的排行中位居榜首，是一位名揚四海的超級富豪，在香港經濟界佔有舉足輕重的地位。有一位外商曾經問他：「李先生，您成功靠什麼呢？」李嘉誠答道：「靠學習，不斷地學習！」

我們沒有比晉平公還老，也沒有比李嘉誠實力還強，他們都如此熱愛學習，我們為什麼不趁年輕趕快抓緊時間學習呢？

古時候有位高人在給慕名前來求學的人第一次講道理時，先拿了一滿杯黑顏色的水，然後再往這杯子裡倒清水。杯子裡的水不斷外溢，而杯中的水仍然有黑顏色混在其中。這時，高人對求學者說：「要想得到一杯清水，必須先倒掉髒水，洗淨杯子，學習也是如此。」

法國生理學家貝爾納說：「構成我們學習上最大障礙的是已知的東西，而不是未知的東西。」

確實，有些時候，不是我們學不懂，而是我們腦袋裡固有的東西在排斥那些新的知識。很多人看書，喜歡劃重點，但實際上，劃來劃去劃的都是早就懂的東西，不懂的東西不會覺得有道理，感覺它沒有道理也絕對不會去劃。其實，劃重點沒有錯，就怕你反過來再看的時候還是只看這些劃過的東西。這樣看來看去，很難學到什麼新東西，因為忽略了真正不懂的東西。學習要從放棄開始，這樣說可能多少有一點玄乎的味道，但不是沒有道理。

拿破崙・希爾在成功之前，曾利用二十年的時間幫助鋼鐵大王卡耐基工作，這期間他一分錢的報酬也沒有，在幫助卡耐基的同時，也幫助了他自己，他本人在成功學研究上獲得了巨大的成功。台灣成功大師陳安之在成功之前，也長期在美國幫助世界成功學大師安東尼工作，在幫助安東尼的同時，他也學到了成功學的真傳，最後終於獲得巨大成功。其實，不論是成功者還是失敗的人，不論是比你強的人，還是比你差的人，每個人都有值得我們學習的地方。要成功，必須要學習成功者的經驗，同時你也必須瞭解失敗者做了哪些事情，讓自己不要犯那些錯誤，只有這樣，你才能更快地走向成功。

俗話說：「工欲善其事，必先利其器。」學習也必須要把握一定的原則，掌握一定的方法。否則亂學一通，不僅沒有效果，學錯了可能還有害。

勤於學習、善於學習，不但是一個現代人立足於社會的基礎，也是一個人成大器的必由之路。

感悟四十四

三人行必有我師

【原文】

子曰：「三人行，必有我師焉。擇其善者而從之，其不善者而改之。」

【解析】

孔子說：「三個人在一起，其中一定有人可以做我的老師。我選擇他們的優點供自己學習，把他們的缺點作為自己的借鑑而改掉。」

俗話說：學無止境。一個人無論他的學問有多大，他也不可能讀遍所有的書，窮遍所有的學問，他永遠有他不知不懂的東西。因此，真正有學問的人總是非常謙虛，不恥下問，善於向人學習的。下面的兩個事例就可以充分說明這一點。

李相，唐代的大將軍，曾擔任大居守（高級武官）。他博覽群書，勤學好問，學識淵博，受到當朝和後世的讚揚。

李相最喜歡讀《春秋》。無論公務怎樣繁忙，他每天必定讀一卷，終年不懈。讀書時，李相誤把《春秋》中魯國大夫叔孫婼的婼讀成「若」。他手下有個小吏站在他旁邊侍讀。每當他把「婼」讀成「若」時，小吏的臉上就有異樣表情，次數多了，李相發現這個情況，很奇怪，他問小吏：「你常讀《春秋》嗎？」小吏恭敬地回答：「是的。」李相嚴肅地問道：「為什麼每當我讀到『叔孫婼』時，你就表現出不以為然的樣子呢？」

小吏見長官那麼嚴肅，以為是責怪自己，連忙躬身跪倒，然後恭謹地回答：「小人過去曾蒙老師教過《春秋》，今日聽將軍把『婼』讀成『若』，方才明白過去照老師所教把它讀成『綽』是大錯了。」李相見小吏說是老師讀錯，不由暗自生疑。便說：「恐怕不是你老師的錯吧？我沒拜過師，這個字是照本朝陸德明的《經典釋文》中的釋文注音讀的，一定是我讀錯了，而不是你讀錯了。」說完，從書架上取出《經典釋文》，讓小吏看。

小吏一看，才明白李相把字形看錯了，他委婉地說明正確的讀音是「綽」而不是「若」。

李相聽了，頓時臉頰發燙，覺得自己身為大官，日讀《春秋》，多次讀錯字而不自知，十分慚愧。這讓我們想起歷史上「指鹿為馬」的故事，因為權勢，錯的也是對的。李相卻不是這樣，儘管他臉上發燙，卻仍能放下架子，走下座位，把太師椅放在北牆邊，請小吏上座。

小吏不敢坐：「這是將軍的金座，小人豈敢越禮坐！」

李相把小吏按在座椅上：「不許動，不然我要生氣了！」小吏不敢違背，坐也不是，不坐也不是，侷促不安，十分尷尬。李相站在南面，整了整衣冠，然後臉朝北，向著坐在太師椅上的小吏躬身下拜。小吏又要離座，李相喊道：「不許動！」小吏只好坐在椅子上接受他的大禮參拜。

李相行過禮後，誠懇地說：「我身居高位，卻常常讀錯字，實在慚愧。從今以後，你就是我的『一字師』，我要再讀錯字，請你一定要給我指出來，千萬不要客氣啊！」小吏見李相身為大官，如此虛懷若谷，不恥下問，深受感動，從此，小吏與李相親如手足，共同研討學問。

官位不是學問大小的標誌，更不能衡量一個人的學識才幹。學問和才幹來自於學習和實踐，不管一個人的職務多高，年齡多大，凡是沒有學習和實踐過的東西，都是他人的學生，因為知者為師。李相雖居高位，他懂得這個道理，所以他能胸懷開闊，不恥下問，拜小吏為「一字師」。無獨有偶，京劇大師梅蘭芳雖享譽世界，卻仍虛心學習，不恥下問，他也有個「一字師」的故事。

梅蘭芳與沙市京劇團原藝委主任郭叔鵬有一段交往。那是一九五〇年四月二十日，梅先生率團到漢口演《蘇三起解》之時。這齣戲，對於從小就和京劇結緣的郭叔鵬來說，不知看了多少遍了，但親睹梅先生的演出還是第一次，因而他顯得特別認真。

戲中蘇三有一段「反二黃」唱段，頭一句崇老伯說他是「冤枉難辯」，一個「難」字，讓郭叔鵬微微皺起了眉頭。不對呀，這個「難」字似乎與整個劇情相悖！初生之犢不畏虎，當年三十三歲的無名小輩郭叔鵬看完戲徑直走進後台，向正在卸裝的梅先生大膽提出自己的見解：「梅先生，您看崇公德的念白裡面，哪兒有蘇三所唱的冤枉難辯的意思呢？相反地，倒是說他的官司，可能有出頭的希望了。」

「對！對！對！」梅先生認真地聽著，不時地點頭：「您的意見對，提得很有道理，依您之見，應該怎麼做才好呢？」

原來郭叔鵬只想提提自己的見解而已，萬萬沒有料到梅先生不恥下問，請教他這個毛頭小夥子，故而一下子不知怎麼回答才好，沉吟片刻，郭叔鵬忐忑不安地說：「梅先生，您看能不能只動一個字，即將難辯的『難』字，改為『能』字。」

「嗯……」梅先生臉上露出了笑容：「太好了，改詞不改腔，這樣跟頭裡的念白就比較連貫了，觀眾聽了也容易接受。」從那次後，《蘇三起解》中這句詞便都唱「冤枉能辯」了。

六月八日，梅先生在後台又碰到郭叔鵬，便拍著他的肩膀笑著稱為「一字師」，並詢問對昨日自己所演的戲的看法。這一問正中下懷，原來郭叔鵬心裡確實有一個小小的疑問：「梅先生，您演的趙女是真瘋還是假瘋？」梅先生看了看郭叔鵬反問道：「你看是真的還是假的呢？」郭叔鵬回答說：「我看，趙女應該是裝瘋，是假的，裝出來的瘋相是為了欺騙她父親的。您聽：我只得把官人一聲來喚，我的夫呀，隨兒到紅羅帳，倒鳳顛鸞。把父親當丈夫，還要拉他入羅帳，這在趙高看來，女兒是真的瘋了，但隨兒到紅羅帳中的一個兒字，卻露出破綻。趙女自稱是『兒』，顯然她還知道對方是『父』了。這是神態清醒的表現，趙高不傻，憑此很容易識破女兒是假瘋。」

梅先生聽到這裡，插了一句說：「你提的這一段，也有人給我指出。趙高就是那個指鹿為馬的人；他為人十分奸詐狡猾，這樣騙過他是不容易的。你提的『兒』字確實是一個漏洞。」於是梅先生又像上一次一樣虛心地徵求郭叔鵬的意見。這一回郭叔鵬早有心理準備，便脫口而出：「只要把『兒』字改為『奴』字就行了。『奴』是古代婦女的謙稱，對誰都可以這樣稱呼。」梅先生滿意地說：「明天，我就將這一句改過來。」說著梅蘭芳拿出一個筆記本，親筆題詞，蓋上自己的印章送給郭叔鵬。

孔子說：「三人行，必有我師。」像梅蘭芳這樣的京劇大師也有疏漏之處，像郭叔鵬這樣無名小輩也不乏知識淵博之人。梅蘭芳不以名人自居，躬身向無名小輩請教。郭叔鵬初生之犢不畏虎，敢對名師、名人「施教」，終於得到梅蘭芳的讚賞。郭、梅二人的精神都是難能可貴的，令人敬佩。

孔子的學生曾子說過這樣的話：「以能問於無能，以多問於寡；有若無，實若虛。」意思是說：「自己有才能卻向沒有才能的人請教，自己知識多卻向知識少的請教；有學問就像沒有學問的人一樣，知識充實就像很空虛的人一樣。」這才是一個有學問之人的真正態度。

感悟四十五

有學有識，方成大器

【原文】

子曰：「君子博學於文，約之以禮，亦可以弗畔矣夫！」

【解析】

孔子說：「君子廣泛地學習各種文化知識，再用禮來加以約束，也就可以不至於離經叛道了。」

做學問，要將博學而來的知識，用一種文化精神、理論原則來統率、規範，並以此為標準、尺度來分析、研究，「一以貫之」，加以系統化、理論化，真正變成自己的東西。做人也同樣如此。有的人空活一把歲數，在做人做事上仍沒有達到一定的水準，原因就在於他們並沒有把自己寶貴的人生經驗加以總結、歸納和昇華，而僅僅當成了一種過程，經過之後就丟掉了。這樣，無論如何是不能「愈活愈明白」的。縱觀孔子一生的求學、治學之道，可以看到他不僅如此說，而且身體力行，努力實踐之。正是他嚴格地遵循這個「先求淵博，後取精約」的治學原則，才成為集古文化之大成的學者。

孔子年輕時，為了求學，足跡遍佈魯、周、衛、杞、宋諸國，分別向師襄子、齊太師、郯子、萇弘、老子等名人求教，又向太廟管理人員等社會底層人物學習。後來又周遊列國訪名人，遊大川，博覽群書，廣徵博集，成了「博於詩書，察於禮樂，詳於萬物」的學者，其知識淵博的程度，令人讚嘆不已。

孔子生活的年代，我們的祖先已給後人留下了極其豐富的歷史文化典籍。但由於年代久遠，這些典籍在流傳過程中極易損壞。到孔子生活的春秋晚期已經有很多古代的文化典籍破損散失、殘缺不全了。孔子一方面出於教學的需要，一方面作為知識淵博的學者，他感到自己有責任將這些珍貴的遺產進行整理編纂，以便於系統地研究，他開始向專精方面發展，著力構建儒家思想體系，創立儒家學派。

《詩》、《書》、《禮》、《樂》等典籍是西周以來官府之學共修之課，但這些典籍的內容、體例卻很蕪雜。孔子將它們加以整理，成為他三千學生共同使用的教科書，同時也為中華民族留下了一份珍貴的遺產——「六經」，即《詩經》、《書經》、《禮經》、《樂經》、《易經》、《春秋》。「六經」雖然不是孔子創作，但經過他篩選、整理，「約之以禮」，不僅使之體系更加系統、完整，而且主旨愈加鮮明突出。

《史記·儒林列傳》中說：「孔子閔王路廢而邪道興，於是論次《詩》、《書》，修起《禮》、《樂》」。所謂「論」就是內容的討論去取，所謂「次」就是篇目的編排調整。而「修起」則是起而修之，以免淪亡泯滅。司馬遷說：古代留傳下來的《詩》原有三千多篇，到了孔子，把重複的去掉，先取可以用來配合禮儀教化的部分，成詩三百零五篇；孔子都逐一配曲入樂，以求合乎古代韶樂（虞舜樂）、武樂（武王樂）以及朝廷雅樂、廟堂頌樂的聲情精神。

孔子對六經中的《書》，主要在於論次。孔子所看到的先代史料雖不一定如《緯書》所說有三千二百四十章之多，但估計也不會很少。孔子所編定的《書經》原來有多少篇，由於中經秦火，已不可確知。縱令是百篇亦當是經過精心挑選的。《史記．五帝本紀》說：「學者多稱五帝，尚矣。然《尚書》獨載堯以來。而百家言黃帝，其文不雅馴，薦紳先生難言之。孔子所傳《宰子問五帝德》及《帝系姓》，儒者或不傳。」由此可以看出，孔子序《書》，何等謹慎。

對於《禮》與《樂》二經，孔子則重點是「修改」，即起而修之，以免淪亡泯滅。在孔子的時代，周朝王室已經衰微，而禮樂制度教化也廢弛了。於是孔子探循夏、商、周三代以來的禮制遺規，釐定禮制、禮儀。他上起唐堯虞舜之間，下到秦穆公止，依照事類秩序加以編排。孔子考察了殷夏以來禮制增損的情形後說道：「以後就是經過百代，那變革的情形亦是可以推知的。因襲不移的是禮的精神本體，增損改變的是禮的文采儀節。周禮是參照了夏、殷兩代而制定的，它的內容文采是怎樣的盛美啊！我是遵行周禮的。」於是整理出《禮》和《樂》。

《周易》和《春秋》是孔子晚年著力最勤的兩部典籍。《周易》是古代的占卜之書，但這部書中蘊含著深刻的哲學思想。孔子親自為《周易》作《傳》，後人稱之為《易傳》。《易傳》主要是闡述《周易》哲學思想。《周易》原是一部深奧難讀之書，經孔子作《傳》，後人才得以窺見其中的奧秘。

《春秋》是孔子依據魯國史官所記的《魯春秋》而寫成。《春秋》一書上起魯隱公元年下至魯哀公十四年，前後一共包括了十二位國君，以魯國為記述的中心，孔子的編纂不是簡單彙集，而是有原則的，即是尊奉周王為正統，參酌了殷朝的舊制，推而上承三代的法統。凡符合遵從法統者大力頌揚，凡違反法統者則進行貶抑責備。以「春秋筆法」約之，《春秋》文辭精簡而旨意深廣。如當時的吳、楚兩地諸侯，按周制，只不過是冊封的「子爵」，但他們後來自稱為「王」，為遵從法統，孔子編寫的《春秋》中，仍依據當初周王冊封的等級降稱他們為「子爵」。

還有晉文公召集的踐土會盟，周襄王竟以普通盟友身分應召前去與會，《春秋》以為這事不合法統而避開它，改寫成「周天子巡狩到了河陽。」孔子所以這樣做，並不是篡改歷史，而是意在維護周朝正統，以使那些竊位盜名為非做歹之人有所警惕懼怕。作罷《春秋》之後，孔子深有感觸地說：「知我者其唯《春秋》乎！罪我者其唯《春秋》乎！」

儘管「六經」是歷史上遺留下來的文化遺產，多不是孔子的原創，但都經過孔子不同程度的加工，加入了孔子的思想。孔子加工後的「六經」，各自意蘊深刻，作用巨大，莊子曾經指出：「《詩》以道志，《書》以道事，《禮》以道行，《樂》以道和，《易》以道陰陽，《春秋》以道名分。」孔子正是遵循「先求淵博，後取精約」的原則，才有「六經」的問世，才創立了儒家學派，建構起了自己的思想體系。

孔子講的雖是學與行的道理，但深究一下，就可以發現它告訴我們的是做學問、做人的道理和方法。

感悟四十六

博聞多識，擇善取之

【原文】

子曰：「蓋有不知而作之者，我無是也。多聞，擇其善者而從之；多見而識之；知之次也。」

【解析】

孔子說：「大概有一種自己不懂卻憑空妄為的人，我沒有這種毛病。我是多多地聽，選擇其中好的來接受；多多地看，全記在心裡。這樣的知，是僅次於『生而知之』的。」

一個問題或一門知識，往往與外界事物有著千絲萬縷的聯繫，表裡可能一致也可能不一致，現象與本質可能相符也可能相悖，要掌握一門知識，要懂得一個道理，如果不博聞、不多見，就難以縱橫比較、全面思考，就難以準確地選擇並把握「善者」。

醫學家李時珍能編纂成《本草綱目》這本醫學鉅著，在於他能「遍嘗百草，去偽補缺」；而從其治學態度、方法而言，正得力於博聞多見，擇善而從。

李時珍出生在湖北蘄州瓦硝壩一個世代行醫的家庭，時珍承祖業，很小就隨父親一起行醫。一天，李時珍出診回來，一個姓龐的打魚人焦急地趕來把他請去。老龐說他的妻子得了急症，讓一位江湖醫生給開個方子，不料藥服下去，病勢卻變得更重了。老龐望著昏迷的妻子，急得直流眼淚。

問題出在哪裡呢？李時珍攤開江湖醫生開的藥方，看了兩三遍，又給老龐的妻子把了脈，覺得方子並沒有開錯什麼藥。他立刻想到，應該檢查一下藥渣。李時珍發現藥渣中有「虎掌」，方子上卻沒有這個藥。再看方子上有「漏籃子」，藥渣裡卻沒有，這肯定是藥鋪裡抓錯了藥，錯把「虎掌」當成了「漏籃子」。他知道虎掌有大毒，立即取出救急的藥，叫老龐給妻子服下去，病人總算脫離了危險。

回到家裡，李時珍老是放不下藥店配錯藥這樁事。他想，鬧出這個亂子不能全怪藥店，還要怪舊的《日華本草》，書中說「漏籃子」又名「虎掌」。

《日華本草》是專門記載藥物的書，中國最早的「本草」書是漢代的《神農本草經》，李時珍很佩服古代藥物學的成就，同時也發現了不少問題。今天的「漏籃子」事件，使他聯想起過去因「本草」錯誤而發生的幾件事。

「本草」書上說，巴豆是瀉藥，可是他有一次給患者服用少量的巴豆，反而止住了腹瀉。後來繼續使用，成功病例已近百人。

有個紳士按「本草」書所說，把「草烏頭」當作「川烏頭」服用，結果一命嗚呼！老「本草」已經好幾百年沒有修過，應該趕快修一部新的，把我見識到的東西都添進去，把古人講錯了的都給改過來。李時珍這樣想。但重新修訂「本草」，談何容易！過去修本草是朝廷組織力量進行的，個人的力量無疑顯得太小。

但李時珍下決心要盡自己的微薄之力完成這件功德無量的工程。從此，李時珍在行醫讀書當中，更加留心一切和「本草」有關的資料、古籍和文獻。《黃帝素問》、《華佗方》、《張仲景傷寒論》、《神農本草經》等藥書，他都一一精讀，加以校勘，寫下箚記。

為了修改好舊「本草」，他堅持書本知識和調查實踐相結合，穿草鞋，背上藥筐，拿起藥鋤，帶上必要的藥書和筆記本，投身到大自然中去實地採訪。凡是需要調查研究的藥物，事先都寫在他的本子上，先尋找當地產的，再解決不易尋到的。自己不認識的草藥，便向當地人請教。蘄州周圍百十里內廣闊的原野、偏僻的山谷，都有他的足跡。

廣大的勞苦群眾，不論是種田的、捕魚的、砍柴的、打獵的，都熱情地留他在家住，積極地幫助他瞭解各種各樣的藥物，他也虛心求教。

李時珍整整花了十年的心血，還是有不少藥沒有收集到實物。於是，在他四十七歲時，決定做長途旅行。他收了一個徒弟叫龐憲，師徒結伴而行，先後到過湖北北部的武當山、江西的廬山，還到過江蘇、安徽等地。

正是由於李時珍多走、多學、多見、多聞，他的那個藥物名單中的空白點不斷減少，而藥包中的經驗單方卻逐漸增多，老鄉們告訴他：箭頭草燒出煙來，可以燻瘡；大蒜液殺蟲和防痨非常有效；益母草是治療婦女病的良藥；患夜盲症，吃羊肝和胡核可以治癒……這些千百年來流傳在民間的單方、偏方，既經濟實用，又是十分珍貴的醫藥遺產，李時珍都把它們一一記錄下來。

皇天不負苦心人，憑著這種百折不撓的決心，李時珍藥包裡的資料已經多得不勝枚舉，有關於礦物的，有關於植物的，有關於動物的，還有不少珍貴的民間單方和書籍文獻。三年後，李時珍回到家中，動員全家人參加編寫工作。除了龐憲這個重要助手之外，他的三個兒子、四個孫子，有的幫助抄寫，有的幫助繪圖。一五七八年，李時珍六十歲的時候，這部輝煌鉅著終於完成了。全書記載了藥物一八九二種，插圖一一六〇幅，附方一一〇一六則，共一百多萬字，訂成五十二卷，堆在案頭有好幾尺高。

李時珍之所以能取得巨大的成就，正是得益於博聞多識、擇善而取之的治學之道！我們在敬佩他不畏艱辛、持之以恆精神的同時，更應該領悟到博聞多識、擇善而取之在成就事業中的重要性，從而在自己的學習和工作中採取這種正確的方法，以真正有效地不斷提高自己的素養和水準。

從主觀方面來說，人在理解一個問題時，或是掌握一門知識時，很可能受自身學識、心理、情感等因素的影響，如果不是在博聞、多見的基礎上甄別、取捨後得來的，就很可能由於自身的限制和偏限而認知得不全面、不準確。

從客觀方面來說，一個道理、一門知識，與外界事物有著豐富的、多樣的關聯，有著表面現象和內裡本質區分，要真正懂得一個道理，把握一門知識，如果不博聞、不多見，就難從事物之間豐富的、多樣的關聯中找到規律，就難以透過現象看本質，就難以準確選擇並把握那些對我們自身有利的知識和技能。

所以，無論從主觀上講，還是從客觀上講，求知離不開「博聞」、「多見」，但更要注意「擇善而從」。誰能堅持這樣做，誰就能求得真知。

曾子孝行

曾子的孝行是舉世稱道的，但有時不免到了愚蠢的程度。

嘉祥縣曾子故里有兩個五十畝見方的平台，人稱「曾子耘瓜台」，說是曾子當年在這裡幫著父親曾點耘瓜，一不小心，把瓜秧都鋤斷了。曾點見了，勃然大怒，揮棒向兒子當頭打來，將曾子打暈在地，過了很長時間，曾子才甦醒過來。但他不顧頭暈眼花，立即上前扶著曾點，關切地問候父親，剛才揮棒時，是否閃著胳膊震疼手，他怕父親擔心打傷了他，回到家後又彈琴又唱歌。孔子知道此事後，對曾子這種愚蠢的孝順做法很不滿意。

曾子奉養父母，無論家境如何貧寒，每餐必有酒肉。他不光做到讓父母吃飽穿暖，還能使父母心情舒暢，從不惹父母生氣。

相傳曾點喜歡吃羊棗，曾子就到很遠的地方去買，自己從來捨不得吃一個。有人見曾點津津有味地吃羊棗的時候，曾子卻在大吃羊肉絲。

這事傳之後世，孟子學生公孫丑問孟子：「是羊肉絲好吃呢？還是羊棗好吃？」

孟子說：「當然是炒羊肉絲好吃嘍！」

公孫丑又問：「那麼，曾子為什麼吃羊肉絲，卻不肯吃羊棗呢？」

孟子說：「炒羊肉絲是大家都喜歡吃的，而羊棗只有個別人喜歡吃。就像父母的名字應該避諱，而姓卻不用避諱一樣，姓是大家共有的，而名卻是一個人獨有的。」

人說曾子在做官以前，生活十分困苦，他常常穿著破舊的身裳下地幹活。魯國國君知道了，就對大臣說：「曾子是孔子門下的大賢士，怎麼能窮到這種地步，給他送些衣服去。」

魯君三番五次地派人送衣物，都被曾子婉言謝絕了。送衣人問曾子：「先生並沒求人索要衣物，這是國君主動送給你的，你為什麼不要呢？」

曾子說：「我聽人說，平白無故地接受人家的東西，就要畏懼人家，給人東西的人就會欺凌人，我不接受魯君的東西，魯君也不會欺凌我，我也就沒有什麼可怕的啦。」

送衣人把這話傳給孔子，孔子很高興地說：「從曾參的言行看，他是個有志向的賢人，他能保全終身的氣節啊！」

後來，曾子的家境愈來愈貧寒，為了養家餬口，他不得不到離家較近的莒邑做了個小官，雖然祿米僅有幾斗，他仍十分歡喜，因為他能用自己的所得供養雙親。他成為大名士後，雙親也老了，他就辭官回了家。當時齊國聘他為國相，楚國請他為令尹，晉國邀他任上卿，曾子都堅辭不就。他說：「人生所以貴有人子，無非是老來有人奉養。現在我的父母都老了，我又如何敢遠離一步，受人家的役使呢！」

感悟四十七

學以致用為本

【原文】

子曰：「誦《詩》三百，授之以政，不達；使於四方，不能專對；雖多，亦奚以為？」

【解析】

孔子說：「熟讀了《詩經》三百篇，叫他去處理政務，卻行不通；派他出使外國，卻不能獨立應對；書讀得雖多，又有什麼用處呢？」

論語中孔子講過這樣一段話：「熟讀了《詩經》三百篇，叫他去處理政務，卻行不通；派他出使外國，卻不能獨立應對；讀得雖多，又有什麼用處呢？」這段話說出一個道理，學必須致用，如果學得再多，卻不管用的話，讀了也是白讀。而真正有學問的人，都是能夠將理論與實際相聯繫，學習致用的人。陸隴其即是一例。

陸隴其是清初講授程、朱理學和王陽明心學的著名學者，曾經當過知縣、御史一類的小官。他像其他理學家一樣認為天下萬事萬物之中都包含著同樣的「理」，現實中的人之所以不同，就是因為沒有領悟到其中的「理」，人們只要懂得了這些「理」，就能使自己的言行符合規矩，遵守國家的法制。陸隴其不僅善於講學，還善於將他的理論應用到實踐中，因此，他無論是行政還是斷案都有一個特點，就是除了按法律辦事以外，還十分重視道德教化。所以，他無論是履行公務，還是審訊犯人，總要深入淺出地講一些道理，幫助人們發現自己的良知。

在催交賦稅的問題上，陸隴其表現得很典型。催交賦稅是朝廷賦予各級官員的一項極其重要的政務，也是一項很不容易完成的任務，每年都有鄉民拖欠賦稅，並因此發生命案。一般的縣令在催交賦稅時，總是指揮大批衙役下鄉督促，用武力相脅迫，稍有遲緩，要嘛罰糧、罰款，要嘛實行體罰，往往弄得官民對立，怨聲載道，稍有不慎，還會激起民變。

陸隴其卻能十分平穩地處理這些事。他在當嘉定縣令時，每當將要繳糧納賦的時候，他通常先把鄉親父老召集起來，不是下達繳納賦稅的命令，而是對大家講一番按時納賦的道理。他說：「向大家徵繳錢糧，全是朝廷的國課，不是縣官的私蓄。如果大家能急朝廷之所急，按時上繳錢糧，不僅自己心安理得，不用擔心，而且使官員減去了很多麻煩，這樣，官員就有更多的時間為民辦事。我與大家沒有任何私怨，不想為收錢糧而責罰任何人。更何況你們一旦受到杖責，不僅要花許多錢，還要落個欠糧受責的名聲。倒不如及早繳齊糧款，我們大家都相安無事。」鄉民聽了這番話，覺得很有道理，因此去除了心理障礙，樂於接受。所以陸隴其在任時，幾乎沒有發生過欠糧受責的事。

對於囚禁在監獄中的犯人，他也並不是簡單地依法辦事，而是好言相勸，進行開導。他曾經寫過一篇《勸盜文》，派人向犯人們反覆宣講。文章的大意是：「人的本性原本都是善的，你們這些犯了罪的人也都一樣，沒有人例外。只是由於陰差陽錯，一念之差，才導致了不安分守己，做出犯法的事來，關在這裡接受懲罰。所以發生這樣的情況，都是由於人心中的雜念蒙蔽了善性造成的。然而人心是可以改變的，只要你們能夠反省往日的不是，真心悔過，去除心中的雜念，就能重新做好人，依舊可以成家立業。」讀到這裡，在場的犯人們都感動地哭了起來。因此，教化的效果很好，罪犯也逐漸地減少了。

陸隴其不僅善於言傳，還善於身教。陸隴其在擔任靈壽縣知縣的時候，更注意對鄉民進行言傳身教的教化，效果很好。有一天，一位老婦人來到縣衙指控兒子忤逆家長。父母告兒子的事在當時並不多，陸隴其對這件事十分慎重。他先派人把老婦人的兒子找來，經過盤問得知，這位少年不到二十歲，自幼喪父，依靠母親把他扶養大，但管教不嚴，因和鄉里的一些地痞無賴在一起鬼混，沾染了不務正業的壞毛病，在家不僅不照顧多病的母親，反而經常做一些不孝的事。老婦人沒有辦法，才告到縣衙，請陸知縣為自己作主。

陸隴其弄清情況後，知道這種情況僅靠懲罰不僅沒有用，還可能使這個家庭更不和睦。於是，他對老婦人說：「我的衙署裡現在需要一位館僮，如果您同意的話，我想讓您的兒子暫時來這裡服役，等我找到合適的人選後，再把他替換下來。」老婦人雖不解其意，但覺得給兒子找了一份差使，總是好事，當即同意了。陸隴其只向那位少年提出一個要求，就是要他當自己的隨從，一天到晚跟隨在自己的身邊，不許離開片刻。

陸隴其是有名的孝子，極遵孝道。他的母親住在縣衙的後院，每天早晨，陸隴其起床後就來到母親寢室門外，恭敬地站著，等候母親起床。母親起床後，陸隴其立即進去問安，並端進熱水讓她洗漱。吃午飯時，陸隴其把老母扶到座中，自己側立一旁，服侍進餐。有時，他還裝作小孩子一樣逗老人家發笑。等母親吃完離座後，他才開始吃飯。有時儘管吃的是母親剩下的飯菜，他也從不計較。晚飯時，陸隴其對母親也是這樣。辦完公事回到家中，陸隴其總是先到母親的房中，侍候母親，有時，陸隴其講一些古代的故事，也談一些民間的軼事趣聞，使老人家聽得津津有味，眉開眼笑。如果遇到老母得病，陸隴其更是顯得心急如焚，十分忙碌，又是請醫，又是熬藥，還徹夜不眠地守在母親身邊。俗話說：「床前百日無孝子」。但陸隴其始終如一，毫不懈怠。

陸隴其就是這樣忙於公事，孝敬老母，一有空閒還要讀一讀書，似乎忘記了自己的身邊還有一位不知孝敬母親的少年犯人，陸隴其除了每天督促他跟隨在自己的左右，指示幫助自己做點什麼小事外，什麼話也沒有對他講過。幾個月就這樣過去了，終於有一天，那位少年突然跪在陸隴其的面前，請求放他回家。

陸隴其故意說：「你母親告你忤逆不孝，這件案子還沒有審理，你怎能回家呢？」

這時，那位少年已經覺悟，淚流滿面地跪在地上，泣不成聲地說：「以前小人糊塗透頂，都是小人的過錯。是我不懂禮儀孝道，得罪了母親。自從跟隨大人以後，我完全明白了盡孝的道理。請大人讓我回家，好好孝敬母親，也好彌補從前的過失。」

陸隴其本來就是這個意思，聽了這些話十分高興，又跟他講了一番道理，說了些勉勵的話，就讓他回家了。後來，那位少年果然痛改前非，努力上進，取得了功名，成為遠近聞名的孝子。

康熙三十一年，陸隴其逝世。第二年冬，朝廷需要委派兩名文臣管理直隸、江南兩處書院。朝廷中的大臣都主張應該從翰林院中物色人選。康熙不同意，發出特旨說：直隸派李光地去管理，江南派陸隴其去管理。大學士王熙急忙奏報說：「陸隴其已於去年病故了。」康熙十分惋惜地說：「為什麼不早啟奏？」王熙回答說：「按照啟奏的條例，七品官在籍身亡的官員不在向朝廷奏報之列。」康熙沉默了許久，十分感嘆地說：「陸隴其是本朝不可多得的人才啊！」

理論不合實際就會流之於空，學問只有致用就不失之為虛。

感悟四十八

業精於勤荒於嬉

【原文】

葉公問孔子於子路，子路不對。子曰：「女奚不曰：其為人也，發憤忘食，樂以忘憂，不知老之將至云爾。」

【解析】

葉公向子路詢問孔子是怎樣的人，子路不知道怎麼回答。孔子說：「你為什麼不這樣說，他的為人呀，發憤得忘記了吃飯，快樂得忘記了憂愁，不知道衰老就要到來，如此而已。」

古語云：「君子之學貴一，一則明，明則有功。」意謂君子做學問貴在專心致志，發憤忘食，持之以恆。如此就能諳於事理，諳於事理就能夠取得成效。魏晉時的學者皇甫謐，不求高官厚祿，畢生精思苦學，竟至廢寢忘食，終於學業有成，著述繁富，成為一代經學大師和醫學專家。正是「業精於勤，荒於嬉；行成於思，毀於隨。

皇甫謐是魏晉期間著名的經學大師、醫學家。他的一生著述甚多，有《禮樂》、《聖真》諸論、《帝王世紀》、《玄晏春秋》、《年曆》、《高士》、《列女》、《逸士》、《論寒食散方》、《針灸甲乙經》等。其中《針灸甲乙經》是中國醫學史上第一部針灸學專著，為後世學習針灸必讀的經典，在國內外有深遠影響。但是皇甫謐年輕時卻是個浪子。他出生後就過繼給叔父為子，從小遊手好閒，不肯讀書。

一天，皇甫謐得到了一些瓜果，就高高興興地拿回家，孝敬他的叔母任氏。任氏卻不為他孝敬的瓜果高興，看到他成天玩耍、無憂無慮的樣子，不由得嘆了口長氣，說：「你拿這些瓜果給我，難道就是孝順嗎？《孝經》上說：『雖然每天用牛、羊、豬三牲來奉養父母，仍然是個不孝之子。』何況這些瓜果呢？你現在快二十歲了，眼睛卻從來沒有看過書本，心裡不懂一點道理，你將來能做些什麼事呢？又有什麼可安慰我的呢？」說到這兒，任氏想起皇甫謐將來的前途茫茫，淚如泉湧。她一邊抽泣，一邊接著說：「從前，孟子的母親三次遷居，終於使孟子成為仁德之人；曾子的父親為信守諾言而殺豬，留下了教育子女的榜樣。難道是我沒有像孟母那樣選擇好鄰居、沒有像曾父那樣用良好的教育方法嗎？你怎麼會愚蠢、魯莽到這等地步呢？唉，教你修身立德，勤奮好學，是為了你好，你自己可以有所得，對我又有什麼用呢！」說完這番話，任氏更加傷心，對著皇甫謐涕淚不止。

皇甫謐沒想到給叔母孝敬一些瓜果，會引起叔母如此傷心。叔母的話深深地刺激了他原先麻木不仁的頭腦。想想自己已經是個二十歲的男子漢了，應該有所作為了，卻還啥事不懂，實在羞愧。看著叔母的淚臉，他暗下決心，再也不能浪蕩下去了，一定要像叔母教訓的那樣勤奮學習，做個有修養的人。

皇甫謐家裡很窮，沒有錢到京城求學，同鄉有個名叫席坦的學者，皇甫謐就拜他為師，在席坦的指點下勤學不倦。皇甫謐平時還要幹農活，否則無以謀生，他就總是帶著經書到田裡，幹活累了在田邊休息的時候，便拿出書來誦讀。經過幾年的學習，皇甫謐博覽了國家的重要文獻和諸子百家學說，性格變得沉靜好思，有了崇高的志向，很少有個人的欲念。他覺得書籍能給人知識，教給人道理，流傳後世，造福子孫。所以決定以寫作為自己一生的事業。

皇天不負苦心人。不久，皇甫謐寫出了《禮樂》、《聖真》等著作。甘露年間（西元二五六—二六〇年），他不幸得了風痹症，行動不便，卻仍然不斷地閱讀和寫作。疾病的痛苦，又促使他發憤學習醫書，習覽經方，採集和整理古代的醫學文獻資料，並且寫出了《針灸甲乙經》等醫學著作。有些人看到皇甫謐學問很好，就勸他多和達官貴人交往，來贏得名聲，好去做官。皇甫謐聽了不以為然。他寫了《玄守論》來回答那些人的勸說。他宣稱，只有聖人才能出仕做官得到好名聲，自己不是聖人，不必結交達官貴人，為公事忙碌，然後得到好名聲。他不去做官，依然沉浸於經典書籍之中，廢寢忘食地讀書和寫作，被人稱為「書淫」。他的朋友見他學習如此專一，怕他損耗精神，影響身體，勸他注意休息，不要用功過度。皇甫謐回答說：「早晨學到了道理，到傍晚死了也是值得的；何況人的壽命並不是完全由自己決定的呢。」

皇甫謐一心只在寫作事業上，對功名看得很淡薄。他堂姑的兒子梁柳要去陽城任太守了。在梁柳即將赴任時，有人勸皇甫謐為梁柳餞行。皇甫謐說：「梁柳沒有做官的時候，他來探望我，我都不出門迎送，請他吃飯，也不拿酒、肉來招待。現在他當了太守，我卻去用酒宴來餞行，這不成了看重陽城太守的官職，而看輕了梁柳本人嗎？這哪裡符合古人的為人之道呢？如果那樣做，我心裡會很不安的。」

後來地方官和朝廷曾多次徵召他當官，但他都一一謝絕，概不赴任。他的朋友和鄉親們又都來勸他應召。他便寫了《釋勸論》來表達自己的潛心學問、不願為官的志向。晉武帝司馬炎為了表示自己求賢若渴，又屢屢下詔敦促、逼迫皇甫謐出來做官，皇甫謐仍不為所動。他上書自稱草野之臣，說明自己重病在身，只能待罪床席；自己是個平庸之人，如果穿上顯貴的錦緞綢衣是很不相稱的；希望陛下寬待久病之人，請出真正的奇才異能之士，不使泥滓混雜於清流之中。由於他的言辭懇切，終於獲得了皇帝的恩准。過了一年多，他又被舉薦為賢良方正，他還是不去，卻上書給皇帝要求借書。皇帝便送給他一車書。他雖然患有重病，但仍勤讀不已，筆耕不輟。

咸寧初年（西元二七五年），晉武帝又下詔說：「皇甫謐沉靜樸實，堅持學習，喜好古籍，與世俗之人的志趣完全不同。所以特任命皇甫謐為太子中庶事。」皇甫謐以病重為由堅決推辭。皇帝起初雖然並不勉強他改變志向，但不久又發出詔書，徵辟他為議郎，接著又補任命他為著作郎；司隸教尉劉毅還請任命皇甫謐為功曹，但皇甫謐一概不應允。一直到死，皇甫謐也沒有去做官。

皇甫謐之所以能夠著述繁多，多才多藝，善寫詩、賦、頌等各種文體，以疾病之身而成為一代醫學、經學大家，就在於他能夠有志於學，好學深思，持之以恆，淡泊平生，不務虛名，不趨炎附勢，不圖高官厚祿。如果志趣不遠，為人浮躁，追逐名利，絕不能在學業上有所建樹。皇甫謐的治學精神及治學道路，於今日還是有一定的借鑑意義。

「鍥而捨之，朽木不折；鍥而不捨，金石可鏤。」業精於勤，學問之道更是如此。一個人只要有志於學，好學深思，持之以恆，就肯定會有所建樹。

感悟四十九

會學習還要會思考

【原文】

子曰：「學而不思則罔，思而不學則殆。」

【解析】

孔子說：「只是讀書，卻不思考，就會迷惘；只顧思考，卻不讀書學習，就會出問題。」

這是孔子的一句名言，也成為世人所熟悉的學習格言。孔子的一部《論語》，「學」字出現六十五次，對於人的學習問題，可說是進行了多方面的反覆論述。其中「學而不思則罔，思而不學則殆」，可算是孔子推薦的重要治學方法之一。

從孔子這句名言，可以看出「學」與「思」是兩個不能混同但又緊密關聯的概念，各有各的特點，各有各的作用，但又誰也離不開誰。在學習過程中缺少其中任何一項都不行。

那麼「學」是什麼，「思」又是什麼呢？欲知「學」是什麼，我們不妨先說說「學」是什麼。孔子既然將「學」與「思」相對而言，可見「學」，並不就是「思」。《周易．文言傳》中說：「君子學以聚之，問以辯之，寬以居之，仁以行之。」《禮記．中庸》中也說：「博學之，審問之，慎思之，明辨之，篤行之。」這裡將學與問、與行相對而言，也就是說學不是問，也不是行。既然學不是「思」，不是「問」，不是「行」，那是什麼呢？必定是學前人留下來的知識，學前人的文化遺產，其實就是讀書。「思」好理解，它就是思考、思索、探究的意思。

孔子說「學」與「思」要結合，要統一，「學而不思則罔」。「罔」就是被欺騙、迷惑。即是說，一個人如果只會讀書，不動腦筋，不認真思考，表面上好像有了學問，可是沒有智慧的思想，只記住一些死教條，就很容易受書的欺騙，只能是迂闊疏遠，不切實際的東西，沒有用處。但是，只是「思而不學」，則又容易「殆」。「殆」，意指「疑而不決」，即解決不了自己不懂的問題。即使自己天資聰慧，有思維能力，有思想，但不認真讀點書，缺乏思考的武器和分析、解剖問題的工具，那也是非常危險的。

孔子在這段話裡，既講明了學習的重要性，更揭示了學習過程的特點和規律——求學必須堅持「學」與「思」的統一，二者缺一不可。孔子總結的這一規律，既是他自身治學的體會，又是他幾十年教學實踐的總結。推而廣之，在學校學習之外任何形式的學習（包括自學）和做學問，都要遵行孔子所示的「學思相兼」之法。

《論語．八佾》中記載著這樣一則故事：

子夏問曰：「『巧笑倩兮，美目盼兮，素以為絢兮。』何謂也？」子曰：「繪事後素。」曰：「禮後乎？」子曰：「起予者商也，始可與言《詩》已矣。」

說的是有一天，子夏讀了《詩經》中「巧笑倩兮，美目盼兮，素以為絢兮」這三句，其中的道理不太明白，便來問他的老師孔子。

當然子夏並不是完全不懂，他的意思是這三句話似乎形容得過分了，所以問孔子這是什麼意思。孔子告訴他「繪事後素」，即說繪畫完成以後才顯出素色的可貴。這句話的意思，以現在人生哲學的觀念來說，就是一個人由絢爛歸於平淡。就藝術的觀點來說，好比一幅畫，整個畫面填得滿滿的，多半沒有藝術的價值；又如佈置一間房子，一定要留適當的空間。天生麗質，本質優良，稍加點綴，不必濃施粉黛，不必過分做作，就特別美。意即一切在於內質，而不在於外表。經過老師的點撥，子夏一聽就懂了，於是提出了心得報告：「禮後乎？」難道禮儀的後面還有一個「禮」的精神嗎？也就是說禮的內涵比表之於外的禮儀更重要嗎？孔子聽了就說：「對！你說的完全對。」並且稱讚子夏說，你現在是真正懂得詩了。

從這則故事中，我們可以看到子夏是一個做到學、思結合的人。他自己先學《詩》，邊讀邊思考，讀到「巧笑倩兮……」一段，經過自己思考，在「素以為絢」這一句上心忿忿，口悱悱，終是想不通，道不明，就去請教孔子。孔子一句「繪事後素」，一下子點通了子夏的思路。但他並不就此罷手，而是進一步思考，舉一反三，立刻由「繪事後素」聯想到「禮後」，即一個人須有忠信之質，然後可以學禮；禮好比女人的粉黛衣飾，忠信好比女人的巧笑美目。巧笑美目是天然素質，當然在先；粉黛衣飾是人工文飾，當然在後。子夏的這一心得，正是學與思結合的結果。

話說到這裡，需要說明一個問題，孔子師生儘管在討論詩，但並不在做純文學的研究。詩包括了人的思想與感情，他們是討論這首詩中的意義。

「誦詩三百，授之以政。」即是說，學識的修養要先讀詩。這並不是要政治家成為一個詩人，因為春秋以前的文化思想，直到孔子刪詩書、定禮樂時代的《詩經》，可以說是包括了一切知識的通才之學，包括文學、藝術、哲學、宗教，以及蟲魚鳥獸的名稱、人情風土的知識。

為什麼會如此？因為在古時，是文政不分、文哲不分、文史不分的。大政治家，大多是大詩人、大文學家；中國的文學家，很多就是哲學家，哲學家就是文學家。譬如唐初張若虛的名詩《春江花月夜》有句：「江上何人初見月？江月何年初照人？」與西方人的先有雞還是先有蛋的意思一樣，但到了中國的詩裡就寓哲於美了！所以你不在文學裡找，就好像中國古代沒有哲學，在中國文學作品中一看，哲學多得很。

文史不分。中國歷史學家，都是大文學家，所以司馬遷著的《史記》裡面的禮、樂、律、曆、天官、封禪、河渠等等，到處是哲學，是集中國哲理之大成。

文政不分。大政治家多是大文豪，唐代的詩為什麼那麼好？因為唐太宗的詩好，他大力提倡的。對聯為什麼在明代開始發展起來？朱元璋的對聯作得很不錯。他儘管不讀書，卻喜歡作對聯。有個故事，有一年，過年的時候，朱元璋從宮裡出來，看見一家老百姓門前沒有對聯，叫人問問這家老百姓是幹什麼的，為什麼門口沒有對聯。一問是閹豬的，一來不會作對聯，二來這個行當也不大好寫對聯。於是朱元璋替他作了一副春聯：「雙手劈開生死路，一刀割斷是非根。」很好！很切實際，還有深意。

正因為如此，培養一位政治人才，必須先使他讀詩、懂詩，瞭解詩背後的人生、宇宙的境界，透過詩的感情，去培養立身處世的胸襟。

上面簡要介紹詩的作用，可以看出孔子與子夏表面上討論的是詩，實際討論的是人生的道理；也可以明白，子夏為什麼三句詩不懂，非要學、問、思相結合弄懂不可。

在孔子的學生中，堅持學、思結合的絕不僅僅子夏一人，子貢也是一個善於學思結合而受到孔子讚揚的。

《論語．學而》中記載：

子貢曰：「貧而無諂，富而無驕，何如？」子曰：「可也；未若貧而樂，富而好禮者也。」子貢曰：「詩云：『如切如磋，如琢如磨。』其斯之謂與？」子曰：「賜也，始可與言詩已矣！告諸往而知來者。」

有一次子貢說：「老師，人窮了，倒楣了，還是不諂媚，不拍馬屁，不低頭；發財了，得意了，還能夠對人不驕傲，何如？」這個「何如？」若演起戲來，導演一定教演員作得意狀。

子貢這個時候，似乎認為自己學問修養做到這個地步已經很不錯，很有心得了，心想一定可以得到老師的欣賞。可是孔子只說「可也」而已。

下面還有一個「但是」，但是什麼？

「未若貧而樂，富而好禮者也。」

你做到窮了、失意了不向人低頭，不拍馬屁，認為自己就是那麼偉大，看不起人，其實修養遠遠不夠；或者你覺得某人好，自己差了，這還是一種與人比較的心理，敵視的心理，修養還是不夠的。同樣的道理，你做到了富而不驕，也不能說修養夠了，因為你覺得自己有錢有地位，非得以這種態度待人不可，實際上仍舊有優越感。要做到真正的平凡，在任何位置上，在任何環境中，就是那麼平實，那麼平凡，才是對的。所以孔子告訴子貢，像你所說的那樣，只是及格而已，還應該進一步做到「貧而樂，富而好禮」。

聽到這裡，子貢懂了，而且服了，不僅服了，而且在孔子的講解過程中他又展開聯想，提出了更深一層的心得：「詩云：『如切如磋，如琢如磨。』其斯之謂與？」子貢引用的是古代的詩，講做玉石的方法。如花蓮的玉石，最初是桌面大的一塊石頭，買來以後，先將它剖開，裡面也許能有幾百個戒指面，也許只有十個八個也說不定。做玉器的第一步，用鋸子弄開石頭叫剖，也就是切；找到了玉，再用銼子把石頭的部分銼去，這第二步叫磋；玉磋出來了以後，再慢慢地把它雕琢，雕琢成戒指形、雞心形、手鐲形等一定的樣式、器物，就是琢；然後又加以磨光，使玉石發出美麗奪目的光彩來就是磨。

切、磋、琢、磨，這就是借助加工玉石的細膩、艱辛過程來比喻接受教育的過程。一個人生下來，要接受教育，要慢慢從人生的經驗中體會出來。學問進一步，功夫就愈細，愈到了後來，學問就愈難。

感悟五十

啟發式的教育方法

【原文】

子曰：「不憤不啟，不悱不發。舉一隅不以三隅反，則不復也。」

【解析】

孔子說：「教導學生，不到他想弄明白而不得的時候，不去開導他；不到他想出來卻說不出來的時候，不去啟發他。教給他一個方面的東西，他卻不能由此而推知其他三個方面的東西，那就不再教他了。」

孔子提倡一種啟發式的教育方法和原則。所謂「憤」，就是激憤的心情。對於不知道的事，非知道不可。比如有一件事，老師對學生說：「你不行！」而他聽了這話，則認為一定要弄明白不可，這就是有意刺激他，把他激起來。「啟」，就是發，在「發」之前，先使他發憤，然後再進一步啟發他。「不悱不發」，就是要善於引起學生的懷疑。告訴學生，這種說法值得考慮、商榷，或者多問幾個「為什麼」，要培養學生有一種「當仁不讓於師」的精神，不是光靠服從而被動接受知識。如果總是呆板地接受，學習會愈來愈差。多懷疑然後才會去研究，「發」就是研究。

引導、提倡學生要多方面看、多方面思考，由老師講的一可以推知二、推知三才行。「舉一隅而不以三隅反，則不復也。」如果一個人的領悟力低，或者乾脆不願動腦筋，老師講一點，他就只知道死記硬背下這一點。比如說一張桌子四條腿，老師講了一條腿，他領會不到另外三條腿的樣子，「則不復也」，即是不能算真正的領會，再教下去也沒什麼意思。有些人讀書學習很用功，但是領悟力不夠，不能舉一反三，只能成為一個書呆子。譬如拿研究歷史來說，最低限度，也是為了「前事不忘後事之師」。瞭解前代的許多事情和現代的事情原則差不多，道理是一樣的，只是發生的年代不同，地區不同，現象兩樣而已。所以多讀歷史能夠舉一反三，就可以前知過去，後知未來。倘若讀了許多歷史書，不能舉一反三，只記得一堆大事年表、一堆歷史故事，則只能做個教書匠，而且還不是一個稱職的教書匠，書櫥而已。

孔子教學，除堅持因材施教、循循善誘外，又十分重視啟發式教育，他對於教育過程的深刻認知、熟練把握、靈活運用，確實令人佩服之至。我們知道，讀書學習是老師和學生雙向交流的過程，老師固然發揮主導作用，但學生是主體。作為學生掌握知識的過程，老師只是外因，學生自己的主觀能動性才是內因。學生自己不主動學、主動思考，單憑老師「灌」是學不好的。

孔子講「不憤不啟，不悱不發」就是看到了這一點，重視這一點。不但是看到、重視，而且還能想方設法去引導學生發揮主觀能動性，即想辦法刺激他，「刺」出「激憤」的心情；想法設疑、設問，引起學生「懷疑」，進而作深入的思考。由此可見孔子對於如何引導學生主動學習、創造性地學習的見解確實精闢，認知深刻。

古人說：「學起於思，思源於疑。」求知欲往往是疑問引起的。大文豪巴爾扎克說：「打開一切科學的鑰匙都是問號……而生活的智慧大概就在於逢事都問個『為什麼』。」鄭板橋說得好：有學而無問，雖讀書萬卷，只是一條鈍漢耳。著名教育家陶行知也曾在一首詩中說：「發明千千萬，起點在於問。」「人力勝天工，只在每事問。」這些觀點與孔子的「不憤不啟，不悱不發」的啟發式教育，精神實質是一致的。

孔子的「不憤不啟，不悱不發」，不是隨意說出來的，而是從其自身的教學實踐中總結概括提煉出來的經驗之談。

《論語．雍也》記載：「仲弓問子桑伯子。子曰：『可也簡。』仲弓曰：『居敬而行簡，以臨其民，不亦可乎？居簡而行簡，無乃大簡乎？』子曰：『雍之言然。』」

意思是說：有一天學生冉雍（字仲弓）提出一個問題來問孔子，討論到子桑伯子這個人。孔子說，子桑伯子從簡，一切都是簡化，而且簡單得好。冉雍聽了孔子的回答後，有些不同意見，他大膽地講出自己的想法：作為領導人，如果態度嚴肅認真，對一件事、對一個人（即待人處事），都有一種敬重的心理，事情自然就可以簡化（抓大體，不繁瑣）。這樣治理百姓當然對。倘若其沒有尊重這件事情，沒有重視行政組織，沒有「敬業」的心理，只是滿不在乎，僅僅以簡化為目的來實行簡化，這不僅失之草率，而且將簡化變成一種權術、一種手段，這就不合政治道德。這不是簡化過分了嗎？還能稱得上好嗎？

孔子聽了冉雍的表白，明白有否定自己答案的意思，但他不但不生氣，不爭辯，反而心悅誠服地說：「你的話對，我一時說錯了。」孔子這種不擺架子、不耍權威，平等討論的精神，不僅表現了他本人高尚的道德修養，同時也是在以一種和藹、親切、民主、平等的態度鼓勵、激發學生思考問題、發表見解。

孔子曾稱讚冉雍有帝王之才，但他出身貧寒，家境不好，因而潛意識裡有一種自卑感。孔子害怕這種自卑感壓抑他的上進心，曾用形象的比喻，勸導他克服自卑，激發自信心。孔子對他說：「犁牛之子，騂且角，雖欲勿用，山川其捨諸？」「犁牛」是一種雜毛牛的名稱。在古代，這種雜色的牛，除了耕種，沒有什麼其他的用途。尤其在祭祖宗、祭天地等莊嚴隆重的典禮中，一定要選用色澤光亮純淨的牛為犧牲。但這條雜毛牛卻生了一個赤黃發亮、崢嶸俊美的頭。雖然雜毛牛的品種不好，但是只要這頭小牛本身條件好，即使在祭掃大典中不想用牠，山川神靈也不會捨棄牠的。這是告訴冉雍，你不要有自卑感，不要介意自己的身世如何，只要自己真有學問，真有才能，真站得起來，別人想不用你，天地鬼神都不會答應的。孔子在這裡，不僅以形象的比喻有效地打消冉雍的自卑感，本身就是啟發式教學，同時打消自卑感又更能激發冉雍學習的動力，這才是更重要更有力的啟發。

又一次，冉求說：「非不說子之道，力不足也。」子曰：「力不足者，中道而廢。今女畫。」

這段話的意思是：冉求有一次對孔子說：「老師，你不要老是說我們不努力。我們對於你的學問非常景仰，只是我們做不到，力不能及。」孔子說：「你這話錯了。做了一半，無法完成其功，這是力量不足的緣故。可是你根本還沒有開始做，怎麼知道無法做成呢？今天自己把自己畫在一個界限內，還沒開步走就先認為過不去，這不是自甘墮落嗎？」

從這個故事可以看到孔子教育學生既有殷切的希望，又有善意的批評，目的正在於啟發學生立志上進，絕不可畏難卻步、半途而廢。

有一天，那位「行行如也」的子路學習鼓瑟。子路正在鼓瑟，孔子看見後，覺得很好玩，於是講了句笑話，「由之瑟，奚為於丘之門？」意思是說，你子路對於鼓瑟還沒有入門呢！同學們聽到孔子對子路的評語，就取笑子路，孔子見自己一批評子路，學生們就盲從，就取笑，覺得這種風氣不好，於是接著說：「由也升堂矣，未入室也！」意思是說，你們這般小子也真是太看輕人，我說子路，是勉勵激發他的話，實際上，子路鼓瑟的成就已經進入了廳堂裡，不過沒有更進一層，進入內室去而已。「升堂入室」的典故，就是從這裡來的。

孔子在這裡，既勉勵子路必須繼續努力，又啟發引導學生們凡事要真正頭腦冷靜，用自己真正的智慧、眼光來看一件事、看一個人，不要盲目地跟著別人轉變。孔子啟發教育人可謂語重心長，情真意切。

樊遲請教「仁」的道理，孔子簡單地答「愛人」；請教什麼叫「智慧」，孔子又是簡單兩個字「知人」。樊遲聽了之後，不明所以，孔子又向他解釋了一番。看來樊遲這個人反應比較遲鈍，還是不大明白箇中道理，但孔子沒有訓斥、諷刺，沒有潑樊遲的冷水。倘若潑一盆冷水，很可能澆滅了求知的欲望，這肯定是失敗的教育。可是孔子又沒有照直往下講解，而是在這裡打住，不往下說。這就是「引而不發」，啟發你自己去思考，去舉一反三，實在想不出來，你或者看書，或者向別人再請教。樊遲最後還是向學友請教，終於明白了。「引而不發」，正是孔子宣導的刺激、誘導的教育方法。

注意保護學生提問題的積極性，即使是過於幼稚或離題甚遠的問題，也不要簡單地頂回去，盡量發現其中的合理部分或積極因素，設法誘導，使其思維走上正確的軌道，而這正是啟發的大好時機。

感悟五十一

要培養多方面的才能

【原文】

子曰：「君子不器。」

【解析】

孔子說：「君子不像器具那樣（只有某一方面的用途）。」

君子是孔子心目中具有理想人格的人，非凡夫俗子，他應該擔負起治國安邦之重任。對內可以妥善處理各種政務；對外能夠應對四方，不辱君命。所以，孔子說，君子應當博學多識，具有多方面才幹，不只侷限於某個方面，因此，他可以通觀全局、領導全局，成為合格的領導者。這種思想在今天仍有可取之處。

我們知道：一件器具，只有一定的用途。例如茶杯只能盛水。器具定了型，用途就有限。孔子說：「君子不器。」君子不能像器具，就是強調「為政」要通才，通才就要樣樣懂。「不器」就是指不能成為某一個定型的人，而應該做到古今中外無所不通，做能文能武的通才；只有具備這樣的素質、這樣的知識結構，才是一位合格的、稱職的為政者。孔子對為政者提出的素養和知識結構的要求，是非常有見地的。

對於一位高層次的管理者，必須具備決斷、敢斷、善斷等能力，同時還應掌握制定決策方案本身的具體本領。高層管理者，只有具備廣博而豐富的知識，才能視野開闊，才能綜合分析，才能聯想，才能發揮、判斷並決策，這是為政者的主要職責，而判斷、決策又必須具有嚴密的邏輯思維和通盤把握的能力。因為從認知論的角度來說，決策是為政者在社會實踐中選擇目標和行動方案的認知過程。決策的對象，不論是社會、軍事，還是生產經營，都是一個複雜的系統，它涉及多方面領域，涉及種種事物的屬性和特點，尤其決策的主體——人，具有豐富感情和心理活動，這就更增加了決策的複雜性。同時，作為認知過程，決策首先需要敏銳的觀察能力和深刻的理解能力；需要準確的判斷能力，深入的分析能力，橫向綜合把握的能力；還需要抽象思維，從而具有揭示客觀事物規律的能力，等等。正因為如此，作為一個決策者、高層管理者，熟悉一兩門專業知識是必要的，但是不必也不可能像專家那樣精通，重要的是要廣博。

由此可見，孔子「君子不器」的見解，是符合實際的，與現代管理的客觀規律是相吻合的。幾千年前的孔子能提出這種見解不能不令人嘆服。

孔子本人，也不只是在口頭上講講「君子不器」，在他育人、察人的過程中，也是堅持「君子不器」這個觀點的。

《論語》中記載著這樣一件事。有一天季康子（魯國的大夫、權臣）向孔子打聽他的學生的才幹。

季康子首先問起有軍事統帥之才的子路，是不是可以請他當政？孔子說子路的個性太果敢，對事情決斷得太快，而且下了決心以後，絕不動搖，決斷、果敢，可為統御三軍之帥，而決勝千里之外。如果要他從政，恐怕就不太合適，因為怕他過剛易折。

季康子接著問，請子貢出來好不好呢？孔子說，不行，不行。子貢太通達，把事情看得太清楚，功名富貴全不在他眼中，聰明通達的人，不一定對每件事盯得那麼牢。比如說桌子髒了，擦一下好不好？通達的人認為擦不擦都是一樣，因為擦了又會髒，不擦也可以。如果有人說一定要擦，通達的人就會說擦也可以，擦了總比較乾淨，那就擦吧！像這樣的人，往往可以做大哲學家、大文學家。因為他有超然的胸襟，也有滿不在乎的氣概。但是如果從政，卻不太妥當。

季康子再請教冉求是否可以從政。孔子說，冉求是才子、文學家，詩詞歌賦琴棋書畫樣樣精通，名士氣味頗大，也不能從政。

誠然，季康子問到這三位學生，想請他們其中的任何一個出來幫助他，而孔子都不放行，也有另外一層原因，因為季氏當時在魯國為權臣，氣勢囂張跋扈，孔子不願讓自己的學生去插上一腳。不過孔子又確實從另一個側面說出了實情：一個從政的人，這三種才能都需要。第一性情要通達，胸襟不可那麼狹隘，氣量要大，否則成就有限。其次要處事果決、剛毅，當斷則斷，絕不拖泥帶水，下了決心，能堅定不移，才不會受環境的影響。第三要多藝，樣樣都知道。政治生涯很痛苦，生活枯燥無味。每天接觸的都是痛苦煩惱的事，都是在是非中討生活。所以自己要有遊藝之趣，要有胸襟和超然的修養。

但是，單具其中一種品質，甚至把它推向極端，那就不是一個優秀的從政者。如子路，具有果敢的品質，但過於果敢，下決心、拍板太快且又毫不動搖，容易造成武斷、專制。如子貢，十分通達，但通達得過分，不是圓滑，就是缺乏主見，這也是從政者之大忌。如冉求，多才多藝，這有利於結交朋友，自我排遣心中煩惱、胸中積憂，但過於專注於詩詞歌賦琴棋書畫，以致放蕩不羈，過分新潮，則只適宜於做藝術家，而不合政治家的要求。可是，這幾種品質又都是從政者必不可少的。怎麼辦呢？

孔子告訴我們必須「君子不器」，樣樣都通，都懂一點，都具備一些，但不必也不能太專一。換句話說，如果把他們三個人的品質集合起來，就不愧是個大政治家的人才。如果具備子路剛毅果斷的精神，又具備子貢那種豁達大度的胸襟和任勞任怨的氣度，再兼備冉求藝術家的修養，不就是一位通才嗎？

只有成為這樣的通才，同時具備這些品質，從政之際，方能應付各種複雜的局面：情況緊急，事關重大，需要果敢決策時，你能下定決心，果斷採取措施；執行計畫、政策，情況萬變，反映不一，發展不平衡，有人歡笑，有人辱罵，你又能以豁達的胸襟，任勞任怨，泰然處之，直到做出成績用事實說話；當頭緒繁多，工作繁忙且又感到枯燥時，則可賦一詩，撫一曲，或寄情於山水，潑墨寫意，排解煩憂，調節精神狀態，以更舒暢、更愉快的心境重新投入工作之中。

如此說來，孔子強調從政者不能單具一種品質、才幹，即「君子不器」，主張從政者成為通才，確實是一種真知灼見。

感悟五十二

在其位則謀其政

【原文】

子曰：「不在其位，不謀其政。」

【解析】

孔子說：「不在那個職位，就不考慮那個方面的事情。」

「在其位，謀其政」，為孔子所立明訓，亦被後世之從政者奉為圭臬，諸葛亮之前後《出師表》與鞠躬盡瘁、死而後已的行動，堪稱楷模。後來凡優秀的從政者，或盡心盡職，精心政務；或引咎自責，以一身而謝天下，皆可稱道。當然，也有些尸位素餐、碌碌無為者，當引以為戒。

在其位不謀其政，或無力謀其政，結果一定是既害人也害己。每一個官位都是一個組織裡必不可少的環節，職責各異。只有各司其職，才能保證各盡其責，才能使整個組織正常運轉，如果做下屬的可以隨意更改領導者的決定，管財務的可以插手人事，管人事的可以任意干預財務，那一定會混亂不堪。

在其位，謀其政，首先是要兢兢業業，勤勤懇懇，在這一點上，中國古代一些名相如高熲、王旦、姚崇等都頗具諸葛亮遺風。開皇元年楊堅登上皇位，稱文帝，正式建立隋王朝。文帝任北周時相府司馬高熲為尚書左僕射兼納言（侍中），即宰相。高熲甚受文帝倚重，凡軍國要政、大小政事，文帝皆與之謀議。隋朝初建，百廢待興，政權要進一步鞏固，政治、法律、軍事、經濟、文化等制度都需要改革或重建，生產、經濟也面臨著如何進一步恢復發展的問題；另外，還必須北服突厥，南平陳朝。特別是平陳、統一天下，是以文帝、高熲為主的隋朝君臣們所經常考慮謀劃的問題。由於政務繁多，高熲每日孜孜不息，即便退朝後在家裡也思考國家大事。他常常用盤子裝一些粉，置於床邊，夜裡想到一件該辦的公事，就用手指記在粉盤上，天亮後就筆錄下來，入朝處理。

姚崇歷經唐武則天、睿宗、玄宗諸朝。他「明於吏道，斷割不滯」，「善應變以成天下事」，為相期間，恪盡職守，勤政愛民，政績卓著，被時人譽為「救世宰相」。武則天時期，他因富於才幹，被破格提拔為兵部侍郎、同中書門下平章事（宰相）。當時武則天重用酷吏，告密者風起雲湧，酷吏來俊臣、周興等大興冤獄，許多朝臣和李氏宗族被無辜殺死，因此，朝臣人人自危。剛上任的姚崇認為自己有責任改變這種局面。於是他直率而誠懇地勸諫武則天，說服她改變酷治，以保持政局的安定，統治的長久。武則天為之所動，並於長安二年修正來俊臣等酷吏造成的冤假錯案，為受害的官員「伸其枉濫」。為此，武則天讚賞他道：「以前宰相皆順成其事，陷朕為淫刑之主。聞卿所說，甚合朕意。」並賞銀千兩。

睿宗時期，身居相位的姚崇極力革除弊政。當時官僚機構臃腫，百官氾濫，銓選制度紊亂。尤其是公主、后妃們，大搞「斜封官」。按正常程序，應是吏部先用赤筆註官之狀，門下省審批，皇帝授旨，稱「赤牒授官」。斜封官則是皇帝受公主、后妃的請謁，用墨筆敕書任命官員，用斜封交付中書省。她們利用斜封，枉法徇私，進而搞裙帶，各樹朋黨，擾亂吏治，致使政府機構的工作難以正常開展。姚崇則聯合宋璟等上言：「先朝斜封官悉宜停廢。」睿宗採納了他們的建議，「罷斜封官數千人」。同時，他不畏強權，大力整頓吏治，使唐政府很快出現了「賞罰盡公，請託不行，綱紀修舉」的清新局面。姚崇為玄宗輔政時期，繼續大力整肅吏治。嚴格銓選制度，對於以請託等不正當手段謀取官職的，無論是誰，姚崇都堅決予以制止。開元二年二月，申王李成義向玄宗請託，要求將他府中的閣楚矽破格晉升，玄宗答應照顧。這種做法違反了官吏提拔的正常程序，姚崇堅決反對。他和另一丞相盧懷慎上書，反對因親故而升官晉爵。姚崇的力爭，迫使玄宗收回成命。至此，向皇帝請謁討官的情況大為收斂。

唐中宗時，佛教盛行，公主、外戚皆奏請度民為僧尼，以求福祛災；富戶強丁也多削髮以避賦稅徭役，破壞了政府的正常賦稅徵收及農業生產的發展。姚崇再居相位後，義不容辭地上書玄宗，說：「佛不在外，求之於心……但發心慈悲，行事利益，使蒼生安樂，即起佛身。何用妄度奸人，令壞正法？」唐玄宗採納了姚崇的建議，命有司檢括天下僧尼，以偽濫還俗者一萬二千多人。又規定「自今所在毋得創建佛寺」，「禁百官家毋得與僧、尼、道士往還」，「禁人向鑄佛寫經」。

玄宗開元四年（西元七一六年），山東蝗蟲大起，當時百姓迷信，不敢捕殺，而在田旁設祭、焚香。姚崇派遣御史分道捕殺。汴州刺史倪若水拒絕御史入境，認為蝗蟲是天災，自宜修德，以感動上天。姚崇得知大怒，牒報倪若水說：「古之良守，蝗蟲避境，若其修德可免，彼豈無德致然！今坐看食苗，何忍不救？因以饑饉，將何自安？幸勿遲回，自招悔吝！」此時，包括盧懷慎在內的朝中大臣也多認為驅蝗不便，玄宗也有所懷疑，姚崇說：「今山東蝗蟲所在流滿，仍極繁息，實所稀聞。河北、河南，無多貯積，倘不收穫，豈免流離。事繫安危，不可膠柱……若除不得，臣在身官爵，並請削除。」結果玄宗被說服。排除各方阻力後，姚崇全力督察捕蝗工作，並且還親自設計捕蝗辦法：「蝗既解飛，夜必赴火，夜中設火，火邊掘坑，且焚且瘞，除之可盡。」結果頗見成效，蝗災逐漸止息，當年農業取得了較好的收成。

姚崇一生為政，以身作則，興利除弊，救世治國，盡責盡職，深得諸帝及同僚們的推許，並對後世產生了很大影響。

在其位，謀其政，又要真正地以政治為己任，不因個人才名而偏忽。宋朝宰相歐陽修為政一向嚴肅認真，一絲不苟，即使與人言談，也多談吏事。有人曾不理解，像他這樣名冠天下的大文學家，談論的應該是文章詩賦、古往今事，而他卻多講為官之道，故發問道：「學者見公，莫不欲聞道德文章，今先生何教人以吏事？」歐陽修回答道：「吾子皆時才，異日臨事當自知之。大抵文學止於潤身，政事可以及物。吾昔貶官夷陵，彼非人境也。方壯年未厭學，欲求《史》、《漢》一觀，公私無有也。無以遣日，因取架陳年公案，反覆觀之，見其枉直乖錯，不可勝數：以無為有，以枉為直，違法徇情，滅親害義，無所不有。且以夷陵荒遠偏小，尚如此，天下固可知矣。當時仰天誓心：自爾遇事，不敢忽也。」

在中國古代，士大夫們往往恃才倨傲，以學問、文章矜誇，而視政事為俗流、濁流，不肯盡心盡責。而歐陽修作為一代文宗，為官三十餘年，無論被貶為地方小官，還是在中央為相，處理政事都勤懇認真，從不疏忽大意，這是難能可貴的。

在其位，謀其政，也要以國事為重，當失職或尸位，無以輔政時，應急流勇退，以避賢路。石慶是漢武帝時丞相，他一生以醇謹聞名。在他任太僕時，為武帝馭馬駕車。武帝曾問駕車的共有幾匹馬，他舉鞭一一點數，然後恭敬地報告：「六馬。」其謹慎如此。後為丞相，並封為牧丘侯。當時漢武帝正胸懷韜略，用兵連年，欲建功業。而石慶身為丞相卻謹言慎行，瞻前顧後；對皇帝只是唯言是從，俯首聽命；居相位九年，竟無所建樹。

元封四年，關東地區出現流民兩百萬，其中有四十萬口為無戶籍可核的農民。石慶認為自己身居丞相之位，每日餐位尸祿，自慚形穢，便上書引咎辭職，他說：「臣幸得待罪露相，疲駑無以輔治，城郭倉廩空虛，民多流亡，罪當伏斧質，上下忍致法，願歸丞相、侯印，乞骸骨歸，避賢者路。」武帝未許。二年後，石慶在不安中去世。

在其位則謀其政，既是為政者的義務也是責任。否則，尸位素餐、混天度日，誤己誤人誤事誤國，罪莫大焉。

感悟五十三

真誠方可取信於民

【原文】

子貢問政，子曰：「足食，足兵，民信之矣。」子貢曰：「必不得已而去，於斯三者何先？」曰：「去兵。」子貢曰：「必不得已而去，於斯二者何先？」曰：「去食。自古皆有死，民無信不立。」

【解析】

子貢問怎樣治理政事，孔子說：「糧食充足，軍備充足，人民信任政府。」子貢說：「如果迫不得已一定要去掉一項，在這三項中先去掉哪一項？」孔子說：「去掉軍備。」子貢說：「如果迫不得已還要去掉一項，在這兩項中先去掉哪一項？」孔子說：「去掉糧食。自古以來，人都會死，失去人民的信任，國家就不保了。」

如果你已經是一位主事者，並且相當機智，請注意，任何官場手腕、伎倆都只是「用」，這種用，如果沒有下屬的擁護為「體」的話，注定是難以長久的。

美國總統大選前夕，形勢對林肯十分不利。他的對手民主黨在南方蓄奴州的選票萬無一失，只要爭取到不多的幾個北方州，就可穩操勝券。民主黨的內定候選人是道格拉斯。如果想戰勝道格拉斯，首先必須製造民主黨內部的不和。於是，林肯在一次辯論時，向道格拉斯提出了一個挑戰性的問題：「在未成立州的美國領土之內，人民是否可以合法地把奴隸制驅逐界外？」這是一個十分難回答的問題。如果道格拉斯作肯定的回答，就會失去南部各州的支持；如果作否定的回答，又會失去北部各州的支持，包括他的本州伊利諾州在內。

道格拉斯在他本州民主黨機構的壓力下，加上他一人也不願背叛江東父老，便作了肯定的回答。結果激怒了南方民主黨人，他們決定取消對道格拉斯的支持，另外組黨。由此，民主黨便宣告分裂，南方民主黨也選出了自己的候選人。雖然民主黨被林肯離間了，但道格拉斯仍然信心十足。他租用了一輛豪華列車，供競選之用。他在最後一節車上安置禮炮一尊，每到一站就鳴禮炮三十二響，然後樂隊奏樂，十分排場。每到一站，他還要乘一輛六輪馬車去市鎮中心發表演說。前面有彪形大漢騎駿馬開道，後面則跟著許多馬車，滿載著紅男綠女，吆五喝六，不可一世。道格拉斯叫嚷：「我要讓林肯這個鄉巴佬聞聞我的貴族氣味。」

林肯沒有馬車，更不用說專列；他買票乘車，每到一站，坐的是從朋友那裡借來的耕田用的馬拉車，在演說中，他常說：「道格拉斯參議員是聞名世界的人，是一位大人物。他有錢也有勢，有圓圓的、發福的臉，他當過郵政官、土地官、內閣官、外交官等等。相反，沒有人會認為我會當上總統。有人寫信給我，問我有多少財產。我只有一位妻子和一個兒子，都是無價之寶。此外，還租有一間破舊辦公室，室內只有桌子一張，價值二元五角，椅子三把，價值一元。牆角裡還有一個大書架，架上的書值得每個人一讀。我本人既窮又瘦，臉很長，不會發福。我實在沒有什麼可依靠的，唯一可依靠的就是你們。」

眾所周知，最後，貴族氣味十足的道格拉斯沒有成為美國總統，而一無所有的鄉巴佬林肯卻如願以償，當上了美國總統。道格拉斯因為出言不慎而失去了民眾的支持，而林肯則以其真誠和坦率贏得了人民的信任，登上了總統的寶座。有人認為，林肯競選之勝，是勝在了他的才幹上。這種看法有道理，但卻是片面的。林肯固然有能力，道格拉斯不也一樣有能力嗎？況且，林肯的政績為民眾廣為瞭解是他當了總統以後的事。

其實，林肯的勝利根基乃在於他的坦率和真誠。他不擺架子，不講排場，處處都顯得就是民眾的代表。群眾的眼睛是雪亮的。所謂「天地之間有桿秤，那秤砣就是老百姓」。

中國古人對於「君、民」關係的論述，早已點明了上司與下屬關係的精髓——君是舟，民是水，水能載舟，亦能覆舟；是載是覆，全看這舟的表現如何了。為政之道，在於審時度勢，依勢用勢；但為政之本，卻在取信、立誠。贏得信任，取得支持，便可乘風破浪；反之，眾叛親離，威風掃地，則有翻船溺水之險。到那時，儘管你用盡陽奉陰違，兩面三刀的技術，也是無力回天。也許落到水裡，嗆個半死，才想起來：之所以落到這步田地，全是自己平時的「累積」，上下內外，離心離德，腳上的水泡是自己走出來的呀！

庸俗領導學只講詭詐權謀，不講德操品行；高調領導學只會講大道理，婆婆媽媽；真正的領導學則從原則到技術全面分析。因為，原則與技術是相互為用，密不可分的，兩者缺一，即落入旁門左道。領導學既不是為了培養陰謀家，也不是為了培養理論家，它的目的是培養出扎扎實實、德才均備的領導人才。這裡需要著重指出的是，權力運作，要有一個「本末輕重」的觀念。為政運謀者可以衡量，可以調和利害，卻萬萬不可以捨本逐末。看中眼前利益與看到長遠利益，是區分英才與庸才的重要準繩。退一步說，如果說為你的團隊謀利益不是你的目的，它至少也是提高你形象的一種根本手段。請不要輕視這一點。

群眾的眼睛是雪亮的，沒有人能在所有的地點與所有的時間都能欺騙與虛偽，只有真誠坦率方可取信於民，這個道理很簡單，但是在現實生活中卻常常被人忘記。

感悟五十四

其身正，不令而行

【原文】

子曰：「其身正，不令而行；其身不正，雖令不從。」

【解析】

孔子說：「統治者的行為正派，就是不發命令老百姓也會執行；統治者的行為不正派，就算發命令老百姓也不會執行。」

漢朝初期，有一位名將叫李廣，他有勇有謀，在抗擊匈奴的作戰中，打了七十餘次勝仗，匈奴人十分畏懼他的英勇善戰，號為「飛將軍」，只要一聽到李廣領兵出擊，便聞風喪膽而逃。李廣不僅自身驍勇，還統御著一支驍勇的軍隊，所有的士卒都願意跟隨他作戰。

李廣本人不擅長言辭，但他帶出了一支訓練有素的精壯隊伍。其奧秘在於「其身正」，才有「不令而行」的效果。

李廣為人十分廉潔。他屢立戰功，每次得到賞賜，都分給部下同享。平時演練行軍，他總與士卒同吃同住。身為將軍四十年，「至死身無餘物」。鎮守邊塞，異域作戰，時常出擊千百里，要露宿荒漠，十分艱苦，只要有一名士兵尚未喝到水，他絕不到水邊去；只要有一名士兵還未吃到飯，他就不嘗一口。他對士卒一向寬厚，從不隨意苛責辱罵，士卒也都視之如父。因而，李廣雖然口才笨拙，不愛多說話，卻在士兵中享有崇高的威望。

每有征戰，李廣總是身先士卒，甘冒矢石，而士卒則更加奮勇向前，捨命圍護李廣。在六十多歲最後一次與匈奴作戰中，他因出師不利而自殺。全軍將士個個痛哭失聲，百姓聞訊，也人人涕淚直流。所以司馬遷在總結李廣的一生時說：「余睹李將軍悛悛如鄙人，口不能道辭。及死之日，天下知與不知，皆為盡哀。彼其忠實心誠信於士大夫也？諺曰：桃李不言，下自成蹊。此言雖小，可以喻人也。」

「其身正，不令而行；其身不正，雖令不從」的道理其實就是要說明作為領導者的要「以身示人」，要「身教重於言教」，只有這樣，才能讓自己有權威，讓部下心服口服而不遺餘力地執行命令。

在歷史上，「以身示人」的例子是不勝枚舉的。就說曹操吧，那「割髮代首」的故事也說明了他對身體力行、率先垂範的作用瞭解得非常清楚。

有一次，曹操親自領兵出征，適逢麥熟季節，為此，他下了一道命令：凡有踐踏麥田者一律處死。不料，他自己的馬受驚闖入麥田，踏壞了莊稼，於是他把執法官找來議罪。法官認為按《春秋》「罰不加於尊」之義，可以免去處罰。曹操卻說：「制法而犯之，何以帥下？」但自己身為統帥負有重任，「不可自殺，請自刑。」便拔劍割下頭髮表示接受懲罰。在「身體髮膚受之父母」的古代，能做到「割髮代首」並不是一件容易事。恩格斯說過：「判斷一個人當然不是看他的聲明，而是看他的行為；不是看他自稱如何如何，而是看他做些什麼和實際上是怎樣一個人。」藉由這種方式，曹操在他部下中獲得極大的權威。

清朝的于成龍也堅持「以身示人」，提倡「治亂世，用重典」的他曾得到康熙召見，被褒讚「今時清官第一」。凡他所到之處，「官吏望風改操」，人格境界也隨之攀高，造成了其身正不令而行的良好效果。

「三年清知府，十萬雪花銀，」做官對於很多封建官吏來說無異於最好的斂財手段。當這種判斷成為社會風氣後，做清官便非常艱難，但是百姓呼喚清官，當以「清端」、「卓異」聞名的于成龍登上官場的時候，注定引來一片喝采聲。少有大志的他自幼過著耕讀生活，受到正規的儒家教育，後懷「此行絕不以溫飽為志，誓勿昧天理良心」的抱負，接受清廷委任，去往遙遠的邊荒之地做縣令。這可不是輕巧事，兩屆前任一死一逃，羅城遍地荒草，城內只有居民六家，茅屋數間，政府辦公地只有三間破茅草房，他這個縣令寄居於關帝廟中，同來的從僕或死或逃。作為邁向仕宦生涯的第一步，帶病的他只有以堅強的意志奔走操勞。

面對百廢待興的局面，于成龍「治亂世，用重典」，大張聲勢地「嚴禁盜賊」。他抱定「未奉鄰而專征，功成也互不赦之條」的信念，討伐經常擾害的「柳城西鄉賊」。結果是賊人「渠魁府首乞恩講和，搶擄男女……盡行退還」，「鄰盜」從此再不敢犯境。擺脫內憂外患的同時，于成龍剛柔並用地解決了「數大姓負勢不下」的問題，使桀驁的地方豪強「皆奉法唯謹」。他突出的辦事能力得到上級的重視，他也有機會被舉薦為廣西唯一的「卓異」，升任四川合州知州。赴任時，他連路費都沒有，當地百姓「遮道呼號：『公今去，我儕五天矣！』追送數十里，哭而還」。到合州之後，他革除宿弊，改善百姓的生活品質，免去規定騶從，僅以家僕隨身；合州也是窮地方，他的務實努力又改變了當地面貌，遂被擢升為湖廣黃州府同知。

任同知有兩件事情值得細述：治盜省訟和兩次平定「東山之亂」，為了查清重大盜案的來龍去脈，「微行私訪」的他扮作田夫、旅客或乞丐，到村落、田野調查疑情，特意在衣內置布袋裝有盜賊名單，「自劇賊，偷兒蹤跡無不畢具，探袋中勾捕尤不得。」他「寬嚴並治」、「以盜治盜」，而被百姓稱為「于青天」，值得提及的是，其破案、查盜之能在清人野史、筆記和民間文藝中得到神化，《聊齋志異・于中丞》描述得繪聲繪色。

「三藩之亂」爆發之後，「通賊」罪名使人人自危，于成龍又出來收拾尷尬局面。無畏的他冒著生命危險進入發難的山寨說服三百名槍手，當「高山大潮，烽火相望」的時候，他力排眾議主動進剿，乘勝平定其餘叛亂。

于成龍的讓人難忘，主要在於異於常人的艱苦生活，遇到災荒的時候，他以糠代糧救濟災民。「要得清廉分數足，唯學於公食糠粥。」把供騎乘的騾子也「鬻之市，得十餘兩，施一日而盡」。事情做到這個程度，為民稱頌就絲毫不令人感到意外了，說他是「閩省廉能第一」，也絕非什麼誇張之詞。康熙在紫禁城召見他，褒讚他「今時清官第一」，「制詩一章」表賜白銀、御馬「嘉其廉能」，任其為總制兩江總督。有了廣闊天地的他開始大舉整頓吏治，試圖以模範作用帶動整個封建官場。

「國家之安危由於人心之得失，而人心之得失在於用人行政，識其順逆之情。」「以一夫不獲日子之喜，以一吏不法門予之咎，為保郅致政之本。」于成龍責令部屬揭報「不肖貪酷官員」、「昏庸哀志等輩」，「以憑正章參處」。他「勤撫恤，慎刑法，絕賄賂，杜私派，嚴徵收，崇節儉」，凡其所到之處，「官吏望風改操」，由於他的舉薦，很多廉潔有為的人才得到重用。

每當發現科考中有舞弊之風，他規定「立刻正章人告，官則摘印，子衿黜革候者按律擬罪：其蠹胥、奸棍即刻斃之杖下」。這番努力改變了貧苦士子雖皓首窮經卻屢遭落榜的狀況，他的官階和人格境界愈升愈高，生活卻更加艱苦。「為民上者，務須躬先儉僕」，他「屑糠雜米為粥，與同僕共吃」，「日食粗糲一盂，粥糜一匙，侑以青菜，終年不知肉味。」江南百姓親切地稱他「于青菜」，周圍的官吏也不得不「無從得蔬茗，則日採衙後槐葉啖之，樹為之禿」。雲遊宦海的他隻身行走天涯，與結髮妻闊別二十年之後才得一見，及至去世的時候，居室中只有「冷落菜羹……故衣破靴，外無長物」。

「士民男女無少長，皆巷哭罷市。持香楮至者日數萬人。下至菜庸負販，色目、番僧也伏地哭」，得到如此愛戴，康熙破例親自為其撰寫碑文。據載，他的後世子孫如今仍生活在于氏繁衍的土地上，沒有忘記祖輩的歷史而樸實地勞作著。

俗話說：上樑不正下樑歪。對於制定的規則，如果自己首先就不遵循，那麼要部下遵循它無異於緣木求魚。而如果自己行為正派，「以身示人」，當然規則與命令就能得到很好的執行。

舞雩台抒懷

曾參的父親曾點是孔子的早期弟子之一。據說，第一個給孔子送十條肉乾做見面禮的就是曾點。

一天，孔子乘輿邀上曾點、子路、冉求、公西華四人來到國君祭天祈雨的舞雩台。台子很高，像座小山，石砌而成。孔子師徒沿石徑登舞雩台，北望魯國古城，金碧輝煌；南視沂河流水，波光粼粼；周圍田疇無垠，碧綠蔥蘢。欣賞了一番江山美景，孔子讓他們四人坐在自己的周圍，說：「我老了，沒人願意用我了，你們還年輕，正是施展抱負的年紀。你們常常說別人不賞識自己，有時怨天怨地，現在我問問你們，假如有人重用你們的話，你們打算怎麼辦呢？」

孔子的話音剛落，子路就一躍而起，不假思索地說道：「如果讓我去治理一個擁有千軍萬馬的大國，那怕四面受敵，民不聊生，我子路受命於危難之時，也能在三年之內訓練好軍隊，外禦列強，內平暴亂，這樣，國家就會強盛，人民就得安樂，周公之禮也就自然而然地恢復了。」

孔子聽了，哈哈大笑，笑得大家莫名其妙。子路不知他的豪言是對是錯，正要問孔子的看法，孔子卻扭頭對冉求說：「求呀，你也說說你的打算。」

冉求想了想，說：「我只要一個方圓六、七十里的地方，即使五、六十里的地盤也可以。如果讓我去治理，我可以讓老百姓都吃飽穿暖，其他的事情，如教化，我不敢保證，只能靠那些比我更有德有才的人去管理了。」

孔子聽後沉吟了一下，也沒表示什麼，又讓最小的弟子公西華談談。

公西華在老師和師兄面前顯得有些拘謹，他用十分謙虛的口氣說：「我不敢說我準能做成什麼事，我只想在諸侯們會面的時候，穿上禮服，充當一個小小的司儀就行啦。」

孔子聽後，仍沒表示什麼，反過身子對正在撫琴彈奏的曾點說：「點呀，不要彈琴了，你也說說你是怎麼想的？」

曾點放下撥弄琴弦的手，慢慢地說道：「我和他們的想法不一樣。」

孔子說：「不一樣沒關係，人各有志嘛！」

曾點抬頭觀天，低頭看河，然後才說：「我只希望在夏收之前的日子裡，穿上輕便的衣裳，邀上五、六位志同道合的朋友，再帶上六、七個小朋友，到沂河裡自自在在地洗個澡玩玩水，然後站在這舞雩台上曬曬太陽吹吹風，歡歡樂樂哼著小曲回家去。家裡備有酒肉，可以心情舒暢地享用，這我就心滿意足了。」

一直沒作聲的孔子突然大聲讚道：「好啊！曾點的主張跟我一樣！」

子路見孔子對他們三人的發言不以為然，偏偏稱讚曾點的說法，很不服氣，就小聲說：「人生在世無所做為，不是和禽獸一樣了嗎？」

「你懂什麼？」孔子白了子路一眼，道，「你們聽曾點所說的內容，不正是一番昇平氣象嗎？這要在國家強盛、人民富足、又無外敵侵擾的情況下才能辦到。這正是我的治國思想、仁政主張實現後所能達到的啊！」

感悟五十五

要有全面的察人眼光

【原文】

子曰：「視其所以，觀其所由，察其所安。人焉瘦廋哉？人焉瘦哉？」

【解析】

孔子的意思是說：「要瞭解一個人，應看他言行的動機，觀察他所走的道路，考察他安心幹什麼，這樣，從他的言論、行動到他的內心，全面瞭解觀察一個人，那麼這個人就沒有什麼可以隱瞞得了。」

歷史上，因錯誤識人用人而鑄成大錯的例子不在少數。無論是何種原因，他們的教訓都是值得記取的。

前秦帝國的皇帝苻堅，任用平民出身的王猛為相，統一了中國的北方，是頗有作為的一代帝王。淝水之戰失敗後，前秦帝國迅速瓦解，他被後秦帝國的姚萇所殺，結束了其轟轟烈烈的一生。

苻堅是個心地善良，胸襟開闊的人，他對人從不猜忌，即便是那些投降或被俘的帝王將相，他也以禮相待，從不殺戮。甚至如鮮卑親王慕容垂，羌部落酋長姚萇，他還引為知己，授予高官並賦予很大的權力。王猛生前曾勸諫苻堅說：「皇上與人為善，也不能不分敵我。國家的死敵不是晉國，而是雜處在國內的鮮卑人和羌人。更讓臣擔心的是，他們的首領都在朝中身居要職，有的更握有兵權，一旦有變，國家就危險了。」

苻堅堅信只要誠心待人，對方一定能誠心待我，有此觀念，他並未把王猛之言放在心上。王猛死後，他對這些人更是信任不疑，寵愛日隆。

淝水之戰後，苻堅逃到洛陽，那些尚未到達淝水的大軍也聞風潰散。鮮卑籍大將慕容垂見有機可乘，遂起反叛之心。他藉口黃河以北人心浮動，自請苻堅派他前去安撫，苻堅對他毫無防範，不僅痛快地答應了他的請求，還親自向他致謝。慕容垂渡過黃河後，立即號召前燕的鮮卑遺民復國，建立了後燕帝國。

其後，遷到關中的鮮卑人，又在慕容泓的領導下，建立了西燕帝國。苻堅命他的兒子和羌籍大將姚萇征討西燕，結果大敗，苻堅的兒子陣亡，姚萇畏罪逃到北方，後又叛變，建立了後秦帝國。

鮮卑人和羌人的反叛，使前秦帝國陷入了滅頂之災。不久，首都長安被困，苻堅突圍西行，在五將山被後秦兵生擒，送到後秦皇帝姚萇的手上。

苻堅至此，仍懷有生的希望。姚萇二十年前犯罪當誅，在綁赴刑場處斬時，苻堅見他英武不凡，遂動了惻隱之心，將其救下。有此大恩，苻堅深信姚萇自會感恩圖報，放他一馬。

萬沒想到，姚萇先是向他索取傳國御璽繼而百般污辱。苻堅萬念俱灰大罵姚萇忘恩負義，姚萇不待他多言，就把苻堅活活縊死。面對如此慘劇，後秦的羌人都忍不住流下了眼淚。

苻堅犯錯誤的根源，在於他心地過於善良，在各種情況都十分複雜的情況下，仍輕易相信別人並委以重任。這種品質對於個人，無疑是那種值得去結交做朋友的人；但作為一個治國者，這反而成為一種致命的弱點。識人難，用人更難，預防這類錯誤，關鍵在於「防」，可惜的是，苻堅從來沒有給自己在這方面築起防線。

苻堅的慘痛教訓告訴我們，認知和評定一個人，不能只看表面，人的許多外在情感都是裝出來的，尤其是當處於複雜的環境中時，人心更是難測。所以，無論是作為普通人還是為政者，都必須深入觀察，真正看透一個人的內心，謹防誤識、誤交、誤用。暫時難以認清的，不妨冷淡處之。否則，將會對自己造成不利，對大局造成損失。

當然，人作為社會關係的集合體，具有多方面的特徵，有時這些特徵是相互矛盾衝突的，因此，想看透、瞭解一個人，並不是一件很容易的事，只有透過像孔子說的方式，才能由外而內，正確全面地認清一個人的真面目。

這種認知，並不只是看別人的缺點，也應該據此發現一個人的閃光之處。否則，就難免會走向偏頗，那樣，也就不是知人了。

認清一個人，在很多時候都是一件極其困難的事，尤其是當對方心懷不軌而竭力偽裝時。但最根本的原因，恐怕還在於自身的「失察」。

西漢的王莽，為歷代詬罵，他篡漢自代，愚弄天下，早已是奸惡臣子的代名詞了。

從改朝換代，江山易姓的手法上來看，王莽又是一個非比尋常的人物，他完全依靠個人的力量和智慧，沒有動用一兵一卒就完成了奪取帝位、建立王朝的大業，不能不說是一個奇蹟。

王莽的發跡，起初完全得力於他那位當皇后的姑姑王政君。王莽出身貧寒，父親早死，他和母親相依為命，艱苦度日。王政君見其母子可憐，多方照顧，對王莽比自己的孩子還要疼愛。他不顧眾大臣的非議和反對，極力提拔王莽，以致王莽三十八歲的時候，就已經是朝廷重臣，身兼大司馬之職。

王政君如此行事，有人便向她進言道：「王莽雖然是皇后的至親，加恩與他未嘗不可。只是王莽外表看似敦厚，其實未必心存感激。一旦尾大不去，皇后的苦心白費不說，大漢的江山也會岌岌可危啊！」

應該說王莽的偽裝功夫天下一流。雖然有臣子進言，可是王政君卻怎麼也看不出王莽有不軌的行為來。她曾經私下把王莽召來，對他說：「你有今天，不是姑姑的功勞，乃是皇恩浩蕩之故。我們王家深受漢室大恩，任何時候，我們都要恪盡職守，報效天子。」

王莽裝得涕泣橫流，忠心不二，王政君為其愚弄，更是不遺餘力地提攜他了。

有了王政君這個靠山，再加上皇帝年幼無知，王莽欺上瞞下，培植自己的勢力，最後被封為「安漢王」，位在三公之上，一手把持了朝政。

位極人臣，王莽並沒有心滿意足。他要當皇帝，自然遭到了身為大漢皇后的王政君的極力反對。因為，她自己知道：一旦大漢王朝不存在了，他這個皇后也就失去了立足的根基。她把王莽召來，未等訓斥，只見王莽也不像以前那樣恭敬，卻是傲慢無禮地搶先說道：「我意已決，姑姑就不要再多費口舌了。漢室氣數已盡，天命在我，姑姑若是知趣，還是把玉璽交給我吧。」

王政君深知王莽羽翼已豐，再也無法駕馭他了。她又悔又恨，無奈之下，便忿忿地將玉璽摔在了地上，以致玉璽缺了一角。

至此，王莽完全撕掉了偽裝，登基做了皇帝，改國號為「新朝」。王政君之所以對王莽失察，原因就在於她只看到並相信了王莽所顯示出的表象，而且這種現象還是虛偽的、裝出來的。按照孔子所提出的察人標準，很顯然相差甚遠。因此，她也只好無奈地承擔其嚴重後果。

誠然，現實總是有其遠超任何理論的複雜性，但是如果對孔子關於察人知人的教誨加以細細體味，我們始終都會有所啟發的，而且在自己的實際工作和生活中也會有所裨益的。

感悟五十六

使功不如使過

【原文】

互鄉難與言，童子見，門人惑。子曰：「與其進也，不與其退也，唯何甚！人潔己以進，與其潔也，不保其往也！」

【解析】

互鄉這個地方的人很難和他們交談，但互鄉的一個少年卻受到孔子接見，弟子們感到疑惑不解。孔子說：「我讚許他們進步，不批評他們的退步，何必做得太過分呢！人家把身上的污點洗乾淨了要求進步，就要讚許他們的潔淨，不要抓住他們過去的污點不放。」

「人非聖賢，孰能無過。」我們看待一個人，不能緊抓住別人所犯的錯誤不放，而應該以辯證與發展的眼光來看待問題，一旦他人改正了錯誤，就應該讚許與重新評價。這就是孔子所說的「人潔己以進，與其潔也，不保其往也！」的意思。這一點應用在用人上，就是使功不如使過。

一般用人者，都希望手下之人有功，不願其有過，不容其有過。然而善於用人者，卻能利用手下人的過錯，化消極為積極，充分啟發手下人的積極性。唐高祖與隋文帝便是如此。

李靖年輕時就頗有文才武略，他常對親近的人說：「大丈夫若生逢其時，遇到明主，必當建功立業，以取富貴。」他的舅父韓擒虎為名將，每次與他談論軍事，都連聲稱善，撫摸著他的後背說：「能和我在一起談論孫子、吳起兵法的，只有這個人啊！」李靖初仕隋，任長安縣功曹，後任駕部員外郎。左僕射楊素、吏部尚書牛弘都與他相友善。楊素曾經撫摸著自己的座椅說：「你終究要坐在這個位置上。」

大業末年，李靖任馬邑君丞。適逢高祖李淵在塞外討伐突厥，李靖訪察高祖的行動，知道高祖有奪取天下之志，便要向隋煬帝密告高祖李淵預謀造反之事。他將要前往江都（今江蘇揚州），到了長安（今陝西省西安市），因為道路阻塞不通而停下來，高祖攻破京城長安，擒獲了李靖，要將他斬首，李靖高喊道：「您起義兵，本來是為天下人除暴亂，想成就大事業，卻因為個人恩怨而要斬殺壯士嗎？」高祖認為他言辭雄壯，太宗又堅持為他說情，於是高祖就饒恕了他。

不久，太宗將李靖召入幕府。武德二年（西元六一九年），李靖隨太宗討伐王世充，因立下大功授開府之職。當時，蕭銑佔據荊州（今湖北江陵），高祖派李靖前去安撫他。李靖率輕裝的騎兵到達金州（今陝西安康），遇到南方少數民族首領率領的數萬蠻兵駐紮在山谷，廬江王李瑗率軍前去討伐，屢次被蠻兵擊敗。李靖為李瑗設計攻擊蠻兵，多次取勝。李靖率軍到達硤州，被蕭銑的軍隊阻遏，長時間不能前進。高祖因為李靖在中途間滯留過久而大怒，暗中命令硤州都督許紹將李靖斬首。許紹愛惜李靖的才能，為他請命，於是李靖才得以免除死罪。適逢開州蠻兵首領冉肇則造反，率領蠻兵進攻夔州，趙郡王李孝恭與蠻兵交戰失利。李靖率領八萬精兵，突襲蠻兵營寨，然後又在地勢險要之處設下埋伏，蠻兵果然中計，交戰中，李靖將蠻兵首領冉肇則斬首，俘獲蠻兵五千餘人。

高祖聞訊，非常高興，對眾朝臣說：「我聽說，使功不如使過，李靖果然發揮了他的重要作用。」於是，高祖降旨慰勞李靖說：「您竭誠盡力，功勞極其顯著。我遠在都城，已看到您的至誠之心，特予讚揚、獎賞，請勿擔憂不得富貴。」又親筆給李靖寫書通道：「我對您既往不咎，過去的事，我早就忘了。」李靖接到嘉獎詔書及高祖的親筆信之後，深受感動，更加竭忠盡智報效國家，以謝高祖知遇之恩。

金無足赤，人無完人。凡為人，都有自己的短處，也都會犯錯誤。犯了錯誤怎麼辦？有過則罰，改過則用。這也是用人的一大原則。有過則罰，不罰不足以明事理，有過不糾，對犯錯者本人也沒有益處。改過則用，不用就是一棍子打死，就是對人才的一大浪費。隋高祖楊堅在對蘇威的使用上，基本上就使用了「使功不如使過」這一用人原則。

蘇威是隋初著名的宰相，他在任職期間多有惠政，為世人所稱道，但是當初隋高祖楊堅發現和任用蘇威這個人，並不是件很容易的事。蘇威很早就有才名，但是一直沒被朝廷重用。楊堅在做北周丞相時，大將軍高熲曾屢次推薦蘇威，陳述蘇威的才能。楊堅把蘇威召來後，引到臥室內交談，兩個人談得很投機。後來蘇威聽說楊堅要廢周立隋，自己要稱帝，就逃回到家裡，閉門不出。高照要迫他回來，楊堅說：「他現在不想參與我的事，先讓他去吧。」

楊堅即皇帝位後，蘇威又出來輔佐他，楊堅不計前嫌，授蘇威為太子少保，追贈蘇威的父親為邳國公，讓蘇威承繼父爵，不久又讓蘇威兼任納言、吏部上書兩職。蘇威上書推辭，楊堅下詔說：「大船承載重，駿馬奔馳遠。你兼有多人的才能，不要推辭，多做事吧。」由此可見楊堅對蘇威的信任。蘇威曾主張減免賦稅，楊堅聽從了他的主張，這一政策深為百姓喜歡，因此蘇威也更受楊堅的寵信，楊堅讓蘇威參掌朝政，蘇威見宮中簾幔的鉤子都是用銀子做的，就主張換用其他材料，要節儉從事，受到楊堅的讚賞。

有一次，楊堅對一個人發怒，要殺那個人，蘇威進諫，楊堅非但不聽，反而更加生氣，過了一會兒，楊堅的怒氣消了，對他的進諫表示感謝，並說：「你能做到這樣，我確實沒看錯人。」當時的治書侍御史梁毗因為蘇威身兼五職，並沒有舉薦其他人的意思，就上書彈劾蘇威。楊堅對他說：「蘇威雖然身兼五職，但始終孜孜不倦，志向遠大。而且職務有空缺時才能推舉別人，現在蘇威很稱職，你為什麼要求他引薦別人呢？」有一次，楊堅還對朝臣說：「蘇威遇不到我，就不能實行他的主張；我得不到蘇威，就不能行大道。楊素舌辯之才當世無雙，至於斟酌古今，審時度勢，幫助我治理國家方面，他卻比不上蘇威。」

開皇十二年（西元五九二年），有人告發蘇威和主持科舉考試的官員結為朋黨，任用私人。楊堅讓蜀王楊秀、上柱國虞慶則審查這件事，結果是確有其事。楊堅指出《宋書．謝晦傳》中涉及朋黨故事的地方，讓蘇威閱讀。蘇威很害怕，免冠謝罪。楊堅說：「你現在謝罪已經太遲了。」於是免去了蘇威的官職。

後來有一次議事的時候，楊堅又想起了蘇威，他對群臣說：「有些人總是說蘇威假裝清廉，實際上家中金子很多，這是虛妄之言。蘇威這個人，只不過性情有點乖戾，把握不住世事的要害，過於追求名利，別人服從自己就很高興，違逆自己就很生氣，這是他最大的毛病。別的倒沒什麼。」

群臣們也都同意。於是楊堅又重新啟用了蘇威。蘇威果然不負眾望，對隋朝忠心耿耿，竭盡職守，一直到死。

「使功不如使過」是一條值得借鑑的用人之道。對有過者，寬容之，信任之，使用之，就可使之以一種感激之情以十倍百倍的努力，發揮自己的聰明才智，將功補過，從而盡其所能地發揮自己的積極性。當然，信任使用有過者，必須是有過而能改的君子，對於那些文過飾非的小人，萬萬不可行此道！

感悟五十七

居之無倦，全力以赴

【原文】

子張問政，子曰：「居之無倦，行之以忠。」

【解析】

子張問怎樣處理政事，孔子說：「身居官位不懈怠，執行政令要忠實。」

「居之無倦」就是身居官位不懈怠，勤於政事，就是兢兢業業，夜以繼日，勵精圖治；不辭病苦，奉公盡職。其最高境界就是有「先天下之憂而憂，後天下之樂而樂」的精神，忘我工作，利國惠民。

勤於政事，是成就一位有作為的封建君王的基本條件。綜觀歷代較為英明傑出的帝王，特別是那些開國創業之君，一般都是兢兢業業，勤於政事。如果連勤政都做不到，那就必然陷於荒淫，嬉戲怠惰而難以自拔，朝政因之委於他人，於是重臣擅權，宦官干政，輕則導致朝綱紊亂，大權旁落，重則引來內憂外患，身敗國亡。

平民皇帝明太祖朱元璋是個勤政的典範。他從征討殺伐中奪得江山，深知皇權來之不易。為了防止大權旁落，他登位以後便果斷廢除丞相制，改由六部（吏、戶、禮、兵、刑、工）長官直接向皇帝稟報，由皇帝親自裁決，使得皇權與相權集於一身，大小政務均親自處理，斷不假手他人。他往往天不亮就起床批閱公文，直到深夜才得以休息，甚至吃飯時還在思考政務。每思得一事，就順手寫在紙上，縫在衣服上，事情記多了，掛得滿身都是，上朝時再把它們一一處理妥當。

以洪武十七年九月的收文為例，從十四日至二十一日八天內，共收到內外諸司奏箚共一千六百件，計三千三百九十一事，平均每天要批閱兩百多件奏箚，處理四百多件事。其政務的辛勞可以想見。

侍臣怕他操勞過度，勸他：「陛下勵精圖治，天下蒼生之福，但聖體過勞，宜多加保重。」而朱元璋卻說：「我難道好勞而惡安嗎？以往天下未定，我飢不暇食，倦不暇寢，獎勵將帥平定天下；現在天下已定，四方無事，難道就可以高居宴樂了嗎？自古以來，人勤則國家興，人怠則國家衰，我怎麼敢暇逸呢？」他把勤政放到關係國家興衰存亡的高度來認知，所以能努力堅持，甘之如飴。

洪武九年，刑部主事茹太素上萬言書，朱元璋命人讀了六千多字還未聽到具體意見，大發雷霆，叫人把茹打了一頓。可是心中仍然繫於政事，未能釋然。於是第二天又命人讀，讀到一萬六千字後，才涉及本題，建議了五件事情，其中四件可行。朱元璋即命主管部門予以施行，並指出這五件事有五百字即可，不必囉嗦一萬多字，還承認自己打人是過失，表揚茹為忠臣。並親自寫文規定建言格序，公佈全國。可見其對政事是多麼一絲不苟。

《尚書》說：「怠忽荒政」、「業廣唯勤」、「勤能補拙」。因此，古代賢能的地方官吏，都以勤政來自律自警，從而實現吏事的練達和政治的清明。

晉朝時的陶侃，歷任南蠻長史、江夏太守、武昌太守、侍中、太尉等職，他不僅是一代名將，也以「性聰敏，勤於吏職」著稱。

王敦之亂平定後，朝廷任命陶侃為南蠻校尉、征西大將軍和荊州（今湖北江陵縣）刺史。陶侃資性聰敏，勤於吏職。他整天正襟危坐，處理公務，千頭萬緒，都沒有遺漏；遠近的書信和奏疏都親手草擬，下筆如流；及時接見遠來近投的客人，門前沒有停客。他經常對人說：「大禹是聖人，尚且珍惜每一寸光陰；至於我們這些凡俗之人，應當珍惜每一分光陰。怎麼能夠遊逸荒醉，生著無益於當時，死了默默無聞於後世呢？那樣是自暴自棄啊！」僚佐有的因為閒談和遊戲荒廢了正事，陶侃就命人取來他們喝酒、賭博的器具，都投入江中。如果參與的人是官吏和將領，則加以鞭打，並且說：「賭博是牧豬奴才幹的勾當。」有奉贈物品的，陶侃都仔細地問明由來，如果是辛勤勞作所致，雖然微小，也一定高興，慰勞和賞賜都加倍；如果是不正當的方式所得，就嚴厲地斥責他們，還其所贈。

陶侃曾經出遊，見人持一把未熟的稻子，便問：「用它幹什麼？」那人說：「行道所見，隨便取了點。」陶侃大怒道：「你不種田，竟敢糟蹋人家的稻子！」抓過來人就鞭打了他一頓。由於陶侃勤政愛民，老百姓也都勤於農業生產，家家豐裕，人人富足。當時造船，陶侃命令把鋸下的木屑和竹頭全部收起來，官員們都不瞭解他的用意。後來，正月初一，正遇上雪後轉晴，公署廳堂前餘雪猶濕，於是以木屑鋪到地上，走路時一點也沒有妨礙。到桓溫伐蜀時，又以陶侃所存的竹頭作釘子，建造船隻。

陶侃珍惜光陰，理政周詳，建立了不朽功業。北魏時的宋世景為政「無早晚之節」，也寫下一段勤政的佳話。

宋世景起初官拜國子助教，後任司徒法曹行參軍、尚書祠部郎和滎陽太守等職。時稱他的文才武略和清平忠直，少有人能比得上。他雖才德過人，依然夙勤不怠，因而判案如神，政績卓著。

宋世景任滎陽太守時，當地豪門鄭氏依仗權勢，縱橫鄉里，人們都很懼怕。世景下車伊始，就抑壓豪強，趕跑了鄭家一位貪贓枉法的縣令。於是，僚屬們都害怕他的威嚴，沒有不改過自謹的。為了治理好滎陽，宋世景廢寢忘食，僚屬和百姓，隨到隨見，沒有早晚時節的分別。來者沒有一個不和盤托出隱情和心事的，因為太守總是平易近人，屏人密語。由此，宋世景對於民間發生的事情，不論大小，都能知道；揭發奸人、揪出隱情，像神明一樣。

曾經有一名官吏，休完假還郡，路上吃了人家的雞；又有一個差人，私下接受了別人一頂帽子，又吃了兩隻雞。世景喝斥他們說：「你們怎麼敢吃了某某的雞，拿了某某的帽子呢！」兩人聽了，大驚失色，急忙叩頭伏罪。於是，上上下下都震驚恐懼，沒有敢觸犯禁令的。

古人說：「勤於思則理得，勤於行則事治。」居之無倦，勤於政事是為政者的基本品格與原則。一個人不論才能大小和職位高低，只要在其位，就應該敬其事，出其力，勤於行，盡其職。

感悟五十八

不念舊怨，不計私情

【原文】

子曰：「人之生也直，罔之生也幸而免。」

【解析】

孔子說：「一個人能夠生存在世界上是由於正直，不正直的人有時也能夠生存在世界上，那是由於他僥倖地避免了禍害。」

孔子認為：「人之生也直，罔之生也幸而免。」意思是說，一個人能夠生存在世界上是由於正直，不正直的人有時也能夠生存在世界上，那是由於他僥倖地避免了禍害。在政治上，不以私害公是正直一種很重要的表現形式。中國歷史上，有許多人不念舊怨，不計私情，以國事為重，而不以私害公。他們的行為至今受到人們的稱讚。

西漢蕭何與曹參都堪稱不以私害公的傑出人物。

蕭何與曹參都曾是沛縣小吏，蕭何是主吏椽，曹參是獄椽，兩人同時參與了劉邦起兵。後來，一個運籌帷幄，支撐全局；一個披堅執銳，身經百戰，又同時成為西漢王朝的開國元勳。

劉邦統一天下後，大行封拜，先樹蕭何為酇侯，食邑最多，這時，包括曹參在內的戰將功臣們忿忿不平，都說：「臣等披堅執銳，多者百餘戰，少者數十合，攻城掠地，大小各有差。今蕭何未嘗有汗馬之勞，徒持文墨議論，不戰，反居臣等上，何也？」

劉邦藉狩獵講明了蕭何在建漢中的作用，他說：「夫獵，追殺獸兔者，狗也，而發蹤指示獸處者，人也。今諸君徒能得走獸耳，功狗也。至如蕭何，發蹤指示，功人也。」既然說到這一步，戰將們便不好再說什麼。

受封完畢，排定位次時，戰將們推出了他們的代表曹參，紛紛陳辭道：「平陽侯曹參身被七十創，攻城掠地，功最多，宜第一。」分封之時，劉邦已拂逆功臣，首封蕭何，這時，雖然仍想將其列為第一，但一時找不出新的理由，關內侯鄂君很瞭解劉邦的心思，遂上言論蕭何與曹參之功勞，他說：「群臣議皆誤。夫曹參雖有野戰掠地之功，此特一時之事。夫上與楚相距五歲，常失軍亡眾，逃身遁者數矣。然蕭何常從關中遣軍補其處，非上所詔令召，而數萬眾會上之乏絕者數矣。夫漢與楚相守滎陽數年，軍無見糧，蕭何轉漕關中，給食不乏。陛下雖數亡山東，蕭何常全關中以待陛下，此萬世之功也。今雖亡曹參等百數，何缺於漢？漢得之不必待以全。奈何欲以一旦之功而加萬世之功哉！蕭何第一，曹參次之。」

劉邦當然立即採納了這一建議。雖然兩次事件都是劉邦定奪，但曹參、蕭何之間卻產生了較深的隔閡。史稱：「（蕭）何素不與曹參相能。」又稱：「參始微時，與蕭何善，及為將相，有隙。」但兩人又都有一個共同的特點，即宰相氣度，都做到了不以私害公。蕭何病重之時，惠帝前往探視，問道：「君即百歲後，誰可代君者？」蕭何答道：「知臣莫如主。」惠帝問：「曹參何如？」蕭何馬上頓首道：「帝得之矣，臣死不恨矣！」蕭何完全拋棄個人恩怨，舉薦曹參。而曹參為相後，也是不計個人恩怨，一仍蕭何成法，史稱：「至何且死，所推賢唯參，參代何為漢相國，舉事無所變更，一遵蕭何約束。」

唐中朝的名將郭子儀也是不計私情以大局為重的代表。

安史之亂爆發前，郭子儀與李光弼同為朔方節度使的牙門都將，兩人積怨甚深，不交一言。安史之亂爆發後，原朔方節度使安思順因是安祿山從弟被賜死，郭子儀被任命為朔方節度使，準備分兵東進，抗擊安史亂軍。

這時，李光弼內心十分不安，擔心郭子儀趁機加害，遂入府門向郭子儀請罪道：「一死固甘，乞免妻子。」郭子儀急忙下堂，扶光弼上堂對坐，推心置腹地說：「今國亂主遷，非公不能東伐，豈懷私憤時邪？」他又上書唐廷，以李光弼為河東節度使，將朔方兵萬餘人分給光弼統領。史稱兩人分別時，「執手涕泣，相勉以忠義」。在平定安史之亂的戰爭中，兩人都建立殊勳，彪炳史冊。

當安史之亂尚未平定之時，權閹魚朝恩對郭子儀百般進讒。乾元二年，郭子儀被解除朔方節度使一職，召回京師，掛了一個空頭宰相的名號。

寶應元年，因朔方節度使李國貞治軍過嚴，將士們怨聲載道，無不思念郭子儀，牙將王元振遂發動兵變，殺李國貞。唐廷不得已，又任命郭子儀為朔方節度使。子儀抵朔方後，將士們歡呼不已，王元振也自以為立了大功，期望得到獎賞。

因為在唐後期，節鎮主師被逐頗為常見，逐殺主師之人也往往不被定罪，要嘛自立為帥，或者擁立新帥成為功臣，新任主帥則對之優遇有加。

但郭子儀卻不這麼做，王元振自以為有功於郭子儀，認為必有重賞。誰料郭子儀到任後，馬上將他扣押，嚴正地對他說：「汝臨賊境，輒害主將，若賊乘隙，無絳州矣（朔方節度使時治絳州，即今山西絳縣）。吾為宰相，豈受一卒之私邪？不久，就將王元振等人斬首，史稱：「由是，河東諸鎮率皆奉法。」若郭子儀囿於私恩，不斬王元振，很難安定河東局勢，由此也可見郭子儀的不凡氣度。

此事過後十餘年，郭子儀在邠寧節度使任上時，曾上奏唐廷，請任命某人為州縣官，但未能獲准。在唐後期，這種情況較為少見，因為當時的節度使們握有一方重兵，對他們奏請除授的官員，唐廷一般是照例恩准，稍不如意，這些重臣便可能舉兵而起，興師問罪。因此，得知郭子儀奏請的任命未能獲准，僚佐們便紛紛議論道：「以令公勳德，奏一屑吏而不從，何宰相之不知體？」但郭子儀對此毫不介意，反倒認為這是朝廷對他的信任，他對僚佐們說：「自兵興以來，方鎮武臣多跋扈，凡有所求，朝廷常委曲從之；此無他，乃疑之也。今子儀所奏事，人主以其不可行而置之，是不以武臣相待而親厚之也；諸君可賀矣，又何怪焉！」從這番表述，我們又可以看到郭子儀顧全大局、不計私憾的政治氣度。

凡事有大小輕重之分。政治乃天下之公器，是為眾人謀利益之事，而個人恩怨屬於個人之私務，切不可以私亂公，以小亂大！

感悟五十九

患得患失其心可慮

【原文】

子曰：「鄙夫！可與事君也與哉！其未得之也，患得之；既得之，患失之；苟患失之，無所不至矣！」

【解析】

孔子說：「可以和一個鄙夫一起事奉君主嗎？他在沒有得到官位時，總擔心得不到。已經得到了，又怕失去它。如果他擔心失掉官職，那他就什麼事都做得出來了。」

患得患失的人什麼都做得出來。為了得到自己的一己之利，或者為了保住自己的既得利益，打擊同事，排除異己，不擇手段，無所不用其極。

其實，患得患失的人自己也很痛苦，很無聊，活得並不自在，並不輕鬆。那可真是「熙熙攘攘為名利，時時刻刻忙算計」。結果，還多半會「機關算盡，反誤自身」。對這種人來說，人生就正如哲學家叔本華所指出，是在痛苦與無聊、欲望與失望之間擺盪的鐘擺，永遠沒有真正滿足、真正幸福的一天。

從前，晉國有位並不富裕的農夫不慎丟失了一頭牛，但他仍像從未丟失過什麼值錢的東西似的，整天樂呵呵的。旁人不解，問他為何不去尋找丟失的那頭牛？農夫笑笑說：「牛是在晉國丟失的，肯定被晉國人拾到了。牛還在晉國，我何必費心去找呢？」

孔子聽說這件事後說，如把「晉國」兩字去掉不是很好嗎？老子感慨道，要是再把「人」字去掉就更好了！

晉國農夫沒有因為自己家中丟失了一頭牛而沮喪，更沒有因為自家有所損失而悲傷，而是超越物之主人為的羈絆，從容而又灑脫地把自己之物推及為晉人之物，從而得出一國之內物之沒有得與失。此乃人生之第一境界。

孔子認為，此人的境界還有個侷限，應該把自己之物推及到世人之物，突破有限的國界，其境界更為寬廣。此乃人生之第二境界。

老子更高一籌，他把一頭牛放進大自然中，掙脫了人之束縛，讓其往來無牽掛，真正回歸自然。此乃人生之第三境界，也是最高境界。

人生得失是常事，有些東西失去了就永遠不能再得到。面對得失，能夠達到像晉國農夫那樣坦然的心胸，心中會少些陰鬱的雲朵，透進更多的陽光。如若能像孔子所言，人世間的種種得失便隨風而去，紅塵中的你還能不輕裝上陣？更甚者，如老子，人生無所謂得與失，讓心靈像雲一樣飄逸，讓思緒無邊際地馳騁，定會看到風光無限。

人生如白駒過隙，面對種種挫折與失敗，懷抱什麼樣的心態，就會有什麼樣的人生。

可惜的是，進入現代化社會以後，生活節奏加快，競爭加劇，患得患失的人們愈來愈多，而從容不迫，悠哉悠哉，保持平靜心態的人卻似乎是愈來愈少了。

北宋的政治家、文學家范仲淹在《岳陽樓記》中寫了八個字，可為得失之談的經典。這八個字是：「不以物喜，不以己悲。」字雖少，透出的意境卻流傳千古。

凡人皆有七情六欲，面臨得失，很少有人能泰然處之，患得患失的心情使得本來平靜的生活亂成一團糟，就像疑鄰偷斧的古人，幾千年來成為笑柄。

所以當面對別人的「得」，有嫉妒得紅了眼的，有羨慕得上了火的，當臨到自己「得」時，又有洋洋得意，及至尾巴翹上了天的人；面對別人的「失」，有幸災樂禍的、有冷眼旁觀的、有悲天憫人的。自己「失」時，又有捶足頓胸、呼天搶地、怨天尤人的，甚至有些不擇手段的人，把自己的「失」轉嫁到別人身上，把自己的「得」建立在別人的「失」之上，這樣的人就更加惡毒了。

但也有如范仲淹一樣的人，並不因外物的好壞與自己的得失而或喜或悲。他們把心思放到了更為遠大的事項上，所以眼前的小「得」小「失」就不在他們的心事中了。這樣的人才是真正懂得駕馭自己人生的人。

得失就像人體內的血，缺少了就會貧血、暈眩乃至危及生存，而太多了反而會引發血稠、血脂升高，同樣會危及生命。

由此可見，保持一份平常心，才是面臨得失的處事之道。別人得再多也是別人的，與我絲毫不相干，別人失再多也是別人的，我能幫則幫，幫不上也沒必要長吁短嘆。同樣，我得再多也是憑能力得到的，付出自有回報，也不必因此而沾沾自喜，我失再多也只能從自身上找原因，客觀情況本來就是千變萬化，怨不得別人。這樣看來，問題豈不簡單得多了！

事實上，得失問題歸根結底是一個不斷總結經驗，不斷發展進步的過程，「得」就總結好的經驗，發掘不足，以利再戰；「失」則深刻檢查原因，找出解決問題的辦法，把失去的奪回來，別人的「得」正是自己需要加強和改進的地方，別人的「失」正是自己需要改正和防範的地方，如果一切得失都從這個角度去應對，又何愁大事不成？

心理學所說的「自我協調和自在」法，基本功夫就在於「看懂自己」。正確看待得失，不遇事緊張，不為小事抓狂，不莫名其妙生氣哀傷，不怨天尤人，主動適應變化。

患得患失就是一味地擔心、計較個人的得失。患得患失是人生的精神枷鎖，是附在人身上的陰影，是浮躁的一個重要表現形式。生活中出現陰影是因為我們擋住了人生的太陽。

生活中往往有這樣一些人，做什麼事情之前都要反覆考慮，做完之後又放心不下，對各個方面都考慮得盡量周到，如有不妥，就很擔心把事情搞砸並擔心別人對自己的看法，過分注重個人的得失，他們被籠罩在患得患失的陰影之中，內心被得失紛擾得沒有一分安寧。這些人整天神經兮兮，心中佈滿疑慮、惴惴不安，生活中當然不會感到輕鬆與愉快。

孔子說：「仁和的人不憂慮，智慧的人不迷惑，勇敢的人不畏懼。」有人解釋說：人的才智性格各異，在修養自己的時候，哪些地方需要特別用力也互不相同，但有三個方面是人人都需下功夫的，即如何做到不憂、不惑、不懼。

仁者不憂，智者不惑，勇者不懼，這是儒家人格要求的三個基本要素。康有為解釋這三個方面說：「人之生世，憂患、迷惑、恐懼，乃共苦者。極樂、大明、無畏，乃神明之至，人道之極。孔子深得極樂之道，隨人何地，皆歡喜自得，而永解苦惱者也；備極大明，隨人黑暗，皆光明四照，而永無迷失者也；浩氣獨立，隨人危險，皆安定從容，而絕無畏懼者也。故仁智勇三者，乃度世之寶筏也。」

這三個方面是彼此關聯的，但最根本的基礎，第一原動力是仁。仁就是以愛心對待世界、對待眾人、對待萬物，這是向外交接的方面；而在向內修養方面，則是要心性和諧，不被那些自己努力達不到的東西、那些為時運所制約的東西、那些人皆不可抗拒的東西所侵擾。兩者合起來，就是和心和物，就是不憂不煩。人只有具備這樣的氣度和德性，才能客觀地認識萬物，不斷增進知識和智慧；同樣也只有具備了這樣的德性和氣度，又有了對事物必然規律的正確認知，才能夠對各種逆來之事無所畏懼。

對於一個二十一世紀的現代人來說人人在競爭中生存，時時有朝不保夕的緊迫感，處處有喧囂有矛盾，憂煩充滿人生。孔子那種只問耕耘，不問收穫，堅定執著地努力，成敗聽諸天命，把一種崇高的信念安放在日常具體的行為中，因而就結果看雖似一無所獲，但就過程看，人生的每個環節、每個舉措卻都是那樣充實、豐厚、自足，因而堅忍緊迫而不惶惑憂懼，因而對外來的刺激，對世人的跳樑皆受而不驚……這樣偉大的仁者品格，怕已成為舉世絕響了。我們只能於靜中側耳聆聽，希望它有一兩個音符在我們的生命中響起，與我們的人生相伴。

或者，可以不得已而求其次，只要日子過得充實，內省無所愧疚，不為不相干的事物白操心、乾著急，也可達到不憂不懼吧。人能不憂者，中實故耳。「中實」這兩個字，是人人都可下功夫做得到的！

感悟六十

簡單心快樂活

【原文】

子曰：「賢哉，回也！一簞食，一瓢飲，在陋巷，人不堪其憂，回也不改其樂。賢哉，回也！」

【解析】

孔子說：「多麼有賢德、修養啊，顏回呀！一筐子飯，一瓢水，住在簡陋的巷子裡，別人受不了這種困苦，顏回卻不以為苦，依然快樂的過他的生活。多麼有修養啊，顏回呀！」

《孟子．離婁》篇曾提出「禹、稷、顏回同道」的觀點，說：「禹、稷當平世，三過其門而不入，孔子賢之。顏子當亂世，居於陋巷，一簞食，一瓢飲，人不堪其憂，顏子不改其樂，孔子賢之。」在孔子所稱為「賢」的兩種人中，包含了他的兩大理想：立功與立德。立功就是推行仁道，造福天下，實現大同世界；立德則是建立一種樂道自足的強大的精神境界，富貴貧賤，始終如一。

所謂「孔顏樂處」，就是指立德。人生的一切欲望，歸納起來是兩種：精神欲望和物質欲望。

為了滿足這兩種欲望，相應就產生了兩大追求：精神追求和物質追求。庸人、小人把物質欲望當作人生的全部，所以沒有多少精神的追求。

君子、賢人精神的欲望特別強烈，但是卻也不能沒有物質的欲望，所以他們得承受這兩種欲望的激烈衝突，他們比庸人、小人多承受一份根本的人生痛苦。只是他們最終能以精神欲望居於主導地位，達到一種有偉大包涵力嶄新的心理和諧。這種有偉大包涵力的嶄新和諧，就是「安貧樂道」。

安貧樂道是激烈的內心衝突的產物，同時又是精神力量強大的表現。它是「安於貧」，而不是「樂於貧」；之所以「安貧」，是為了「樂道」。所以程頤說：「顏子之樂，非樂簞瓢陋巷也，不以貧窶（空乏）累其心而改其樂也。」

為什麼付「安貧」這樣大的代價來「樂道」呢？我們且看下面兩則故事：孔子見齊景公，齊景公要把廩丘送給孔子作為他的養生之資，孔子推辭沒有接受。他回來對學生說：「君子應當先立功，後受祿。我今天向景公提了很多建議，他都不採納，卻要把廩丘送給我，他太不瞭解我。」於是孔子就駕著車離開了齊國（《呂氏春秋．離俗覽．高義》）。這是第一個故事。

第二個故事是：子問顏回：「回呀，你家裡貧窮，住得那樣窄小簡陋，為什麼不去做官呢？」顏回回答道：「城外有塊土地，可以供我吃飯、喝粥；城內有塊土地，可以供我穿衣；家裡有一張琴，可以用來自娛，老師您教的大道，足以給我無上樂趣，所以我不願去當官。」（《莊子．讓王》）。

這兩個故事從兩方面回答了上述問題：一、所為和所得不相稱，無功受祿，靠不正當的手段獲取富貴，這些都是不合理的，因而不僅不能給人帶來快樂，反而會令人心懷不安；二、精神的快樂是最高的快樂，它值得人們忍受物質生活的貧窮來獲取。

揚雄《法言．學行》篇中說，有人認為「穿朱紅色衣服（即做大官），懷裡揣著黃金，那種快樂真無法計算！」但也有人說：「穿朱紅色衣服，懷揣黃金的快樂，遠不如顏回那樣的快樂！孔顏樂處是只有那些無法以一己的物質舒適來滿足心靈的人才願意、才能夠享受的！」

孔子讚美顏回的簡單生活，顯然在說：簡單就是美，簡單就能快樂。簡單的生活節約能量與時間，從而使人有更多精力去侍奉心靈，當然會活得明白一些、快樂一些。

有人問古希臘智者愛比克特德：「智者的標誌是什麼？」

愛比克特德說：「不為自己沒有的東西傷悲，而為自己擁有的東西喜悅，這才是智者。」他說得沒錯，人的痛苦緣於欲望太多，如果能滿足於既有收穫，當可享受無限快樂。

智者是知足的，所以是快樂的。

先前我們已經講了，「道不行，乘桴浮於海」，就是說無論道行與不行，我們的理想能不能實現，都應該是快樂的。

理想應該為現實服務，當理想阻礙了我們，就拋棄它。

孔子原來想做大官，周遊列國，沒有做成，只好鎩羽而歸，在家鄉當了個教書匠。沒想到一做就其樂無窮，他終於明白：做小比做大更大；該做什麼做什麼，不要強迫自己。孔子把自己的這兩條智慧傳給了弟子們，師生們全都受用無窮，每個人都快樂得不得了，一下子就把儒家的名氣搞大了。

「儒」原來是主持祭祀的小禮官，在人們眼中是那種死板板的呆子，沒想到現在這呆子一下變得這麼活潑，並把祭祀辦得堂堂皇皇，熱鬧非凡，沒法不讓人刮目相看。

在孔子之時，道家不求聞達、墨家生活太苦、法家太嚴厲，都讓人不喜歡。孔子一下子把儒家弄得大家都高興一片，又讀書明禮，又好玩，當然會吸引眾多信徒，成為當世第一顯學。

孔子的首席大弟子為顏回。顏回可能是孔子的親戚，因為孔子的母親就是顏氏。不過不管那麼多，反正顏回是孔子的大弟子，最受孔子欣賞。

顏回是個什麼樣的人呢？聖人。

孔子說：「回也非助我者也，於吾言無所不說。」孔子認為顏回已經不再是自己的助手，而是同道。孔子經常虛心學習顏回的美德。不幸顏回早死，孔子大哭：「天喪予、天喪予。」師生情深，讓人感動。

顏回把這個世界留給了孔子，就像約翰把這個世界留給了耶穌，使他們身上的擔子更重了。同時也因為先知數量的減少而激發了先知的智慧，從而以各種手段傳道天下，最終以肉身而成仁，引領世界。

聖人就是「剩人」，是挑選之後剩下來的人。別的人因為本事都大得不得了，飛了，走了，他還老老實實留下來，所以叫「剩人」。「剩人」自有好處。正因為他是剩下來的，所以沒人與他爭，這就太好了，做人做到沒人爭的地步，當然自由自在，自得其樂。

顏回家在哪裡？陋巷子裡。顏回吃什麼？當然也吃飯。但他不吃山珍海味，大魚大肉，只吃蔬菜麵條，大蔥夾大餅，簡簡單單，在他就是無上美食。顏回喝什麼？當然喝水。但他不用喝高級飲料，白開水、涼井水就足夠了，何必又花錢又麻煩？

人們都擔心：這人怎麼過呀？沒想到顏回一天到晚都很快樂，別人完全不必擔心，而且他還能幫助人呢。

你看，這不是聖人是什麼？聖人就是「勝人」，就是勝利者。他沒有多少錢，也沒什麼所謂的身分地位，但他快快樂樂，比有錢有勢的人快樂，所以別人都比不過他，他是勝利者。

從前有個人向他的師父訴苦：「哎呀，我好苦，我好累。」

師父問他：「你為什麼會這樣？」他說：「我吃飯都累。吃少了怕餓，吃多了怕不消化。吃肉怕胖，吃菜怕瘦，不吃又不行。」

師父笑了：「我明白了。你就餓自己一天試試看吧！」

於是這人餓了自己一天，餓壞了，第二天一開飯大吃一頓，好滿足呀，拍著肚子來見師父，「師父啊，我明白了。」「你明白什麼了？」

「吃飯就吃飯，原本很簡單。」「哈哈，你真的明白了。」

現代人已漸漸到了不會吃飯、不敢吃飯的程度了，想必也到該餓一下的地步了。人活得愈簡單愈好，這樣才會見本心，才不會失去生存的基本技能。

孔子說：「君子居之，何陋之有？」就是說君子不以住得簡陋為醜，而以簡陋為便。孔子在另一處說得更徹底，他說：「君子固窮。」「窮」指不得志。綜述孔子之意，是在肯定一種愈困難愈樂觀，並且任何時候皆不失品味的生活。

孔子讚美顏回「在陋巷」，好像與他主張「富而好禮」的生活相衝突，其實沒有。君子無論富與窮，顯與達，都能把自己做好。顏回的陋巷就是顏回的天堂，顏回的天堂就是孔子的聖堂。

不在其位，不謀其政

「不在其位，不謀其政」是曾子的處世思想之一。他和孔子一樣，都想實現自己的政治理想，但終因未得其位，而不能「謀其政」。曾子到了晚年，便帶領弟子三千，回到家鄉武城居住，一面設館教書，一面著書立說。據說儒家經典著作《大學》就是他在這時完成的。

有一年，越國派兵進攻武城。曾子的一名弟子聽了這個消息後，連忙告訴了曾子，並勸說道：「敵人要來了，老師還是躲一躲吧。」

曾子於是吩咐弟子套車、搬書，一切收拾妥當。臨行時，曾子又對留下來看家的人說：「不要讓越寇亂民借住我的房子，他們會把我弄亂的；不要讓豬狗跑進我的院子，牠們會弄壞我的花木的。」

曾子走後，越國圍困武城三個月。因武城位居山區，道路崎嶇，難攻易守，越軍終於沒敢輕舉妄動，不久就班師回朝了。

聽說越軍撤走了，曾子高興地對弟子們說：「你們先回去，把我的屋牆修理修理，把我的院子打掃打掃，我也要回去了。」

曾子的一個弟子不解地說：「老師居武城，當地的官員百姓對您十分恭敬。敵人來了，你便早早地走開，給百姓做了個壞榜樣，使百姓也跟著到處流竄，無人跟著武城宰抵抗敵人。敵人退卻了，先生馬上回去，恐怕不合情理吧。」

曾子聽了，一言不發，只是去收拾行李，做回家的準備。

曾子的弟子沈猶行對人說：「這個道理別人是不明白的。從前老師住在曲阜的時候，有齊兵進攻都城，老師也是帶著七十多位弟子從西門早早走脫啦。」

曾子和沈猶行的話，並沒有解開弟子們心中的謎團。

與此同時，曾子的大弟子子思在衛國做官，齊國派兵侵犯。子思身邊的人勸他趕快離開衛國，子思卻說：「假如我離開了，誰協助國君來守城呢？」

子思一直跟著衛國，打敗了齊軍。

許多年後，有人把曾子、子思兩人對同一件事所表現出的不同言行，請教於孟子。孟子說：「曾子和子思的做法都是對的。同時，曾子是老師，是前輩，子思是臣子，是小官。曾子、子思如果對換地位，他們的行為也會這樣！」

感悟六十一

飲食得法，養生有道

【原文】

食不厭精，膾不厭細。食饐而餲，魚餒而肉敗，不食。色惡，不食。臭惡，不食。失飪，不食。不時，不食。割不正，不食。不得其醬，不食。肉雖多，不使勝食氣。唯酒無量，不及亂。沽酒市脯不食。不撤薑食，不多食。祭於公，不宿肉。祭肉不出三日。出三日，不食之矣。食不語，寢不言。雖疏食菜羹，必祭，必齊如也。

【解析】

飯食不嫌整治得精細，魚肉不嫌切得細。飯菜餿了，魚肉腐爛了，不吃。變了顏色，不吃。發臭，不吃。沒煮熟，不吃。不合時令，不吃。屠宰牲口不是按一定方法割的肉，不吃。沒有合適的調料，不吃。肉雖然多，不超過飯菜。酒雖然不限量，但不喝到醉昏。過夜的酒、街上賣的肉乾，不吃。每頓飯不離開吃薑，但不多吃。參加祭祀，祭肉不留到第二天。自家的祭肉不超過三天，超過三天就不吃。吃飯時不交談，睡覺時不講話，雖然是用粗飯蔬湯瓜果祭祀，也一定先行齋戒沐浴。

關於飲食和養生的關係，古人論述得很多。飲食文化在中國算得上博大精深。但俗常之人往往把飲食僅僅當成「吃喝」，放縱口腹之欲。孔子在這裡不僅論述了飲食的方法和規矩，以及食品的衛生和營養學問，而且把飲食提升到人的修身養性的高度上，飲食的學問並不侷限在吃喝，這或許正是孔子這段專門講「吃喝」的文字意義所在。

古人認為「醫食同源」。這就表明我國古代的學者，早就對飲食與醫藥二者之間相輔相成的關係，有著明確而科學的認知。因此，保健養生之道與食療之術，既是中國古代飲食文化中一個不可或缺的組成部分，同時，它也是中國醫學寶庫中一筆寶貴的財富。

清代康熙皇帝知識淵博，他一生中對天文、曆法、數學、地理、生物、美術、音樂、醫學、養生學等，均有研究，且有一定的造詣。

對於飲食與養生之道二者的關係，康熙帝曾經說過：「節飲食，謹起居，實卻病之良方也。」他不僅這樣主張，而且自己也身體力行。因此，他認為主要不是靠醫藥，靠服什麼長生不老的靈丹妙藥，而是靠飲食起居有序、有節、有度，來保持自己的身心健康，延年益壽。這也是他「養生之道」思想中的一個核心部分。對此，康熙帝還有一系列的主張和論述：

其一，康熙帝認為，「凡人飲食之類，當各擇其宜於身者。所好之物不可多食。」就是說，人們理當養成良好、合理而科學的飲食衛生習慣，絕不要貪食和多食。所謂「擇其宜於身者」，是指對身體有營養補益的東西，而不是指某些個人嗜好的食物。所以他特別告誡人們對「所好之物不可多食」。因為，多則生變，輕則腹脹肚痛，重則誘發病變。康熙帝還指出，「各人所不宜之物知之即當永戒」，因為「人自有生以來，腸胃自各有分別處也」。事實顯示，生活中確實存在有「各人所不宜之物」。因為每個人的體質千差萬別，腸胃吸收功能強弱不一。如，有人對蝦、蟹過敏，有人對香椿、香菜（芫荽）過敏；有人胃熱能吃冷食，有人胃寒不宜吃冷食，等等；這些均需自己時刻記住，加以控制，甚至要平日嚴加防戒。

其二，康熙帝主張高齡人飲食宜淡薄，不宜厚味。他每次外出巡幸，沿途官吏總要向他貢獻本地所產菜蔬，他很喜歡吃。他認為：「老年人飲食宜淡薄，每兼菜蔬食之則少病，於身有益。所以農夫身體強壯，至老猶健者，皆此故也。」康熙帝提出的老年人飲食宜淡薄為主的主張，從現代醫學角度來考察，是十分科學的。當然，農民中那些「至老猶健者」，並非完全靠飲食，還有一個更重要的因素，即勞動，他們日日勞作，終年勤勞，加之日光、新鮮空氣、新鮮的食物等，才養成了強健的身骨和體魄。

其三，康熙帝提出，凡果實最好在成熟時吃，而不要在未成熟時過早地摘吃。他說：「諸樣可食果品，於正當成熟之時食之，氣味甘美，亦且宜人。如我為大君，一人各欲盡其微誠，故爭進所得初出鮮果及菜蔬等類。朕只略嘗而已，未嘗食一次也。必待其成熟之時始食之，此亦養身之要也。」果實未成熟時，食之不僅酸澀難嚥，且不利於脾胃和身體，可見，康熙帝的這段告誡是頗為符合飲食衛生和養生之道的。

其四，康熙帝還主張平日每餐飯後，應營造一個有著愉快和諧氣氛的環境。他說：「朕用膳後必談好事，或寓目於所好珍玩器皿，如是則飲食易消，於身大有益也。」從生理學的角度來看，他的話是很有道理的。

其五，康熙帝力主注意飲水的衛生。他說：「人之養身飲食為要，故所用之水最切。」他曾將各地的水加以區別和比較，其方法是「稱（秤）其輕重」。他認為「水最佳者，其分量甚重」。「如果遇不到好的水，就把水加熱煮沸，取其蒸餾水，烹茶飲之。」

他的這個經驗是從西藏活佛澤不尊丹巴胡突克圖那裡得來的。他還提到了山區飲用河水的注意事項。他指出：「平時不妨，但夏日山水初發，深當戒慎。此時飲之易生疾病。必須大雨一兩次後，山中諸物盡被滌蕩，然後潔清可飲。」

這恐怕也是從山區鄉民那裡得來的感性經驗之談，因為山洪暴發時，把腐爛的動物屍骸、糞便、枯枝敗葉，以及浮在地表的有害礦物質統統沖刷下來，流入河中。這時的河水當然是不乾淨的，經過幾次沖刷之後，再流下來的水就比較乾淨了，也只有到這時，人才能飲用，並可能避免生病，從而有利於健康。

康熙帝熱愛科學，注重飲食衛生與養生之術，這較之那些深居宮中、貪圖奢侈享受的帝王而言，其可貴與高明之處，又何止百倍！一個熱愛生命的人，總會懂得健康的珍貴。在飲食文化愈來愈發達的今天，您是否也做到了善待自己？是否也為自己和家人制定了一份科學健康的飲食規劃呢？

感悟六十二

志不物移，寧靜淡泊

【原文】

子曰：「士志於道，而恥惡衣惡食者，未足與議也。」

【解析】

孔子說：「士有志於（學習和實行聖人的）道理，但又以自己吃穿得不好為恥辱，對這種人，是不值得與他談論道的。」

在人生的浩瀚海洋中始終漂蕩著一葉扁舟，它堅毅自信，果敢不疑，不隨波逐流，不輕信盲從，不見異思遷。面對死亡，它敢於以卵擊石，這就是真理。人應該立志追求真理、服務社會，並以此作為人生目標。在實現這個目標的過程中，不可能一帆風順，而經常面臨的是艱苦環境，想舒舒服服地實現人生目標是不可能的。在這個尖銳的矛盾面前怎麼辦？孔子認為真正忠於道者必須不顧及條件的艱苦，堅持不懈地奮鬥。倘若又想奮鬥又害怕艱苦，那就免談了。

「士志於道，而恥惡衣惡食者，未足與議也。」孔子這句話是說一個人的意志，有可能被物質環境引誘、轉移，真要是如此，那也就不用和這種人談學問、說道了。

換句話說，孔子強調實觀人生目標必須與艱苦奮鬥緊密相連，成功永遠屬於那些不怕艱苦、不恥惡衣惡食者。

因為孔子敏銳地看到了這樣一種鮮明的景象：那些衣食精美、富貴榮華的達官顯貴們常不能像家世寒微者那樣堅持節操，為國盡忠；那些朝廷高堂上的春風得意者，常不能像那些在山野上辛勤勞作的躬耕者那樣料事如神，深明道理。同時，那些以野菜之類來充飢的貧困者，常常多有清爽如水、純潔似玉的高潔人品；而那些慣於華衣美食的富貴者，反而極易為了保持那些錦衣玉食而顯出甘做奴隸的軟弱性格和嘴臉。為什麼會這樣呢？合理的解釋只能是：那些家世寒微的勞動者若能安於清貧的生活，他就能因淡泊而明志，因明志而對人對事應對得當；而那些高官厚祿者若過分地依賴於富貴，他就有可能沉湎於溫柔鄉之中，逐漸消磨了自己的鬥志，在關鍵時刻，甚至會因欲保持眼前的那些錦衣玉食的富貴生活而喪失了氣節與志向。孔子的這個見解哲理深邃，人生體會豐富。

三國時期蜀國的名相諸葛亮，心懷濟世救民的高尚志向，有自比管仲、樂毅的自信心。而他這種志向、自信，並不是在劉備「三顧茅廬」請他出山擔任軍師、丞相之職後才建立的。恰恰相反，他的志向與自信都是在他隱居隆中，過著山野村夫的生活時就形成的。那時，他過著結廬耕讀的生活，即使在自己結砌的茅廬中，以耕耘種田為生，在學習方面也絕不鬆怠。生活雖清苦，他還是十分關注世事局勢的變遷，不時與知心朋友一道談古論今，逐漸形成了自己的一套看法與主張。這種舉止又與他的高尚志向合在一起，使他贏得了時人的敬重，被視為臥虎藏龍式的人物。所以，當劉備慕名恭請他出山時，年僅二十七歲的他才能瞭若指掌地縱論天下的形勢，才有那名傳千古的《隆中對》。可以說，沒有淡泊明志的年輕諸葛亮，就不會有日後被視為中華民族智慧化身的諸葛亮。他自己也最懂得淡泊與明志的關係，所以，日後他還在《誡子書》中告誡兒子：

夫君子之行，靜以修身，儉以養德，非淡泊無以明志，非寧靜無以致遠。夫學須靜也，才須學也，非學無以廣才，非志無以成學。淫慢則不能勵精，險躁則不能治性。年與時馳，意與日去，遂成枯落，多不接世，悲守窮廬，將復何及！

「非淡泊無以明志，非寧靜無以致遠。」這兩句傳誦至今的名言，是他深刻的人生體驗，也是他一生叱吒風雲的底蘊。

與堪稱淡泊明志典範的諸葛亮形成鮮明對照的，是諸葛亮受託輔佐的蜀國後主劉禪。這位「阿斗」則可稱為因濃豔而損志，從肥甘而喪節的典型。劉禪不同於其父劉備，雖也經歷過戰亂，卻多是生活在嬌生慣養的環境中。父輩出生入死，九死一生，為他打下一片江山，留下一點基業。但當時形勢不容樂觀，北面魏國虎踞龍盤，東面孫權據險而守，西面少數民族也未必永遠臣服，要鞏固基業，向外拓展，沒有宏圖大志，是難以立足的。但是，劉禪卻無大本事，更可悲的是他成天混跡於後宮，與嬪妃尋歡作樂，早把「進取」二字丟在九霄雲外，更談不上建樹起高遠的志向。有諸葛亮憑著一股鞠躬盡瘁的忠貞，蜀國還能出兵伐魏，劉禪還能背靠大樹好乘涼。

諸葛亮死後，劉禪就一籌莫展了，到了魏兵大軍壓境之時，他就只有乖乖投降的份了。當他被魏兵押到洛陽時，在司馬昭舉行的一次宴會上，劉禪看到了蜀地歌舞，非但未勾起亡國之恨，還笑個不停，當司馬昭問他：「你不想念蜀地嗎？」他脫口而出的回答竟是：「這裡很好，所以我不想念蜀地。」從而留下了一個「樂不思蜀」的笑柄，無怪乎歷史上稱他為「扶不起的阿斗」。

這不僅是蜀國的悲劇，更是諸葛亮的悲劇。讀一讀杜甫的《蜀相》怎不令人感嘆！

丞相祠堂何處尋？錦官城外柏森森。映階碧草自春色，隔葉黃鸝空好音。三顧頻煩天下計，兩朝開濟老臣心。出師未捷身先死，長使英雄淚滿襟。

無深刻的人生體驗者，是不知淡泊之難能可貴，不知淡泊有助於明志的。只有那些有豐富的社會閱歷、通曉人情世故而又盡嘗人世的濃淡滋味者，才會知道淡泊有助於堅守遠大志向，才會拒絕那紛亂而又華而不實的生活，甘於淡泊的人生，從而在天地間留下一個清雅的名聲。

那麼，說「非淡泊無以名志」，是否太絕對了呢？不是的。因為淡泊能使人清心寡欲，使人不至於過分地執著於財富、權勢和名譽，能夠體察到名譽、權勢等並不是最重要的東西，從而超越那種短淺的功名目標，建樹起追求更高人生價值的志向。淡泊也能使人不至於被過分繁雜的生活頭緒所迷惑，使人得以純潔自己的身心，從而培植出超凡脫俗的心靈。心靜氣定，無疑有助於實現自己的高遠志向。總而言之，淡泊是明志的基礎，明志則是淡泊生活的昇華。

明末清初文學家李笠翁說，人生就是戲台，歷史也不過是戲台，而且只有兩個人唱戲，沒有第三個人。哪兩個人？「一個男人，一個女人。」這句話又引起另一則有名的故事。

相傳清朝的乾隆皇帝遊江南，站在江蘇的金山寺，看滾滾長江上有許多船來來往往，他問一個老和尚：「你在這裡住了多少年？」老和尚當然不知道這個問話的人就是當今皇上，他說：「住了幾十年。」乾隆皇接著又問：「幾十年來看見每天來往的有多少船？」

老和尚說：「只看到兩艘船。」乾隆驚奇地問：「這是什麼意思？為何幾十年來只看到兩艘船？」老和尚說：「人生只有兩艘船，一艘為名，一艘為利。」

乾隆聽了很高興，認為這個老和尚很了不起。李笠翁和那位老和尚，為什麼對人情世事看得如此透徹，就在於他們在淡泊中培植出一種超塵脫俗的心靈，才不會被世上紛亂而又華而不實的生活所迷惑、所羈絆。

當然，要真正地過、並且過好淡泊的生活，是說來容易做起來難。人生總是有許多追求、許多奢望，比如功名、富貴、金錢、美色等等，好東西誰不喜歡呢？孔子自己也說過：「飲食男女，人之大欲存焉。」但是，對於一個想要有所作為的人，如果不能抵禦外界聲色犬馬的誘惑，玩物喪志，輕則荒廢學業、事業，重則身敗名裂。

感悟六十三

曲肱枕之，自得其樂

【原文】

子曰：「飯疏食飲水，曲肱而枕之，樂亦在其中矣。不義而富且貴，於我如浮雲。」

【解析】

孔子說：「吃粗糧，喝白水，彎著胳膊當枕頭，樂趣也就在這中間了。用不正當的手段得來的富貴，對於我來說就像是天上的浮雲一樣。」

的確，其實每個人的人生自有大樂，自己應有自己的樂趣，並不需要靠多麼豐富的物質，能滿足生存就可以了，更不需要虛偽的榮耀。「飯疏食飲水，曲肱而枕之，樂亦在其中矣。」

這句話是說孔子對這樣的生活——吃粗糙的飯，喝涼水，累了彎著胳膊當枕頭睡的日子，也覺得充滿樂趣。不合理、非法、不擇手段地做到了又富又貴是非常可怕的事。在實行科舉制度後，古代許多家庭（包括農民之家）都竭力供子孫上學讀書，力圖藉由科舉，進入上層社會。如果能做官，有了權，就可以以權謀私，貪污受賄，敲詐勒索，「三年清知府，十萬雪花銀。」但是，宦海浮沉，難以預料。

孔子時代的家庭管理，由於侷限於當時的生產水準（如工具等等），以致於物質文明和精神文明的程度都不高，因此，家庭管理的成果只表現在基本的雙重關係上，亦即家業管理和家庭成員的管理。

《論語·子路篇》裡有這麼一段記載：子謂衛公子荊，「善居室，始有，曰：『苟合矣。』少有，曰：『苟完矣。』富有，曰：『苟美矣。』」這段話說的是孔子評論衛國公子荊最會治理家業的事。孔子說衛國公子荊初有財貨器用時，他便說：「差不多夠了。」稍有時，他便說：「差不多完備了。」富有時，他便說：「差不多稱得上完美了。」

公子荊是對於自己所擁有的家財能夠知足的人，孔子逢人便稱讚衛公子荊。孔子之所以如此，是因為當時的卿大夫不是貪污謀利，便是沉溺於奢侈的生活。

最難得的是，當時孔子擔任了不小的官職，他不以權謀私，而是提倡節約，並以身作則。

在《論語·里仁篇》裡，孔子又說道：「以約失之者鮮矣。」這個「約」並不只限於對財物儉約、不浪費。凡事能夠自我節制約束的人，他若有足以成就大事的才能，再加上有一顆對事情敬畏的心，便能好好運用他的長處；一個能夠自我節制和約束的人，儘管沒有什麼足堪大任的能力，只要有顆慎重於事的心，便可以補其所短。宋朝的儒者范浚曾經說過：「守約是儉德；聽能儉，可以養虛；視能儉，可以養神；言能儉，可以養氣。大凡儉，皆以悠久無窮。」

孔子提倡節約的原則，勤儉節約已經成為中華民族家族管理中的優良傳統。中國人重視自己辛勤努力而得的成果，同時也重視勤儉節約、家庭消費的經濟效果和利益。更重要的是，中國人也因此而馳名全球。在這方面，孔子的功績是永久不滅的。

伏波將軍——馬援是東漢王朝的開國功臣。他有兩個姪子，馬嚴和馬敦。兩人喜歡譏議別人，結交俠客。馬援為此很是擔憂。當時，他正領兵征戰，儘管征途遙遠，戎馬倥偬，他還是修書告誡兩姪：

吾欲汝曹聞人過失，如聞父母之名，耳可得聞，口不可得言也。好論議人長短，妄是非正法，此吾所大惡也，寧死不願子孫有此行也。汝曹知吾惡之甚矣，所以復言者，施衿結縭，申父母之戒，欲使汝曹不忘之耳。

馬援在信裡舉了龍伯高和杜季良為例。龍伯高即龍述，京兆任山都長，為人敦厚周慎，謙約節儉，廉公有威。杜季良名保，也是京兆人，時任越騎司馬，豪俠好義，憂人之憂，樂人之樂，清濁無所失。兩人均為馬援所看重，但馬援卻希望姪子效法伯高，而不要學杜季良的為人。因為效伯高不得，猶為謹儉之士，所謂刻鵠不成尚類鶩者也；效季良不得，陷為天下輕薄子，所謂畫虎不成反類犬也。

馬援對姪子的教導，從他對兄子王磐的態度上也可以看出。

王磐字子石，是王莽從兄平阿侯王仁之子，新莽敗亡後，擁富貲居故國。他為人尚氣節而愛士好施，在江湖間很有名氣。後來遊歷京師洛陽，又與衛尉陰興、大司空朱浮、齊王親共相友善。馬援對此很不以為然，於是對其姊子曹訓說：「王氏，廢姓也。子石當屏居自守，而反遊京師長者，用氣自行，多所凌折，其敗為也。」一年以後，王磐果然被司隸校尉蘇鄴和丁鴻的案件牽連，坐死洛陽獄。他的兒子王肅不接受教訓，復出入北宮及王侯邸第。

及郭後死，有人告發，以為王肅受誅之家，客因事生亂，慮致貫高、任章之變。光武帝見書大怒，於是命令郡縣收捕諸王賓客，轉相牽引，死者以千數。以致有些被株連的人臨死嘆息說：「馬將軍誠神人也。」

由此可知，馬援所提倡的敦厚周慎、謙約節儉不失為儒家治家處世的準則之一。

疏廣，字仲翁，西漢東海蘭陵（今山東棗莊東南）人。他博覽多通，尤精《春秋》，先在家鄉開館授課。由於學問淵深，四方學者不遠千里而至。朝廷得知後，徵調他去都城長安，任以博士太中大夫。本始三年（前七一年），宣帝拜請他充當東宮皇太子的老師，為太子少傅，不久轉遷為太子太傅。他的姪兒疏受，也以才華過人被徵為太子家令，旋又升為太子少傅。從此，叔姪二人名顯當朝，備受榮寵。

疏廣是一位識大體、知進退的人。他對太子的輔導極其認真，教之以《論語》、《孝經》，曉之以禮義廉恥，希望太子日後擔當起治國平天下的重任。當太子十二歲時，他以年老體衰為由，奏請朝廷辭官回家。臨行前，宣帝賞賜黃金二十斤，皇太子贈以黃金五十斤。其他公卿大臣，也分別饋送財物，並特意在京城的東郭門外設宴為他餞行。站在大道兩旁觀看的人們，見送行的車子便有數百輛，都感嘆地稱他為「賢大夫」。疏廣真可謂是家私豐足、榮歸故里。

但是，說也奇怪，疏廣回到家鄉後，竟絕口不提購置良田美宅，而是將所得財物賑濟鄉黨宗族，宴請過去的故舊親朋。不僅如此，他還幾次詢問餘剩錢財的數目，意思是要把這些財物都花得一文不剩。疏廣的兒孫們很著急，但又不敢言語，只好私下請了幾位平時與疏廣要好的長者，希望他們能勸說疏廣，及時建造房舍和購買田地，使子孫後代也有個依靠。

幾位老人家覺得這些意見是對的，便在相聚時規勸疏廣，要他多為兒孫們著想，置辦家產。疏廣笑著說：「你們以為我是個老糊塗，不把子孫後代的事情惦掛在心嗎？我的想法是：家裡本來還有房舍和土地，只要子孫們勤勞節儉，努力經營，精打細算，維持普通人家的穿衣吃飯是不成問題的。」老人家們還是疑惑不解。疏廣接著說：「如果現在忙於為子孫後代買地蓋房，子孫們飯來張口，衣來伸手，不愁吃，不愁穿，反而會使兒孫們懶惰懈怠，不求上進。一個人要是腰纏萬貫，家中富足，賢能的容易喪失志向，愚笨的則變得更加蠢陋。再說，錢多了還容易招人怨恨。我過去忙於國事，對子孫的教育不夠，如今不為兒孫們置辦產業，正是希望他們能夠自力更生，克勤克儉，這也是愛護和教育兒孫的一個辦法啊！」長者們被說服，再也不為他的子孫們去說情了。

疏廣對待子孫後代，務在勞其筋骨，苦其心志，以免使他們成為好逸惡勞的紈；子弟，表面看來似乎不近情理，但其用心是何其良苦，又何其明智！

感悟六十四

健康生活，寧儉不奢

【原文】

子曰：「奢則不孫，儉則固。與其不孫也，寧固。」

【解析】

孔子說：「奢侈了就會驕傲，儉樸了就顯得寒酸。與其驕傲，寧可寒酸。」

宋儒汪信民曾說：「得常咬菜根，即做百事成。」節制而儉樸的生活能磨練意志，鍛鍊吃苦耐勞、堅韌頑強的精神，使人們在通往理想的道路上，披荊斬棘，奮勇向前。如果在個人生活上，迷戀於吃喝玩樂，既消磨人的意志，又會分散工作精力，這樣的人必將難成大器，甚至會在生活中迷失方向。

春秋時期魯國大夫御孫說：「儉，德之共也。」儉樸的生活，可以使人精神愉快，可以培養人的高尚品質。生活儉樸的人具有頑強的意志，能經受得住艱苦的磨練，胸懷開闊。無心於考慮物質生活，更不會受錢財的誘惑。物質生活條件的好壞，對他們來說，沒有絲毫的影響。因此，這種人住在竹籬蓋的茅屋裡，也有清新的生活情趣。

晏嬰是春秋末期齊國的宰相，有一次晏嬰正在家中吃飯，突然景公派人到晏嬰家來了，他得知這位大臣還沒吃飯，便將自己的飯分一半請客人吃，結果使得客人和他都沒吃飽。使臣回府後，便把這件事告訴了齊景公。景公聽後，十分感嘆地說：「晏嬰家裡這麼窮，我卻一點都不知道。這是我的過錯啊！」便派人送一大筆錢給晏嬰，讓他作為招待賓客的費用。但是晏嬰堅決不收。景公見他既不要封地，也不要錢，心中實在過意不去，就命令手下人一定要想辦法說服晏嬰，讓他把這錢收下。

他一次又一次地向來者陳說，自己的地位高，更應注意生活儉樸，這樣才能給朝中的官員做出榜樣，使朝政更加清廉。來者見他不肯收，就說這是景公的命令，不然會受到景公的怪罪。為此，晏嬰親自面見景公，對他拜謝說：「大王，我家並不窮。因為您的恩賜，我的親族、朋友都得到不少好處，我們很是感激，千萬不要再給我錢財，您不如用這些錢財去拯救百姓吧！」後來，景公要為他造新的住宅，換上漂亮的馬車，結果都被他退了回去。晏嬰一生過著儉樸的生活，為齊國在厲行廉潔、反對奢侈浪費方面做出了榜樣。

唐太宗在位期間，不但注意節制自己的奢欲，對皇親國戚、達官貴族的奢侈之風也能注意有所限制。

西元六二七年，他下令限制王公以下貴族房宅不可過於奢華，並對貴族生活用車馬、衣著服飾等的具體標準做了規定。貴族婚喪費用是一項不小的開支，有些貴族，為了顯示身分，大擺排場，有的人也想趁機大撈一筆。因此，唐太宗對各級貴族婚嫁喪葬的費用也做了一定規定，並強調：不符合規定的奢侈之舉，一律禁止。嚴重者，要依刑法處罰。

太宗節制奢華，還表現在對子女的教育方面。他見到桌子上有山珍海味，就對他們說：「你們知道耕種的艱難嗎？」當聽到他們滿意的回答後，就一再囑咐他們：「要懂得節約，懂得百姓的艱難……」在他臨終的前一年，還多次告誡太子說：「要是為君的不注意節儉，驕奢淫逸，不要說政權保不住，恐怕連自己的性命也保不住。」

司馬光是北宋的宰相、歷史學家，名重一時。可是，他卻從不擺闊。他給兒子司馬康的信中說：「許多人都以奢侈浪費為榮，我卻認為節儉樸素才算美。儘管別人笑我頑固，我卻不認為這是我的缺點，孔子說：『奢侈豪華容易驕傲，節儉樸素容易固陋。與其驕傲，寧可固陋。』」他又說：「一個人因為儉約犯過失的事是很少見的。讀書人有志於追求真理，卻又以吃粗糧穿破衣為恥辱，這種人是不值得和他講論學問的。可見，古人是以儉約為美德現在的人卻譏笑、指責樸素節約的人，這真是奇怪的事！」

司馬光在信中批評了當時奢侈淫靡之風，並引述了幾位以儉樸著稱者的故事。

張知白當了宰相之後，其生活水準仍然像當年布衣時一樣。有人說他：「你如今收入不少，生活卻是這樣簡樸，外面的人都說你是『公孫布衣』呢！」公孫指漢武帝的宰相公孫弘，當時汲黯批評他：「位在三公，俸祿甚多，然為布舉，此詐也。」

張知白聽了這位好心人的話後說：「以我的收入，全家錦衣玉食都可以做到。但是由儉入奢易，由奢入儉難。像我這樣的收入，不可能永遠維持，一旦收入不如今天了，家人又已過慣了奢侈生活，那怎麼得了呢？無論我在不在職，生前死後，我們都保持這個標準，不受影響，這不是很好嗎？」

張知白確實是深謀遠慮的，他看到了別人平時想不到、看不到的地方。

魯國的大夫季孫行父，曾經在魯宣公、魯成公、魯襄公在位時連續執政。然而，他的妻妾沒有穿過綢衣，他家裡的馬沒有用糧食餵過。別人知道後，都說他是忠於王室的。

晉武帝時的太尉何曾，生活十分奢侈豪華，每天吃飯就要用一萬錢，還說沒有下筷子的地方。他的子孫也極其奢侈，結果都一個個敗了家。到了晉懷帝的時候，「何氏滅亡無遺焉。」

司馬光說，這樣的事例是不勝枚舉的。他希望司馬康不但記住這些事例和道理，身體力行，而且還要向子孫後代進行這樣的教育。

是儉是奢，這不僅是一個人的自我修養或品德問題，更是一種對生活的態度問題，真正的智者總能寧儉不奢，因為他們懂得，「由儉入奢易，由奢入儉難」。有了象牙筷子就想要有象牙碗來相配，自己在生活上奢侈浪費，子孫也習慣過奢侈的生活。合理消費、樸實生活的人不僅一生平安快樂，而且還會留下令人景仰的美名。縱觀古今，那些追求奢華、生活糜爛的人，到頭來總落得身敗名裂，墮入肉體和靈魂敗壞的雙重深淵。

世界菁英

01	拿破崙全傳：世界在我的馬背上	艾米爾路德維希	定價：320元
02	曼德拉傳：風雨中的自由鬥士	謝東	定價：350 元
03	朴槿惠傳：只要不絕望，就會有希望	吳碩	定價：350元
04	柴契爾夫人傳：英國政壇鐵娘子	穆青	定價：350元
05	梅克爾傳：德國第一位女總理	王強	定價：350元
06	普京傳：還你一個奇蹟般的俄羅斯謝東		定價：420元
07	制霸：李嘉誠和他的年代	艾伯特	定價：320元

職場生活

01	公司就是我的家	王寶瑩	定價：240元
02	改變一生的156個小習慣	憨氏	定價：230元
03	職場新人教戰手冊	魏一龍	定價：240元
04	面試聖經	RockForward	定價：350元
05	世界頂級CEO的商道智慧	葉光森劉紅強	定價：280元
06	在公司這些事，沒有人會教你	魏成晉	定價：230元
07	上學時不知，畢業後要懂	賈宇	定價：260元
08	在公司這樣做討人喜歡	大川修一	定價：250元
09	一流人絕不做二流事	陳宏威	定價：260元
10	聰明女孩的職場聖經	李娜	定價：220元
11	像貓一樣生活，像狗一樣工作	任悅	定價：320元
12	小業務創大財富—直銷致富	鄭鴻	定價：240元
13	跑業務的第一本SalesKey	趙建國	定價：240元
14	直銷寓言--激勵自己再次奮發的寓言故事	鄭鴻	定價：240元
15	日本經營之神松下幸之助的經營智慧	大川修一	定價：220元
16	世界推銷大師實戰實錄	大川修一	定價：240元
17	上班那檔事--職場中的讀心術	劉鵬飛	定價：280元
18	一切成功始於銷售	鄭鴻	定價：240元
19	職來職往--如何找份好工作	耿文國	定價：250元
20	世界上最偉大的推銷員	曼尼斯	定價：240元
21	畢業5年決定你一生的成敗	賈司丁	定價：260元
22	我富有，因為我這麼做	張俊杰	定價：260元

23　搞定自己搞定別人　張家名　定價：260元
24　銷售攻心術　王擁軍　定價：220元
25　給大學生的10項建議：
祖克柏創業心得分享　張樂　定價：300元
26　給菁英的24堂心理課　李娜　定價：280元
27　20幾歲定好位；30幾歲有地位　姜文波　定價：280元
28　不怕被拒絕：銷售新人成長雞湯　鄭鴻　定價：280元
29　我富有，因為我這麼做－II　張俊杰　定價：240元

身心靈成長

01　心靈導師帶來的36堂靈性覺醒課　姜波　定價：300元
02　內向革命-心靈導師A.H.阿瑪斯的心靈語錄　姜波　定價：280元
03　生死講座——與智者一起聊生死　姜波　定價：280元
04　圓滿人生不等待　姜波　定價：240元
05　看得開放得下——本煥長老最後的啟示　淨因　定價：300元
06　安頓身心--喚醒內心最美好的感覺　麥克羅　定價：280元
07　捨不得
捨得是一種用金錢買不到的獲得　檸檬公爵　定價：260元
08　放不開--你為什麼不想放過自己？　檸檬公爵　定價：260元

典藏中國：

01　三國志--限量精裝版　秦漢唐　定價：199元
02　三十六計--限量精裝版　秦漢唐　定價：199元
03　資治通鑑的故事--限量精裝版　秦漢唐　定價：249元
04-1 史記的故事　秦漢唐　定價：250元
05　大話孫子兵法--中國第一智慧書　黃樸民　定價：249元
06　速讀二十四史--上下　汪高鑫李傳印　定價：720元
08　速讀資治通鑑　汪高鑫李傳印　定價：380元
09　速讀中國古代文學名著　汪龍麟主編　定價：450元
10　速讀世界文學名著　楊坤主編　定價：380元
11　易經的人生64個感悟　魯衛賓　定價：280元
12　心經心得　曾琦雲　定價：280元

13	淺讀《金剛經》	夏春芬	定價：210元
14	讀《三國演義》悟人生大智慧	王峰	定價：240元
15	生命的箴言《菜根譚》	秦漢唐	定價：168元
16	讀孔孟老莊悟人生智慧	張永生	定價：220元
17	厚黑學全集【壹】絕處逢生	李宗吾	定價：300元
18	厚黑學全集【貳】舌燦蓮花	李宗吾	定價：300元
19	論語的人生64個感悟	馮麗莎	定價：280元
20	老子的人生64個感悟	馮麗莎	定價：280元
21	讀墨學法家悟人生智慧	張永生	定價：220元
22	左傳的故事	秦漢唐	定價：240元
23	歷代經典絕句三百首	張曉清張笑吟	定價：260元
24	商用生活版《現代36計》	耿文國	定價：240元
25	禪話•禪音•禪心禪宗經典智慧故事全集	李偉楠	定價：280元
26	老子看破沒有說破的智慧	麥迪	定價：320元
27	莊子看破沒有說破的智慧	吳金衛	定價：320元
28	菜根譚看破沒有說破的智慧	吳金衛	定價：320元
29	孫子看破沒有說破的智慧	吳金衛	定價：320元
30	小沙彌說解《心經》	禾慧居士	定價：250元
31	每天讀點《道德經》	王福振	定價：320元
32	推背圖和燒餅歌裡的歷史	邢群麟	定價：360元
33	易經：現代生活的智慧	孫三寶	定價：280元
34	《傳習錄》白話本	姜波	定價：330元
35	《史記》故事導讀	姜波	定價：340元
36	《資治通鑑》故事導讀	姜波	定價：300元
37	厚黑學全集【参】厚黑心術	李宗吾	定價：300元
38	《碧巖錄》中的100大智慧	于水音	定價：280元
39	入骨相思知不知一醉倒在中國古代情詩裡	維小詞	定價：300元
40	厚黑學全集【肆】厚黑之道	李宗吾	定價：300元
41	一本書讀懂戰國史	秦漢唐	定價：420元
42	厚黑學全集【伍】厚黑妙法	李宗吾	定價：300元

經典中的感悟

01　莊子的人生64個感悟	秦漢唐	定價：280元
02　孫子的人生64個感悟	秦漢唐	定價：280元
03　三國演義的人生64個感悟	秦漢唐	定價：280元
04　菜根譚的人生88個感悟	秦漢唐	定價：280元
05　心經的人生88個感悟	秦漢唐	定價：280元
06　易經的人生64個感悟	秦漢唐	定價：300元
07　道德經的人生64個感悟	秦漢唐	定價：300元
08　論語的人生64個感悟	秦漢唐	定價：300元

智慧中國

01　莊子的智慧	葉舟	定價：240元
01-1莊子的智慧-軟皮精裝版	葉舟	定價：280元
02　老子的智慧	葉舟	定價：240元
02-1老子的智慧-軟皮精裝版	葉舟	定價：280元
03　易經的智慧	葉舟	定價：240元
03-1易經的智慧-軟皮精裝版	葉舟	定價：280元
04　論語的智慧	葉舟	定價：240元
04-1論語的智慧-軟皮精裝版	葉舟	定價：280元
05　佛經的智慧	葉舟	定價：240元
06　法家的智慧	張易	定價：240元
07　兵家的智慧	葉舟	定價：240元
08　帝王的智慧	葉舟	定價：240元
09　百喻經的智慧	魏晉風	定價：240元
10　道家的智慧	張易	定價：240元
10-1道家的智慧-軟皮精裝版	張易	定價：280元
11　菜根譚大智慧	魏晉風	定價：280元
12　心經的智慧	何躍青	定價：240元

先秦經典智慧名言故事

張樹驊主編　沈兵稚副主編

本書主要內容包括名言、要義和故事緊密相關的三個方面，淺顯簡單易讀，是給國、高中生最佳的課外讀物，短期內提升國學程度的利器。

01	《老子》《莊子》智慧名言故事	林忠軍	定價：240元
02	《孫子兵法》智慧名言故事	張頌之	定價：240元
03	《詩經》智慧名言故事	楊曉偉	定價：240元
04	《周易》智慧名言故事	李秋麗	定價：240元
05	《論語》智慧名言故事	王佃利	定價：240元
06	《孟子》智慧名言故事	王其俊	定價：240元
07	《韓非子》智慧名言故事	張富祥	定價：240元
08	《禮記》智慧名言故事	姜林祥	定價：240元
09	《國語》智慧名言故事	牟宗豔	定價：240元
10	《尚書》智慧名言故事	張富祥	定價：240元

國家圖書館出版品預行編目資料

論語的人生64個感悟 / 秦漢唐 主編--
一版. -- 臺北市 :廣達文化, 2015.07
面 ; 公分. -- （文經閣 經典中的感悟08）
ISBN 978-957-713-570-4(平裝)
1.論語 2.研究考訂 3.人生哲學
121.227 104009645

書山有路勤為經
學海無涯苦作舟

論語的人生64個感悟

主　編：秦漢唐
叢書別：經典中的感悟 08
文經閣

出版者：廣達文化事業有限公司
Quanta Association Cultural Enterprises Co. Ltd
編輯執行總監：秦漢唐

發行所：臺北市信義區中坡南路 287 號 4 樓
電話：27283588　傳真：27264126
E-mail：siraviko@seed.net.tw
本公司經臺北市政府核准登記.登記證為
局版北市業字第九三二號

印　刷：卡樂印刷排版公司
裝　訂：秉成裝訂有限公司
上　光：全代上光有限公司

代理行銷：創智文化有限公司
23674 新北市土城區忠承路 89 號 6 樓
電話：02-2268-3489　傳真：02-2269-6560

一版一刷：2015 年 7 月
定價：300 元

書山有路勤為徑
學海無涯苦作舟

書山有路勤為徑
學海無涯苦作舟